Innovatives Schulmanagement

Prof. Dr. Rödiger Voss (Hrsg.)

Innovatives Schulmanagement

Ansätze für ein effizientes Management
von Schulen

Mit Beiträgen von Dr. Jürg Baillod, Dr. Inka Bormann, Susannah Brown,
Prof. Dr. Hermann G. Ebner, Dr. Katharina D. Giesel,
Prof. Dr. Bettina Greimel-Fuhrmann, Prof. Dr. Tina Hascher,
Dr. Eva Häuptle, Martin Hermann, Prof. Dr. Steffen Hillebrecht, Birgit Lehmann,
Michael Meier, Prof. Dr. Gabi Reinmann, Prof. Dr. Gerald Sailmann,
Prof. Dr. Jürgen Seifried, Rosemarie Thiele, Prof. Dr. Rödiger Voss, Julia Warwas

Deutscher Betriebswirte-Verlag, Gernsbach

Bibliografische Informationen der Deutschen Bibliothek
Die Deutsche Bibliothek verzeichnet diese Publikationen in der Deutschen National-
bibliografie; detaillierte bibliografische Daten sind im Internet unter
http://dnb.d-nb.de abrufbar

© Deutscher Betriebswirte-Verlag GmbH, Gernsbach 2008
Satz: Claudia Wild, Stuttgart
Herstellung: Stückle Druck, Ettenheim
Umschlaggestaltung: Deutscher Betriebswirte-Verlag GmbH, Gernsbach
unter Verwendung eines Motivs © Jerome Salort – Fotolia.com
ISBN: 978-3-88640-128-4

Inhalt

Vorwort 7

RÖDIGER VOSS UND MARTIN HERMANN
Finanzbeschaffungsmanagement von Schulen: Erfolg durch gezieltes
Fundraising 9

STEFFEN HILLEBRECHT
Eine Übersicht über die Handlungsparameter des Schul-Marketings 31

BETTINA GREIMEL-FUHRMANN
Weiterentwicklung der Unterrichtsqualität durch Evaluation als Element
eines innovativen Schulmanagements 52

GERALD SAILMANN
Kooperationsmanagement für Schulen 72

TINA HASCHER UND JÜRG BAILLOD
Gesundheitsmanagement in der Schule 85

JULIA WARWAS, JÜRGEN SEIFRIED UND MICHAEL MEIER
Change Management von Schulen – Erfolgsfaktoren und
Handlungsstrategien aus Sicht der Schulleitung an beruflichen Schulen 102

ROSEMARIE THIELE
Zukunftssicherung durch das Balanced Scorecard (BSC) orientierte
Schulmanagement-Programm Kollux – Praxis-Beispiel der
Hermann-Hedenus-Hauptschule, Erlangen 125

HERMANN G. EBNER UND BIRGIT LEHMANN
Qualitätsmanagement an Schulen: Konzepte und Analysen 140

GABI REINMANN, EVA HÄUPTLE UND SUSANNAH BROWN
Nachhaltigkeit von Medienprojekten – Nachhaltigkeitsfaktoren und deren
Veranschaulichung am Beispiel Notebook-Klassen 156

INKA BORMANN UND KATHARINA D. GIESEL
Innovative Schulentwicklung am Beispiel der Bildung für nachhaltige
Entwicklung 175

Autoren 194

Vorwort

Schulleitungen an deutschen Schulen werden in der heutigen Zeit mit unterschiedlichsten Anforderungen konfrontiert und stehen in Folge der internationalen Vergleichsstudien TIMSS, PISA und IGLU stärker im Blickpunkt der Öffentlichkeit. Daraus resultiert ein starker Druck, ein qualitativ hochwertiges Management zu leisten und ebenso Unterricht zu ermöglichen, der Schülern ein effektives Lernen garantieren soll. Diesen Bemühungen läuft die Sparpolitik zahlreicher Landesregierungen entgegen, die eine Bereitstellung der notwendigen Ressourcen dafür einschränkt. Fachkompetenz, Führungsmanagement und ein solides Finanzmanagement sind also bei Schulleitungen gefragt wie nie. Die Entwicklung von Schulleitern zu Schulmanagern ist dabei eine äußerst spannende Herausforderung, die entsprechende Fachliteratur geradezu fordert. Dieses Buch leistet einen Beitrag hierzu und versammelt Aufsätze von ausgewiesenen Experten zur Thematik „Schulmanagement". Dabei werden einige zentrale Managementaspekte angesprochen, die im Schullalltag relevant sind.

Die Fragen durch Schulmanagements werden durch Fachtexte und Praxisbeispiele gegliedert. In ersten Teil erfährt der interessierte Schulleiter, angehende Schulleiter oder Studierende etwas über grundlegende Managementkonzepte, die mit zahlreichen Beispielen versehen sind. Der zweite Teil des Buches konzentriert sich dann ganz auf Modellversuche und Untersuchungen in der Schulpraxis. Der erste Beitrag **„Finanzbeschaffungsmanagement von Schulen: Erfolg durch gezieltes Fundraising"** von Voss und Hermann stellt Finanzierungsinstrumente vor, die helfen können, die Mittelknappheit der Schulen zu überwinden. Daran knüpft direkt der Beitrag **„Eine Übersicht über die Handlungsparameter eines Marketing-Managements für Schulen"** von Hillebrecht an, wobei ein umfassender Marketing-Mix für Schulen problematisiert wird. Greimel-Fuhrmann greift mit ihrem Beitrag **„Weiterentwicklung der Unterrichtsqualität durch Evaluation als Element eines innovativen Schulmanagements"** eine der zentralen Kritikpunkte der Schule auf: ineffektive Lehre und weist mit Evaluationstipps Hinweise aus dieser Miesere. Der Beitrag **„Kooperationsmanagement für Schulen"** von Sailmann erläutert das Kooperationsverhalten in Schulen und bietet Modelle und Empfehlungen für die Gestaltung von Kooperationsbeziehungen. Der letzte Beitrag des ersten Teiles des Buches **„Gesundheitsmanagement in der Schule"** von Hascher und Baillod greift ein In-Thema auf: das Gesundheitsmanagement und bietet Ansätze für die Gesundheitsförderung in der Schule als Managementaufgabe.

Der zweite Teil dieses Werkes beginnt mit einem Beitrag (**„Change Management von Schulen"**) von Warwas, Seifried und Meier, wobei im Rahmen einer qualitativen Studie Erfolgsfaktoren und Handlungsstrategien aus Sicht der Schulleitung an Schulen problematisiert werden. Thiele liefert mit ihrem Beitrag **„Zukunftssicherung durch das Balanced Scorecard (BSC) orientierte Schulmanagement-Programm Kollux"** ein Beispiel wie eine BSC erfolgreich an einer Schule implementiert wurde. Qualitätsmanagement ist aus dem Schulalltag schwerlich wegzudenken. Daher greifen Ebner und Lehmann diese Thematik auf und stellen in ihrem Beitrag **„Qualitätsmanagement an Schulen: Konzepte und Analysen"** leiten aus einer Analyse der Fachliteratur zahlreiche Praxishilfen ab. Der Beitrag **„Nachhaltigkeit von Medienprojekten – Nachhaltigkeitsfaktoren und deren Veranschaulichung**

am Beispiel Notebook-Klassen" von Reinmann, Häuptle und Brown stellt u. a. ein interessantes Praxisbeispiel zum Notebook Einsatz an Hauptschulen vor, um den Nachhaltigkeitsgedanken zu präzisieren. An diese Thematik schließt der letzte Beitrag (**"Innovative Schulentwicklung am Beispiel der Bildung für nachhaltige Entwicklung"**) dieses Buches von Bormann und Giesel an.

Zielgruppe dieses Buches sind in erster Linie Schulleiter und diejenigen, die sich dafür qualifizieren wollen und direkt vor der Aufgabe stehen, Management-Konzepte im Schulalltag zu implementieren oder zu optimieren. Weiterhin sind auch Studierende, Praktiker oder Wissenschaftler angesprochen, die sich über diesen Themenkomplex informieren wollen.

Mein Dank gilt allen Autoren für ihr Engagement, vor allem auch für die Bereitschaft, die Beiträge auf das inhaltliche Gesamtkonzept des Buches abzustimmen. Ebenso danke ich zahlreichen Kollegen, die als Schulleiter oder Lehrer arbeiten und die Beiträge auf ihre Praxisrelevanz kritisch geprüft haben.

Würzburg, im Frühjahr 2008

Rödiger Voss

Finanzbeschaffungsmanagement von Schulen: Erfolg durch gezieltes Fundraising

RÖDIGER VOSS UND MARTIN HERMANN

1. Problemstellung 10
   1.1 Problemhintergrund 10
   1.2 Vorgehensweise 10
2. Grundlagen des Fundraising 11
   2.1 Was bedeutet „Fundraising" in Schulen? 11
   2.2 Fundraising: Contra-Argumente 12
   2.3 Fundraising-Praxis: Empirische Ergebnisse aus Sicht der Schulleiter 14
3. Managementprozess des Fundraising 15
   3.1 Situationsanalyse 15
   3.2 Sponsoring- und Kommunikationsziele 16
   3.3 Planung der Fundraising-Aktivitäten 16
   3.4 Fundraising-Erfolgskontrolle 17
   3.5 Fundraising-Audit 17
4. Strategisches Fundraising-Management durch geeignete Fundraising-Methoden 18
   4.1 Grundlagen: Fundraising-Methoden 18
   4.2 Empirische Ergebnisse zu den Fundraisingmethoden 18
   4.3 Fundraisingmethoden im Einzelnen 20
       4.3.1 Fundraising-Instrumente mit langfristigem Aktionsfeld 20
       4.3.1.1 Fördervereine 20
       4.3.1.2 Erbschaften 21
       4.3.1.3 Personalspenden von Unternehmen/ehrenamtliche Mitarbeiter 22
       4.3.2 Fundraising-Instrumente mit kurz- und mittelfristigem Aktionsfeld 22
       4.3.2.1 Spenden 23
       4.3.2.2 Sponsoring 24
       4.3.2.3 Projektmittel 26
       4.3.2.4 Bußgelder von Gerichten 26
       4.3.2.5 Events 27
       4.3.2.6 Verkauf von Eigenprodukten 28
5. Ausblick 28

Literaturverzeichnis 29

1. Problemstellung

1.1 Problemhintergrund

Aufgrund der Misere der öffentlichen Haushalte und der Diskussion um die organisatorisch eigenständige Schule und damit auch um das Budgetrecht ist die Diskussion um die Beschaffung von zusätzlichen Mitteln für Schulen voll entbrannt. Nicht erst durch die viel zitierten PISA-Studien ist offensichtlich, dass deutsche Schulen an Leistungsfähigkeit eingebüßt haben. Auf der anderen Seite fehlen dem Staat die Gelder, um einen groß angelegten Umbau der deutschen Bildung zu finanzieren. Pädagogik scheitert an schlechter Personalausstattung, unzureichender Bildungszeit oder veralteten Lehr- und Lernmittel. Verschiedene Versuche die Situation zu verbessern, z. B. die begrenzten Ganztagsschulkonzepte, muten oftmals halbherzig und hilflos an. Die Lösung scheint daher die Öffnung der Schulen für eine Unterstützung von privater Seite. Hierfür haben die Bundesländer in den letzten Jahren die rechtlichen Vorraussetzungen geschaffen, die zum Teil einen großen Auslegungsspielraum beinhalten (vgl. Schmerr 2002, S. 194 f.). Häufig liest man derzeit von gelungenen Unterstützungsprojekten wie der Sanierung eines Schulgebäudes oder die Spende von Computerausstattung für Bildungseinrichtungen. Für Schulen ist eine gezielte Mittelbeschaffung mit Hilfe von modernen Methoden, das sogenannte „Fundraising" weit weniger erschlossen. Ausnahmen bilden sicher öffentlichkeitswirksame Initiativen wie „Schulen ans Netz", „Partner für die Schule NRW" oder „1000 Schulen in Bewegung". Die Regel sind jedoch finanzielle Zuwendungen, die sich auf die Unterstützung durch den eigenen Förderverein beziehen.

Das Management der Beschaffung von finanziellen Mitteln ist für Non-Profit-Organisationen im sozialen Bereich kein Fremdwort. Angesprochen sind in diesem Zusammenhang vor allem Finanzhilfen durch Unternehmen und wohlwollende und wohlhabende Mitbürger, die eine lange Tradition im karitativen Sektor besitzen. Der allgemeine Trend auf dem Spendenmarkt sollte auch den Ansatz einer alternativen Finanzbeschaffung für Schulen unterstützen: So gehörte der Bereich der Kinderhilfe im Jahr 2004 mit einem Anteil von 26,8 % zusammen mit dem kirchlichen Sektor zum größten „Spendenmagneten" in Deutschland (Kreuzer 2005, S.15). Dies entspricht einem Geldspendenvolumen von ca. 106 Mio. Euro. Zum Vergleich kommt die Katastrophenhilfe nur auf einen Anteil von 20,9 %. Dabei hatten gerade kleinere Organisationen mit einem regionalen Bezug einen deutlichen Zuwachs zu verzeichnen. Allerdings ist es für eine Schule nicht alleine damit getan, dass sie bereit ist, sich auf die Verwendung von Drittmitteln einzulassen. Dafür ist dieser Markt mittlerweile zu umkämpft: Vielmehr benötigen auch Schulen auf der Suche nach Förderern ein professionelles Methodenrepertoire, den Willen zum Einsatz von größeren Zeitressourcen und marktwirtschaftliches Denken (vgl. Böttcher 1999, S. 175 ff.).

1.2 Vorgehensweise

Im Rahmen dieses Aufsatzes wird im Folgenden das Fundraising für die Schulpraxis reflektiert, wobei eine Konzentration auf die Methoden des Fundraisings erfolgt. In Kapitel 3 werden zentrale Fundraising-Methoden abgeleitet und dargestellt. Voraussetzung dafür ist eine begriffliche Klarheit über den Terminus „Fundraisng", die eine Abgrenzung zu affinen Begriffen einschließt (vgl. Kap. 2). Ein besonderer Erfolgsfaktor für ein gelungenes Schulsponsoring-Konzept stellt eine Situationsanalyse des Sponsoring-Marktes dar. Dazu gehören auch die Meinungen, Ansichten und Vorgehensweisen des Sponsoring-Partners „Schule", die es zu analysieren gilt. In diesem Zusammenhang wird auf Ergebnisse einer Studie des Institutes für Bildungsmanagement zurückgegriffen (vgl. Kap. 4). Abschließend erfolgen in Kapitel 5 ein Fazit und ein Ausblick und Entwicklungstendenzen für das Schulsponsoring.

2. Grundlagen des Fundraising

2.1 Was bedeutet „Fundraising" in Schulen?

Für eine organisierte Form der Drittmittelbeschaffung in Non-Profit-Organisationen wird international der Terminus „Fundraising" verwendet. Aus dem Englischen übersetzt steht „fund" für „Geldmittel" und „raise" für „Aufbringen", also freier übersetzt bedeutet der Begriff „Mittelbeschaffung". Gebraucht wird er allerdings im weiteren Sinne als Oberbegriff für „alle Aktivitäten im Zusammenhang mit der Beschaffung von Ressourcen" (Landesinstitut für Erziehung und Unterricht 2001, S. 1). Dieser Einsatz beschränkt sich hierbei nicht nur auf Geldmittel, sondern schließt auch Sach- und Personalleistungen ein. Im Zentrum des Fundraising steht nicht der Förderer, sondern die geförderte Institution, die sich aktiv bemüht Unterstützung zu erhalten und versucht, das eigene Anliegen auch zum Anliegen von anderen zu machen. Die gemeinnützige Organisation vertraut also nicht alleine auf zufällige Zuwendungen, sondern ergreift mit langfristig angelegten und systematisch geplanten Akquisitionsverfahren die Initiative. Dies ist eine erlernbare Technik und beinhaltet „kreatives Marketing, gefühlvolle Öffentlichkeitsarbeit und solides Management" (Böttcher 2001, S. 28). Das bedeutet, dass nicht alleine die Finanzmittelbeschaffung ein Ergebnis einer Fundraisingaktion sein kann, sondern auch der Aspekt des „Relationship-Marketings", also der Eigenwerbung und der Netzwerkpflege, zum Tragen kommt (vgl. Haibach 1997, S. 14). Fundraising bedeutet demnach zielgerichtetes, strategisches Handeln und berücksichtigt Märkte, Zielgruppen, Austauschbeziehungen und Kundenbindungsprozesse. Notwendig für eine gelingendes Fundraising sind demnach:
- Eine professionelle Einstellung der Schulleitung, d. h. das Bewusstsein, dass man für diese Tätigkeit Ausdauer benötigt und die Leitung hinter dieser Form der Mittelbeschaffung stehen muss.
- Ein klar formuliertes schulisches Ziel sowie ein Anliegen, das für alle Parteien unterstützenswert ist.
- Eine Analyse des Marktes an potentiellen Unterstützern. Hilfreich ist dabei das „Prinzip der konzentrischen Kreise", d. h. man beginnt mit der Suche nach möglichen Förderern im direkten Schulumfeld und erweitert erst nach und nach den Kreis derer, die angesprochen werden
- Ein überzeugendes konkretes Projekt. Wichtig ist keine Negativsichtweise, sondern eine Problemlösung, mit der sich die Geber identifizieren können.

- Die richtigen Fundraisingmethoden. Wichtig ist die Auswahl der Maßnahme, die zur Einrichtung passt und mit einem machbaren Aufwand den größtmöglichen Nutzen verspricht.
- Eine geeignete Organisation. Hierzu gehören neben ausreichenden schulischen Personalressourcen die notwendige Kompetenz und eine leistungsstarke EDV.
- Geeignete Maßnahmen, den Gebern schnell und angemessen zu danken bzw. ihnen eine Freude zu machen.
- Eine hohe Transparenz im Umgang mit den Mitteln. Menschen unterstützen nur Schulen, deren Handeln sie nachvollziehen können und die sie für seriös halten.
- Eine realistische Evaluation, ob sich die Maßnahme gelohnt hat (vgl. Böttcher 1999, S. 175 ff., Hatschler 1998, S.51 ff., Crole & Fine 2003).

2.2 Fundraising: Contra-Argumente

Bei all den erfolgreichen Beispielen und einleuchtenden Fundraisingkonzepten für Schulen bleibt oft ein Unbehagen, dass die größere Autonomie im finanziellen Bereich zum Teil durch einen hohen Preis erkauft wird. Verschiedene Risiken werden in diesem Zusammenhang diskutiert:

– **Der Schulträger wird aus seiner Verantwortung entlassen:**

Der Staat und die öffentliche Hand haben die Verpflichtung eine von Drittmitteln autonome Schule zu betreiben, denn Schüler sind keine Ware, die verwert- und vermarktbar ist, sondern wertvolles Kapital unserer Gesellschaft. Die Gefahr besteht daher, dass eine durch Sponsoring und Fundraising entstaatlichte Mittelbewirtschaftung die Missstände in der Schulfinanzierung auf die Einzelschule verlagert. Die bereits erwähnte „operativ eigenständige Schule" könnte somit schnell zur Verschleierung der öffentlichen Finanzmisere dienen und an vielen Schulen zu einer immensen Standard- bzw. Qualitätsabsenkung führen. Dies gilt besonders, wenn Schulen gezwungen sind, die zusätzlichen Finanzmittel nicht nur für ein pädagogisches Zusatzangebot zu verwenden, sondern diese auch zur Aufrechterhaltung des Regelbetriebes eingesetzt werden (vgl. Eckinger 1999, S. 23 f.; Kraus 1999, S. 30 f.).

– **Die Ungleichbehandlung von Schulen:**

Die öffentliche und kostenfreie Schule ist eine Errungenschaft der modernen Demokratie. Durch ein neues System der Geldzuwendungen von privater Seite könnte das Gleichbehandlungsprinzip gefährdet werden. Eine Konkurrenz um Schüler und Geldgeber bevorzugt bestimmte Schulen (z. B. mit einer gutsituierten Elternschaft und Schülern mit einer potenziellen Kaufkraft) und benachteiligt möglicherweise die Bildungseinrichtungen mit ungünstigen Rahmenbedingungen und einer Schülerschaft mit schlechtem Image, wie Hauptschulen, Gesamtschulen und Sonderschulen (vgl. Kraus1999, S. 31). So könnte es zu einer gravierenden Ungleichheit bezüglich Ausstattung, Ressourcen und Ansehen von Schulen kommen oder Schulen motivieren, einem bestimmten Klientel den Zugang zu verweigern (vgl. Bellenberg 2001, S. 71, Schmerr 2002, S. 198 f.).

- **Eine Vermittlung von zweifelhaften Werten und eine inhaltliche Einflussnahme auf den Unterricht durch den Financier:**

Ziel des Schulwesens ist die Erziehung der Schüler zu kritischen und mündigen Bürgern. Dieses Ziel könnte möglicherweise durch einen intensiven Kontakt zwischen Schule und Sponsor gefährdet werden. So z. B. wenn ein Unternehmen der Technikbranche einseitig den naturwissenschaftlichen Bereich einer Schule fördert, eine Bank, ein Energieunternehmen oder ein Pharmakonzern hochwertige Unterrichtsmaterialien zur Verfügung stellt, die inhaltlich fragwürdig sind oder wenn Unterrichtsmaterialien mit Werbeaufdruck unkommentiert eingesetzt werden (vgl. Schmerr 2002, S. 197). Eine weitere Gefahr einer allzu marktwirtschaftlich ausgerichteten Schule liegt darin, dass Schüler ihren Fokus unreflektiert auf ökonomisches Denken richten und ethische Gesichtspunkte an Bedeutung verlieren (vgl. Bellenberg 2001, S. 71).

- **Das Image eines Sponsors hat negative Auswirkungen auf den Ruf einer Schule:**

Gerät ein Sponsor in einen schlechten Ruf, z. B. durch eine umweltbelastende oder menschenrechtlich zweifelhafte Unternehmenspolitik, wird es einer Schule schwer fallen, den eigenen Ruf vor Schaden zu bewahren (vgl. ebd.; Müllerleile 1999, S. 148).

- **Die Sachspenden haben möglicherweise eine mangelhafte Qualität:**

Eine Schule muss darauf achten, dass die ihr zugedachten Sachspenden auch wirklich die Funktion erfüllen, die ihr zugedacht waren und nicht durch Überalterung mehr Kosten verursachen als Vorteile bringen. Gerade bei alten Computern ist die Gefahr groß, dass Firmen ihre Altgeräte entsorgen und die Schulen zum Ablageplatz für Computerschrott werden, bzw. mit der Wartung der Geräte überfordert sind (vgl. Schmerr 2002, S. 198; Müllerleile 1999, S. 149).

- **Eine Überforderung der Schulen durch fachfremde Tätigkeiten:**

Fundraising bedeutet einen hohen Zeiteinsatz: Förderer müssen gefunden und umworben werden, das Geld verwaltet und eigenverantwortlich eingesetzt werden. All dies benötigt Arbeitskraft, die unter Umständen dem eigentlichen Auftrag von Schulen, nämlich der Bildung, Erziehung und Wissensvermittlung nicht mehr zur Verfügung steht (vgl. Bellenberg 2001, S. 46 f.). Außerdem werden beim Sponsoring rechtskräftige Verträge geschlossen. Da Pädagogen weder im Wettbewerbs- noch im Vertragsrecht ausgebildet sind, besteht die Gefahr von ungünstigen Verpflichtungen für die Schule (Schmerr 2002, S. 199).

Diese beschriebenen möglichen Risiken sollen auf keine Fall Schulen grundsätzlich von Spenden, Fundraising und Sponsoring abhalten. Vielmehr soll die Wachsamkeit für den Partner geschult und die Bedingungen für die Unterstützung von Seiten der Schule genau geprüft werden.

2.3 Fundraising-Praxis: Empirische Ergebnisse aus Sicht der Schulleiter

Obwohl das Thema „Drittmittelbeschaffung" an deutschen Schulen zur Zeit kontrovers diskutiert und teilweise kritisch bewertet wird (vgl. Schmerr 2002, S. 198; Bellenberg 2001, S. 71; Eckinger 1999, S. 23 f.; Kraus 1999, S. 30 f..), besteht in der Praxis offensichtlich eine große Offenheit für dieses Thema. Eine überwältigende Mehrheit der Schulleitungen an Baden-Württemberger Privatschulen ist dem Thema Fundraising gegenüber aufgeschlossen (Voss, Hermann & Gruber 2005): 86,6 % gaben an grundsätzlich offen bzw. sehr offen diesem Thema gegenüber zu sein; nur eine einzige Schule äußerte sich vollkommen ablehnend (vgl. Abb. 4). Das Ergebnis der Studie von Heinrich, Hüchtermann & Nowak (2002) bestätigt diese Tendenz. Dort reagierten nur rund 13 % der von ihnen untersuchten Schulen mit Widerstand auf das Thema Sponsoring.

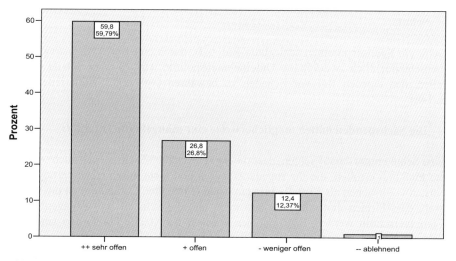

Abb. 1: Offenheit der Schulleiter gegenüber Fundraising
Quelle: Voss, Hermann & Gruber 2005

Fragt man die Schulleitungen der Privatschulen nach ihrer Einschätzung, welche Bedeutung Fundraising für ihre schulische Zukunft haben, ist das Ergebnis sogar noch eindeutiger (Voss, Hermann & Gruber 2005): 91,8 % der Schulleiter nehmen an, dass Fundraising eine wichtige bzw. sehr wichtige Rolle bei ihrer Schulfinanzierung spielen werden; nur acht Schulleiter prognostizieren, dass Fundraising für sie wenig oder keine Bedeutung haben werden. Vergleicht man diese Werte mit denen von Heinrich, Hüchtermann & Nowak (2002, S. 29), so liegt dieser Wert noch knapp 12 % über dem der öffentlichen Schulen. Bei genauerer Interpretation der weiteren Daten ist das Bild allerdings nicht mehr so einheitlich wie bei der grundsätzlichen Einschätzung. Zwar befürchten immer noch ca. dreiviertel der Schulleiter (73,2 %) keine negativen Auswirkungen durch Fundraisingaktivitäten auf ihre Schule, doch immerhin 26 Schulen sind hier vorsichtiger. Sie könnten sich durchaus große (20,4 %) oder sehr große (6,1 %) Gefahren für ihre Einrichtung vorstellen.

3. Managementprozess des Fundraising

Um einen positiven Verlauf des Fundraisings zu gewährleisten, ist ein zielorientiertes und systematisches Management nötig. Dadurch können die möglichen Kommunikationswirkungen der Fundraising-Maßnahmen abgeschätzt und das Risiko eines negativen Imagetransfers auf die Schule vermieden werden. Im Folgenden wird der Managementprozess des Schulsponsoring von der Situationsanalyse bis zur Erfolgskontrolle beschrieben (vgl. Abb. 2).

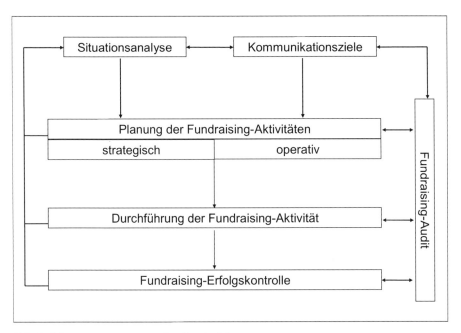

Abb. 2: Managementprozess des Fundraising
Quelle: eigene Darstellung in Anlehnung an Voss 2002

3.1 Situationsanalyse

Die Situationsanalyse ist Voraussetzung für alle Fundraising-Entscheidungen. Dies umfasst eine Analyse der internen und externen Rahmenbedingungen ihrer Schule, die im Hinblick auf die jeweilige Entscheidungsfindung von Bedeutung sind. Interne Rahmenbedingungen betreffen die Schule selbst, externe dagegen Externe wie Eltern. Eine Situationsanalyse ist also die Grundlage für die Entwicklung längerfristiger Fundraising-Konzepte wie auch für kurzfristige Anpassungsmaßnahmen. Zu prüfen sind etwa zeitliche, gesellschaftliche, wirtschaftliche (finanzielle Faktoren, wie z. B. der Budgetumfang) und rechtliche Bedingungsfaktoren. Rein rechtlich kann z. B. fast jedes Unternehmen als schulischer Sponsoring-Partner auftreten, sofern es sich mit dem Ethos der Schule und damit dem Erziehungs- und Bildungsauftrag vereinbaren lässt. Ein Softwarehersteller eignet sich etwa für eine Spende von Computerprogrammen. Zigarettenhersteller oder Spirituosenvertreiber sind dagegen als Fundraising-Partner tabu. Das Gleiche gilt für aggressive und sexistische Sponsoring-Themen. Bei Aktionen mit pädagogischen Effekten stehen fast alle Werbemöglichkeiten offen.

Ziel ihrer Schule muss es sein, ablehnende Handlungen zu vermeiden und die Gefahr einer gesellschaftlichen Reaktanz zu minimieren. Reaktanz tritt auf, wenn sich ein Individuum in seiner Verhaltensfreiheit durch kommunikative Maßnahmen beeinträchtigt fühlt. In diesem Fall werden bei ihm psychische Widerstände entstehen. Um die entsprechenden Daten einzuholen, kann eine Schule auf Marktforschungsergebnisse zurückgreifen. Dabei können bereits bestehende Umfragen ausgewertet und interpretiert werden (Sekundärforschung). Etwas aufwändiger ist es, selbst Daten einzuholen. Aber warum sollen im Rahmen eines Projektes nicht einmal die Eltern zu ihrer Meinung befragt werden. Ein Anfang hierzu kann eine Befragung eines Elternrates oder engagierter Eltern sein.

3.2 Sponsoring- und Kommunikationsziele

Hier ist die Frage zu stellen: Was will ich mit meinem Fundraising erreichen? Sicherlich stehen die finanziellen Ziele im Mittelpunkt dieser Überlegungen. Als willkommener Nebeneffekt kann die wirtschaftliche Wettbewerbsfähigkeit der Region erhalten werden. In gemeinsamen Projekten können Unternehmen, die zum Teil händeringend qualifizierte Mitarbeiter suchen, bereits erste Weichen für gezielte Mitarbeiterrekrutierung stellen.

Die Kommunikationsziele des Fundraising können zudem nur dann erreicht werden, wenn die Werte, die hinter der Partnerschaft stehen auch im Schulprofil deutlich werden. In diesem Fall sind die Fragen zu stellen: Lässt sich die Kooperation mit dem Leitbild unserer Schule verbinden? Entspricht das Fundraising den Zielen unserer Schule? Sind diese Fragen nicht mit einem klaren Ja zu beantworten, wird das Engagement unglaubwürdig sein. Daher muss sich die später zu realisierende Fundraising-Strategie unmittelbar aus dem Schulimage und der Schulkultur ableiten lassen.

3.3 Planung der Fundraising-Aktivität

Um den Fundraising-Erfolg langfristig zu sichern, gilt es in strategischer Hinsicht ein erfolgversprechendes Umfeld zu schaffen. Dazu gehört es, einen langfristig für das Fundraising verantwortlichen an ihrer Schule zu benennen, der bei entsprechenden Anfragen bereit steht oder selbst auf Unternehmen zugehen kann. Aufgrund der Liberalisierung der schulischen Werbemöglichkeiten bemühen sich Schulen z. B. auf ihren Websites um potentielle Geldgeber (vgl. Voss, Wippermann & Reppel 2005). Teilweise kommen Fundraising-Projekte auch durch sogenannte „Sweetheart-Deals" zustande, bei denen Vorstände oder lokale Unternehmer aufgrund von Bekanntschaften zu Schulleitern oder Mitgliedern des Fördervereins eine bestimmte Schule fördern. Des Weiteren ist die Frage zu beantworten, wie langfristig eine Kooperation mit einem Fundrasing-Partner angestrebt wird und welche Fundrasing-Methoden zu wählen sind. Bei einer Entscheidung für oder gegen Fundraising sollten neben dem

Schulleiter die Schulkonferenz und der Schulträger, meist auch Gemeinden und Kommunen, mit eingebunden werden. In den USA verfügen die meisten Privatschulen sogar über ein Gremium von Treuhändern, das sich um Sponsoren und Finanzierungsfragen kümmert. Die strategischen Vorgaben münden in die operative Planungsperiode ein, die in der Regel ein Schuljahr weit reicht. Nach der Wahl des Partnerunternehmens und entsprechenden Verhandlungen ist etwa ein Vertrag zu fixieren. Als rechtlich unselbständige Einrichtungen des öffentlichen Rechts können Schulen in der Regel selbst keine Verträge mit Sponsoren schließen. In diesem Fall ist das Tätigwerden des Schulträgers oder eines schulischen Fördervereines nötig (vgl. Vogel 1999). Vor dem Vertragsabschluss sollte der Schulträger zumindest konsultiert werden, wenn dieser nicht das Recht auf Vertragsabschluss der Schule übertragen hat. Dieser Schritt ist wichtig, weil der Schulträger für mögliche Nachfolgeprobleme finanzieller Art haftet. In dem Vertrag können auch gewisse, zeitlich limitierte Exklusivsponsorrechte mit der Schule fixiert werden. Die Mittel sind dann dem Projektpartner zu überweisen. Dafür kann es – ebenso wie für die spätere Verwaltung – drei unterschiedliche Alternativen geben:

- Bereitstellung der Mittel auf dem Konto des Schulträgers, der es dann der Schule zur Verfügung stellt.
- Überweisung der Summe auf das Konto eines Schulfördervereins. Mit Blick auf den Vertragsabschluss mit einem Förderverein muss aber geklärt werden, dass die Vertragsabsprachen auch in der Schule umgesetzt werden können.
- Die Schule verfügt über ein eigenes Budget und ein eigenes Schulkonto im Rahmen der kommunalen Budgetierung.

3.4 Fundraising-Erfolgskontrolle

Der Erfolg von Fundraising kann nur begrenzt in Euro und Cent ausgedrückt werden. Sollte dennoch nach dem genauen Kosten/Nutzenverhältnis gefragt werden, lautet die Frage, wie man das Schulimage finanziell einschätzen kann. Denn Imagegewinn stellt eine bedeutende Komponente beim Fundraising dar. Auch hier bieten sich Befragungen der Schüler und der Elternschaft an. In zeitlicher Sicht kann es zu Verzögerungen (Time-lag) oder Nachwirkungseffekten (carry-over-effekten) kommen. Arbeitet ein Schüler z. B. sein Schulleben lang erfolgreich mit einer bestimmten Software oder einem Computer, der durch Fundraising bereitgestellt wurde und findet aufgrund dieser Qualifikation eine Ausbildungsstelle, wird Wahrscheinlichkeit erhöht, dass er eine positive Bindung zur Schule aufbaut und vielleicht später einmal selbst „seine Schule" unetrstützt.

3.5 Fundraising-Audit

Neben den ergebnisorientierten Kontrollmethoden besteht die Möglichkeit, den gesamten Schulsponsoring-Ablauf mit seinen verschiedenen Phasen auf seine Effektivität hin zu überprüfen. Für eine derartige prozessorientierte Kontrolle wird auch der Begriff Fundraising-Audit verwandt. Darunter versteht man die ständige Kontrolle der Planung und Durchführung von Fundraising-Maßnahmen sowie die inhaltliche und ablauforganisatorische Anpassung des Fundrasing-Management-Prozesses an veränderte sponsoring-relevante Umweltbedingungen. Hierzu gehören z. B. die Einhaltung von festgelegten Zeitplänen oder die medienwirksame Ausgestaltung des Projektes. Das Audit dient damit der frühzeitigen Aufdeckung von Fehlern und deren Korrektur und ist damit nicht mit einer nachträglichen Prüfung zu verwechseln. Wird z. B. eine Verschiebung eines Schulfestes wegen schlechter Witterungsverhältnisse beschlossen, müssen selbstverständlich auch die entsprechenden Werbemaßnahmen, die das Fundrasing des Festes begleiten sollen, verschoben werden.

4. Strategisches Fundraising-Management durch geeignete Fundraising-Methoden

4.1 Grundlagen: Fundraising-Methoden

Merkmale strategischer Planung sind der langfristige Planungshorizont und die vergleichbar geringe Häufigkeit der Entscheidungsfindung (vgl. z. B. Hammer 1998, S. 49 ff.; Voss 2007, S. 67 f.). Die Aufgabe der strategischen Planung besteht demnach in der Bestimmung der langfristig angestrebten strategischen Marktposition des Bildungsunternehmens unter Bezugnahme auf die definierten Zielmärkte und mögliche strategische Sponsoring-Partner. Eine Schule wird sich in der Phase der strategischen Planung Informationen über seine Stärken und Schwächen (Ressourcen, Kompetenzen, Leistungsstärken, etc.) möglicher Fundraising-Alternativen beschaffen und die relevanten Chancen und Herausforderungen, denen es sich ausgesetzt sieht, identifizieren und prognostizieren. Im Rahmen des Fundraising lassen sich nach entsprechender Analyse des Marktumfeldes unterschiedliche Methoden einsetzen. In den letzten Jahren hat sich eine Vielzahl von Fundraisinginstrumenten entwickelt, die bei Non-Profit-Organisationen zum Einsatz kommen (vgl. Abb. 3). Allerdings sind für Schulen, die als kleine Einrichtungen nur einen beschränkten Etat für Öffentlichkeitsarbeit und ein begrenztes Einzugsgebiet haben, nicht alle Methoden gleichermaßen sinnvoll. Nachfolgend werden die im Schulbereich gebräuchlichsten Ansätze vorgestellt.

4.2 Empirische Ergebnisse zu den Fundraisingmethoden

Wie sieht die Verbreitung der Fundraisingmethoden in der Praxis aus? Um diese Frage zu beantworten auf eine Studie von Voss, Hermann & Gruber (2005) zurückgegriffen, bei der Privatschulen in Baden-Württemberg untersucht wurden. Konkret wurden Schulleiter auf den Einsatz und Meinug zum Fundraising befragt. Betrachtet man die Antworten der Schulleiter, so fällt auf, dass die klassischen Spenden den größten Stellenwert beim Fundraising von Schulen haben: Sowohl monetäre Unternehmensspenden, als auch die Sachmittelspenden werden von 80,9 % der Schulen eingesetzt. Aber auch die Veranstaltungen, wie z. B. Schulfeste, haben mit 72,3 % eine große Bedeutung. Der Förderverein weist an den Schulen in freier Trägerschaft große Beliebtheit (63,8 %) auf. Bei ungefähr der Hälfte aller Schulen sind ehrenamtli-

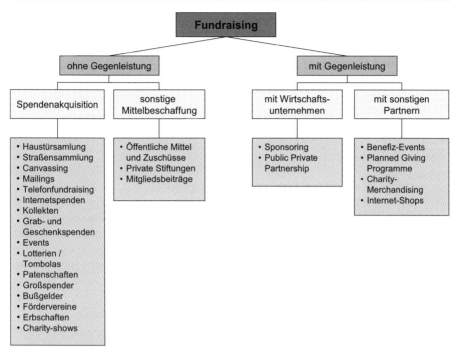

Abb. 3: Portfolio der Fundraising-Instrumente
Quelle: eigene Darstellung

che Mitarbeiter tätig (56,4 %), werden Spendenbriefe eingesetzt (54,3 %), kommen Eigenprodukte zum Verkauf (51,1 %), werden Projektmittel abgerufen (48,9 %) und Spendenaufrufe über Printmedien getätigt (44,7 %). An ein Sponsorship trauen sich nur ein Drittel der Schulen (34 %), und ähnlich oft werden Gerichte um Bußgelder gebeten (31,9 %).

Zu den „Exoten" des schulischen Fundraising zählen das Erbschaftsmarketing (17 %) und die Personalspende von Unternehmen (16 %). Die Möglichkeit sich Fachpersonal von Unternehmen spenden zu lassen, z. B. zur Wartung von Computern, ist auch mit Abstand die wenigsten bekannte Methode. Aber auch das Bußgeldmarketing ist den Schulleitern relativ unbekannt; ähnlich wie die Möglichkeit bei Erbschaften bedacht zu werden für viele Schulleiter eine Neuigkeit ist. Äußerst überraschend ist die Tatsache, dass fast ein Drittel der Schulleiter die viel diskutierte Methode des Sponsoring als Möglichkeit für ihre Schule noch nicht wahrgenommen haben.

Fundraisingmethoden	eingesetzt	bekannt	positiv bewertet
	% der Fälle/Rang	% der Fälle	% der Fälle/Rang
Spenden von Unternehmen	80,9 (1)	20,9	91,1 (1)
Sponsoring durch Unternehmen	34,0 (9)	57,0	50,0 (13)
Spendenbriefe	54,3 (5)	41,9	68,1 (9)
Spendenaufruf über Printmedien	44,7 (8)	48,8	64,7 (10)
Fördervereine	63,8 (3)	37,2	84,9 (3)
Projektmittel	48,9 (7)	44,2	86,9 (2)
Erbschaften	17,0 (11)	69,8	53,3 (12)
Bußgelder von Gerichten	31,9 (10)	47,7	78,2 (7)
Personalspenden	16,0 (12)	39,5	79,0 (6)
Ehrenamtliche Mitarbeiter	56,4 (4)	38,4	80,0 (5)
Veranstaltungen	72,3 (2)	20,9	77,8 (8)
Verkauf von Eigenprodukten	51,1 (6)	41,9	60,7 (11)
Sachmittelspenden	80,9 (1)	15,1	81,7 (4)

Abb. 4: eingesetzte Fundraisingmethoden und ihre Bewertung durch die Schulleiter
Quelle: eigene Darstellung

4.3 Fundraisingmethoden im Einzelnen

4.3.1 Fundraising-Instrumente mit langfristigem Aktionsfeld

Der Einsatz dieser Fundraising-Instrumente ist langfristig ausgerichtet und hat dem entsprechend auch einen langfristigen Planungshorizont.

4.3.1.1 Fördervereine
Aufgrund der größer werdenden Notsituation an deutschen Schulen gründen immer mehr Bildungseinrichtungen Fördervereine. In diesem Zusammenschluss vereinigen sich die Personen, die die Schule ideell oder finanziell fördern wollen. Das sind in der Regel Eltern der aktuellen Schüler, können aber auch Eltern von Ehemaligen, Schüler oder interessierte Dritte sein (vgl. Vogel 1999, S. 151 f.). Die rechtlichen Grundlagen für einen Förderverein als juristische Person ergeben sich aus dem Vereinsrecht. Für die Gründung bedarf es nur sieben Personen (§ 56 BGB) und eines gemeinsam zu verfolgenden Zwecks (§ 57 BGB). Der Verein muss ins Vereinsregister beim zuständigen Amtsgericht eingetragen werden. Hierzu bedarf es einer Vereinssatzung in der folgende Dinge festgeschrieben sein müssen: Zweck des Vereins, der Name, Bestimmungen zum Ein- und Austritt der Mitglieder, Art und Umfang der Mitgliedsbeiträge, die Bildung des Vorstandes bzw. Art und Weise der Beschlussfassung in der Mitgliederversammlung (§§ 57 BGB f., vgl. Hillebrecht 2001. S. 86). Hält der Förderverein die einschlägigen Vorschriften ein, bekommt er vom zuständigen Finanzamt die Gemeinnützigkeit zuerkannt und kann damit steuerlich anzuerkennende Spenden-

quittungen ausstellen (§ 51 Abgabenordnung – AO; vgl. Vogel 1999, S. 152 ff,; Landesinstitut für Erziehung und Unterricht 2001, S. 146)). Zwei Gründe machen einen Förderverein für eine Schule zu einem geeigneten Fundraisinginstrument: Die Gemeinnützigkeit sowie der engagierte Personenkreis, der bereit ist Geld, Arbeitskraft und Beziehungen in die Anliegen der Bildungseinrichtung zu investieren.

4.3.1.2 Erbschaften
Legate, wie testamentarische Zuwendungen auch genannt werden, bekommen einen immer höheren Stellenwert für Bildungseinrichtungen. Das liegt sicher daran, dass die Durchschnittsbevölkerung in Deutschland reicher und älter wird. Wurden im Zeitraum 1990–1995 in der Bundesrepublik 428 Milliarden Euro vererbt, hat sich diese Zahl in den letzten fünf Jahren fast verdoppelt (819 Milliarden Euro). Für die kommenden fünf Jahre wird ein erneuter Anstieg des Erbschaftsvolumens um ca. 300 Milliarden Euro erwartet (BBE Branchenreport Erbschaften, zit. nach Kreuzer 2005, S. 23). Während die „Erbengeneration" auf der einen Seite von dieser Tendenz profitiert, sterben immer mehr Menschen ohne direkte Nachkommen, aber mit dem Willen mit ihrem Vermögen Gutes zu tun. In diesem Zusammenhang ist ein gezieltes Erbschaftsmarketing (= Programme, die sich mit der Ansprache potenzieller Erblasser oder Erben beschäftigen) angesprochen, dessen Hauptaufgabe die Information über ein mögliches Vermächtnis an gemeinnützige Organisationen ist. Gestützt wird dies durch besondere Aktionen im Beziehungsmarketing bis hin zur gezielten Neuakquise von Testamentsspenden, denn eine Erbschaft ist in der Regel das Ergebnis einer über Jahre hinweg gewachsenen Beziehung zwischen Organisation und Erblasser. Das bedeutet, dass die Schule sich über Jahre in der Öffentlichkeit gut positionieren und die geleistete Arbeit Transparent kommunizieren muss. Eine Unterstützung und eine gute Möglichkeit für eine erste Kontaktanbahnung kann hierbei eine so genannte Erbschaftsbroschüre darstellen. In einer solchen Informationsbroschüre bieten sich folgende Gestaltungselemente an:
- Persönliches Vorwort einer bekannten Person: Hierbei kann es sich um einen bekannten Abgänger oder Erblasser, der ihrer Schule etwas gespendet hat handeln. Durch diese Maßnahme soll vertrauen geschaffen werden.
- Welche Vorteile bietet ihre Schule für eine Hinterlassenschaft?
- Zeigen Sie Beispiele auf, wofür die Erbschaft verwendet werden könnte.
- Geben Sie ganz allgemeine Informationen über Ihre Schule.
- Gehen Sie auf etwaige rechtliche Fragen ein.
- Legen Sie in jedem Fall eine Antwortkarte bei.
- Nennen Sie einen persönlichen Ansprechpartner in der Broschüre.
- Geben Sie Ihre Adresse und Kontaktdaten vollständig an.
- Achten Sie auf reichlich Fotos zur Illustration Ihrer Arbeit.

Gerade Kontakte zu späteren Erblassern sollten allerdings langfristig gepflegt werden. Hier empfiehlt sich die Pflege einer entsprechenden Datenbank, nötige Software hierzu bietet der Markt mittlerweile ausreichend. Die potenziellen Spender können so immer wieder auf Aktionen der Schule angesprochen werden wie etwa eine Einladung zu einem „Tag der offenen Tür" oder zu „Schulfesten". Aus solchen Aktionen können sich nicht nur Erbschaften, sondern auch ganz „normale" Spenden ergeben. Neben einer professionellen Datenbank existieren eine Reihe von Hilfen für ein erfolgreiches

Erbschaftsmarketing.. In diesem Zusammenhang sind Kontakte zu Notaren, Vermögensverwaltern oder Bestattungsinstituten zu nennen. Mögliche Zielgruppen für Hinterlassenschaften können über ihren Förderverein angesprochen werden. Auch eine Kontaktaufnahme zu den Verwandten ihrer Schüler oder auch eine Präsentation des Anliegens im Kollegium könnten Erfolg versprechende Optionen darstellen.

Offensichtliche Gegenleistungen für ein Legat, wie z. B. in Form von Ehrentafeln, können mögliche Spender wohlmöglich zu einer Hinterlassenschaft motivieren. Ob diese Form des „Erbschaftsmarketings" zur eigenen Schule passt, muss jede Schulleitung für sich prüfen (vgl. Crole & Fine 2003, S. 113 ff.). In jedem Fall handelt es sich beim Erbschaftsmarketing jedoch um eine Gradwanderung zwischen einer sensiblen aktiven Ansprache und einer passiven Haltung. Das Erbschaftsmarketing wird nach einer Studie von Voss, Herrmann und Gruber (2005) vor allem an den Sonderschulen für Geistig-, Körper- und Sinnesbehinderungen konsequent betrieben; fast die Hälfte dieser Schulen (48 %) wird in Testamenten bedacht. Sicherlich hängt dies aber auch mit der besonderen Situation ihrer Schüler und der erhöhten Spendenbereitschaft für Menschen mit Behinderungen zusammen.

4.3.1.3 Personalspenden von Unternehmen/ehrenamtliche Mitarbeiter
In allen Non-Profit-Organisationen gewinnt die „Ressource Mensch" immer mehr an Bedeutung. Aus diesem Grund ist es durchaus erstrebenswert, nicht alleine finanzielle Unterstützung von Dritten zu bekommen, sondern mit Fundraisingmethoden auch Arbeitskraft einzuwerben. In vielen sozialen Einrichtungen gehören deshalb Ehrenamtliche schon zum festen Bestandteil der Arbeit. Das System Schule mit seiner überwiegend staatlichen Personalfinanzierung hatte in der Vergangenheit hier allerdings noch große Berührungsängste, obwohl nicht nur in Arbeitsgemeinschaften mittlerweile die Mitarbeit von zusätzlichem Personal, das den Etat nicht belastet, äußerst hilfreich wäre. Dies zeigen auch verschiedene Initiativen, die eine Zusammenarbeit zwischen Schule und Wirtschaft fördern sollen; so z. B. die Landesarbeitsgemeinschaft Schule und Wirtschaft oder als weiteres Beispiel das Netzwerk von Unternehmern, Schulen, Hochschulen, Wirtschaftkammern und Institutionen der Region Heilbronn-Franken „faszinationtechnik" (vgl. Förderverein nachhaltige Bildung und Schulentwicklung 2005, S. 48 ff.). Neben einem Wissenstransfer haben diese Aktivitäten das Ziel, den Schulen Personalressourcen zur Verfügung zu stellen. Ehrenamtliche Tätigkeit stellt ebenso eine Entlastung dar, denn Freiwillige können wichtige Aufgaben für eine Organisation übernehmen. Voraussetzung ist, dass sie wissen, was auf sie zukommt und eine klare Aufgabenbeschreibung vorliegt sowie eine zweckmäßige Einarbeitung erfolgt. Interessanterweise bringen diese Ehrenamtlichen einer Schule häufig noch weitere Vorteile: auf der einen Seite sind Personen, die sich mit den Zielen der Einrichtung identifizieren teilweise selbst bereit zu spenden, auf der anderen Seite wirken diese Personen auch als Multiplikatoren für Fundraisinginitiativen.

4.3.2 Fundraising-Instrumente mit kurz- und mittelfristigem Aktionsfeld
Der Aktionshorizont der folgenden Fundraising-Methoden ist kurz bzw. mittelfristig ausgerichtet. Strategische Überlegungen und Zielformulierungen beeinflussen zwar diesen Handlungsbereich, die zeitliche Reichweite der Methoden kann allerdings weit kurzfristiger geplant werden.

4.3.2.1 Spenden

Für Schulen sicher die beliebteste Form der Mittelbeschaffung ist die klassische Spende. Unter Spenden versteht man hierbei Zuwendungen von Geld- oder Sachmitteln, die häufig selbstlos erfolgen und nicht zweckgebunden sind. Motiv für eine Spende ist auf der einen Seite ein gesellschaftliches Verantwortungsbewusstsein, auf der anderen Seite aber sicher auch eine Möglichkeit, die Geldzuwendung als Sonderausgabe steuerlich geltend zu machen. Letzteres gilt nur, wenn Spenden zur Förderung mildtätiger, kirchlicher, religiöser oder wissenschaftlicher Zwecke geleistet werden und kein Entgelt für eine bestimmte Leistung des Empfängers darstellen. Steuerbegünstigt sind Geld- oder Sachzuwendungen. Der Spendenabzug ist der Höhe nach begrenzt und beträgt grundsätzlich 5 % des Gesamtbetrags seiner Einkünfte, bei besonders förderungswürdigen Zwecken können es 10 % sein. Alternativ gilt für Gewerbetreibende eine weitere Grenze von 2 v.T. der Summe der Umsätze und der aufgewendeten Löhne und Gehälter (§ 10b Einkommensteuergesetz – EStG, vgl. Schnell 1999, S. 169 ff., Landesinstitut für Erziehung und Unterricht, S. 147 ff.). Die meisten Unternehmen, die Geld an Schulen spenden, haben darüber hinaus ein Interesse ihr Engagement in der Öffentlichkeit bekannt zu machen; von Seiten des Spendenempfängers gibt es aber keine Verpflichtung den Geber bei diesem Unterfangen zu unterstützen (vgl. Hatscher 1998, S. 28).

Um Kontakt zu Spendern zu bekommen, stehen einer Non-Profit-Organisation verschiedene Kanäle zur Verfügung: Eine relativ weit verbreitete Methode für Schulen ist der Spendenaufruf über Printmedien. In der Regel sind dies Quartals- oder Jahresschriften bzw. Einladungen zu besonderen Feiern; E-Mails oder Newsletter sind die moderneren Alternativen hierzu. Ergänzt wird dies durch jährliche, größere Ehemaligentreffen. Zum Dank können Spender einen Dankesbrief, eine Spendenquittung und entsprechende Einladungen zu Schulveranstaltungen erhalten. Verbinden lassen sich solche Aktionen mit erneuten Spendenaufrufen. Spenderbriefe gelten nach wie vor als der Schlüssel für ein erfolgreiches Fundraising. Diese Methode wird in Fachkreisen „Direct Mail" oder „Mailings" genannt. Grundlage hierfür ist eine gut geführte Adressdatei. Diese Spendenbriefe sind aber mit einem großen Aufwand und Kosten verbunden und die Rücklaufquote kann je nach Organisation sehr differieren (vgl. Crole 1998, S. 81 ff.; Crole & Fine 2003, S. 89 ff.). Für die Mailings im großen Stil wird der Einsatz von spezieller Software empfohlen, die verschiedenste Abläufe (Verwaltung, Adressdaten, Dankesbriefe, Evaluation…) automatisiert. Diese Mailings können auch für ein erfolgreiches Nachspenden-Marketing für Dankbriefe genutzt werden. Daneben bieten sich Maßnahmen wie

- Spendenquittung
- Individuelle Betreuung/Veranstaltungen
- Nennung in Spenderpublikation
- Jahresurkunden
- Kleine Geschenke (Give-aways) wie Aufkleber, Postkarten etc.

Dass für die Spendenakquisition die Hilfe eines professionellen Dienstleisters in Anspruch genommen wird, ist für Schulen noch eher unüblich, aber durchaus eine zu prüfende Alternative. Allerdings ist zu bedenken, dass man vor der Entscheidung für solch einen Weg eine sehr sorgfältige Auswahl treffen und dabei sehr auf die „passende Chemie" achten sollte. Auswahlkriterien für einen solchen Dienstleister sind

Preis, Qualität der verwendeten Materialien, Ruf einer Agentur, das für diesen Bereich spezifische Know-how, räumliche Nähe und Philosophie des Dienstleisters, aber insbesondere auch der persönlichen Eindruck vom Dienstleister. Hilfreich ist zusätzlich eine Bewertung von Referenzprojekten der Fremdfirma (vgl. Crole & Fine 2003, S. 99 ff.).

4.3.2.2 Sponsoring
Durch Schulsponsoring öffnet sich der Wirtschaft eine Zielgruppe von über 700.000 Lehrern und 13 Millionen Schülern. Allein die Gruppe der Schüler besitzt ein großes Kaufkraftpotential und besitzt einen starken Einfluss auf die Kaufentscheidungen der Eltern – vor allem in den Produktbercichen Bekleidung und Süßwaren. Das Vermögen der Schüler bemisst sich auf mehr als 20 Mrd. Euro – allein die Geldgeschenke zum Geburtstag und zu Weihnachten summieren sich zu einem Betrag von 2,02 Milliarden Euro (vgl. Kids Verbraucher Analyse 2003, S. 19). Diese Zielgruppe zeichnet sich neben dem Kaufpotenzial durch ein ausgesprochenes Markenbewusstsein und Konsuminteresse aus (vgl. Heinrich, Hüchtermann & Nowak 2002, S. 13; Lange 2004, S. 126 ff.), was besonders für die Markenartikler von Interesse ist.

Schulsponsoring beruht auf einer eindeutig vertraglich definierten Leistung (eines Unternehmens) und einer Gegenleistung von Seiten einer Schule (vgl. Abb. 1). Die Festlegung von Leistung und Gegenleistung zwischen Sponsor und Schule sind Verhandlungssache und von gesetzlichen Möglichkeiten abhängig. Beim Schulsponsoring geht es also nicht um eine altruistische Handlung wie etwa bei einem Mäzenatentum mit einem gutmütigen Geldgeber, sondern um einen Sponsor, der eine klar definierte Gegenleistung für seine Unterstützung erwartet. Die konkrete Übereinkunft zwischen Sponsor und Gesponsorten auf Basis einer vertraglichen Grundlage wird aus der Sicht der Sponsoren als „Sponsorship" bezeichnet.

Leistungen des Unternehmens können finanzieller Art sein oder in Form von Sach- (z. B. Gabe von Computern oder Software) oder Dienstleistungen (z. B. Wartung der Computerräume, Einbringen von Expertenwissen in den Fachunterricht) erbracht werden. Auch Betriebserkundungen und Betriebspraktika für Schüler oder die Öffnung des betrieblichen Weiterbildungsangebotes für Lehrkräfte können Dienstleistungen der Unternehmen sein. Schulische Gegenleistungen sind z. B. die Aufnahme des Firmenlogos in die Schulbroschüre oder das Aushängen des Firmenbanners bei der Ausrichtung öffentlichkeitswirksamer Ereignisse (Sommerfest, Tombola, Tag der offenen Tür, Sportfest usw.). Zudem stellen diese Gegenleistungen für das beteiligte Unternehmen in der Regel einen Image-Gewinn, den es aus dem gesellschaftlichen Engagement zieht sowie einen positiven Werbeeffekt dar (vgl. Bortoluzzi-Dubach 2002, S. 24 ff.). Daneben können dem Unternehmen auch Dienstleistungen der Schüler angeboten werden, z. B. wenn im Informatikunterricht eine Muster-Website für den Sponsor entwickelt wird. Solche Leistungen sind aufgrund der rechtlichen Restriktionen zurzeit noch selten anzutreffen. In den USA geht das Sponsoring-Modell schon jetzt weiter: Im Rahmen des „Pizza Huts *Book It!*" Programms wurden sogar erwünschte Lernziele der Schüler gesponsert, wie z. B. das Gelingen bestimmter Leseübungen. Die Schüler der partizipierenden Schulen erhielten dafür Gutscheine für den Kauf von Pizza Hut Artikeln (vgl. Voss 2002, S. 6).

Die öffentliche Bekanntmachung der Sponsor-Leistung erfolgt über Medien (Zeitung, Rundfunk usw.). Nach der Grundsatzentscheidung einer Steuerbehörde ist diese öffentliche Verbreitung Voraussetzung für die spätere steuerliche Absetzbarkeit (§ 4 Abs. 4 EstG). Um den Anforderungen der Steuerbehörden zu entsprechen, muss ein Unternehmen seinen Werbezweck also klar zum Ausdruck bringen und sich unter Umständen auffällig im Umfeld einer schulischen Veranstaltung präsentieren. Dies kann wiederum leicht auf ablehnende Haltung bei den Zielgruppen oder der Schulleitung stoßen, die von Sponsoren einen zurückhaltenden Auftritt verlangen. Die Medien können von der Schule, dem Sponsor oder einer zwischengeschalteten Instanz wie dem Förderverein der Schule informiert werden. Dort können sie auch Rückfragen stellen (vgl. Abb. 5).

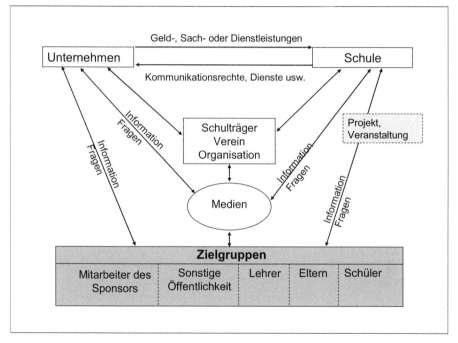

Abb. 5: Beziehungssystem Schulsponsoring
Quelle: eigene Darstellung in Anlehnung an Voss 2000 und 2002

Sponsoring ist nur schwer abzugrenzen von Spenden. Bei Spenden stehen jedoch eher Förderungsgesichtspunkte im Vordergrund, d. h. es handelt sich um Zuwendungen eines Unternehmens, die nicht an eine bestimmte Gegenleistung des Empfängers gebunden sind. Sie erfolgen oft aus altruistischen Motiven und stets ohne eine konkrete fixierte geschäftliche Nutzenerwartung. Nichts desto trotz können seitens des Sponsors geschäftliche Nutzenerwartungen bestehen, aber eben ohne jeglichen Rechtsanspruch an den Geförderten (vgl. Hermanns 1997, S. 37 ff.). Beruhen die Spenden auf rein altruistischen Motiven eines Spenders und dienen sie vornehmlich der Wohlfahrt, dann wird auch von einem Mäzen gesprochen (vgl. Dolphin 2003, S. 175). Im Schulbereich spielen sich die meisten Kooperationsvereinbarungen jedoch in einer Grauzone zwischen Sponsoring und Spende ab, denn auch für eine

Spende darf selbstverständlich öffentlich „Danke schön" gesagt werden. Die Unterscheidung zwischen Sponsoring und Spenden ist allenfalls unter theoretischen und steuerlichen Gesichtspunkten nennenswert. In steuerlicher Hinsicht können Sponsoring-Aufwendungen vom Unternehmen unbegrenzt als Betriebsausgaben veranschlagt werden, wenn wirtschaftliche Vorteile für das Unternehmen angestrebt werden (vgl. Schnell 1999, S. 167 ff.). Spenden können lediglich innerhalb gesetzlicher Höchstgrenzen abgesetzt werden. Entsprechende Quittungen werden meist durch den schulischen Förderverein ausgestellt. Marketingpraktisch hingegen ist interessant, wie die Aktivität in der Öffentlichkeit wahrgenommen wird und in dieser Hinsicht bestehen keine wesentlichen Unterschiede zwischen Spenden und Sponsoring.

4.3.2.3 Projektmittel
Eine ausgezeichnete Möglichkeit für Schulen, konkrete Vorhaben finanziell unterstützt zu bekommen, sind Projektmittelfonds. Besonderheit bei dieser Art der Mittelbeschaffung ist, dass in der Regel keine langfristigen Kosten, wie z. B. Personalkosten oder Mieten, finanziert werden. Diese Fördermittel speisen sich entweder aus öffentlichen Mitteln oder aus privaten Initiativen und Stiftungen. Während Ansprechpartner und Modalitäten für die Antragsstellung bei privaten Stiftungen oder Initiativen in der Regel eindeutig sind, gilt es bei der öffentlichen Förderung die Zuständigkeiten zu beachten. Bei Beantragung dieser Mittel können etwa das Schulverwaltungsamt, das Schulamt, das Regierungspräsidium oder das zuständige Ministerium verantwortlich sein. Hinzu kommen noch Sonderprojekte, z. B. von den Gesundheitsämtern, den Landesbildstellen, der Landesanstalt für Kommunikation oder dem Referat für Städtepartnerschaften. Nicht zu vernachlässigen sind auch die Möglichkeiten durch die so genannten EU-Mittel. Es existiert eine Vielzahl von europäischen Förderprogrammen, die die europäische Zusammenarbeit in den Bereichen allgemeine und berufliche Bildung sowie Jugend unterstützen sollen, z. B. SOKRATES, LEONARDO DA VINCI und JUGEND. Hinzu kommen noch Fördermöglichkeiten für den Bildungsbereich insbesondere im Rahmen des Europäischen Sozialfonds. Ein Projektantrag muss die entsprechenden Antragsmodalitäten genau beachten und ist mit einem nicht unerheblichen Arbeitsaufwand verbunden. Neben den Einreich- und Entscheidungsterminen sind verschiedenste Informationen relevant: Angaben zur antragstellenden Organisation, das Vorhaben, der Verantwortliche, zeitliche Vorstellungen, Summe der beantragten Mittel und der entsprechende Eigenanteil, z. B. auch in Form von Eigenleistungen (vgl. Landesinstitut für Erziehung und Unterricht 2001, S. 140 f.).

4.3.2.4 Bußgelder von Gerichten
Ein interessantes und eher unbekanntes Fundraising-Instrument für Schulen ist das Akquirieren von Bußgeldern, was auch gerne als „Bußgeld-Marketing" bezeichnet wird. Bußgelder sind Geldbeträge zu deren Zahlung Privatpersonen oder Unternehmen per Gerichtsurteil oder durch einen Vergleich mit der Staatsanwaltschaft verpflichtet werden. Die gesetzliche Grundlage von Geldbußen ist § 56b Strafgesetzbuch (StGB) Abs. 2: „Das Gericht kann dem Verurteilten auferlegen einen Geldbetrag zugunsten einer gemeinnützigen Einrichtung [...] zu zahlen" (Gaus 2005, S.2). Non-Profit-Organisationen erhalten sie von Land- oder Amtsgerichten, indem sie sich im Bußgeldkatalog registrieren lassen. Die Oberlandesgerichte führen so genannte Buß-

geld-Listen von Einrichtungen, die ihr Interesse an der Zuweisung von Bußgeldern bekundet haben. Das erste Schreiben einer Schule ist somit der Antrag auf Aufnahme in die Bußgeld-Liste des jeweiligen Gerichts. Das Schreiben ist an den Präsidenten des jeweiligen Oberlandesgerichts oder seinen Vertreter zu richten. Sinnvoll ist vor allem die Eintragung bei den Landgerichten in der Region, in der eine Einrichtung tätig ist. Ein berliner Richter kann allerdings z. B. auch einer Einrichtung in Stuttgart Bußgelder zusprechen.

Bei der Beantragung von Bußgeldern bietet sich eine Arbeit des Fördervereins der Schule an. Wenn eine Organisation oder ein Verein in die Bußgeldliste aufgenommen werden möchte, sollten folgende Unterlagen an die Präsidenten der Land- oder Oberlandesgerichte eingereicht werden:
- Name, Anschrift und Konto
- Satzung
- Fotokopie der Gemeinnützigkeitsbescheinigung des Finanzamts
- Fotokopie oder beglaubigte Abschrift der Eintragung in das Vereinsregister
- Informationsmaterial

Es ist zu beachten, dass die Gerichte nicht unnötig mit einer „Materialschwemme" zu belasten sind. Der Bußgeld-Brief sollte daher höchstens eine Seite lang sein. Zudem sollte er sachlich und höflich formuliert und die Schule und eventuell bestehende aktuellen Projekte in Kurzform darstellen. Falls vorhanden, kann auch eine Broschüre der Schule hinzufügt werden.

Die letztendliche Entscheidung welche Einrichtung bedacht wird, fällt dann der zuständige Richter, vorausgesetzt, das Anliegen ihrer Schule ist ihm noch präsent. Eine regelmäßig persönliche Ansprache der Richter kann einer Verankerung im Gedächtnis dieses Entscheidungsträgers helfen. Zur Kontaktpflege gehört ein weiterer wichtiger Aspekt: Nach Erhalt der Bußgelder ist der Zahlungseingang schriftlich beim Gericht zu bestätigen. Wird dies versäumt, besteht die Gefahr, dass die Schule schnell wieder von der Bußgeld-Liste gestrichen wird. Ein Dank in Form eines Schreibens oder Anrufs dagegen fördert die Beständigkeit und gibt der geförderten Schule zugleich die Möglichkeit zu belegen, wie wichtig der Erhalt von Bußgeldern für sie ist.

Des Weiteren sollte es eine Schule nicht versäumen, sich bei möglichst vielen Gerichten eintragen zu lassen und so die potenziellen Möglichkeiten erhöht. Es ist bei allen Überlegungen zu bedenken, dass die Gesamtsumme der zu verteilenden Bußgelder der Gerichte zwar steigt, wobei allerdings immer mehr soziale Einrichtungen um Berücksichtigung bitten. Es werden jedoch immer häufiger kleine und regional aktive Organisationen, wie z.B. Schulen, bedacht (vgl. Hatscher 1998, S. 32; Gaus 2005, S. 2).

4.3.2.5 Events

Unter Events versteht man in der Regel Benefizveranstaltungen, die einen Erlebniswert für die Beteiligten haben. Grundsätzlich können solche Veranstaltungen Plattformen sein, auf denen sich Förderer präsentieren um eine große Öffentlichkeit zu erreichen. Eine Voraussetzung ist natürlich, dass die Veranstaltung attraktiv ist und ausreichend Publikum anzieht. Hier reicht die Palette der schulischen Möglichkeiten vom Benefizkonzert über den Blumenmarkt bist zur Abenteuerreise (vgl. Crole &

Fine 2003, S. 165 ff.; Hatscher 1998, S. 31). Zwei wichtige Effekte können durch ein Event erzielt werden: Erstens soll es helfen, Förderer an sich zu binden bzw. neue Förderer zu gewinnen und zweitens wird in den Medien über das Event berichtet, was gute Public Relations für den Förderer und die Schule selbst sein kann. Im Idealfall wird die Aktion weitgehend durch Spenden finanziert. Ein Event muss strategisch geplant werden und ist daher in der Regel mit umfangreichen Vorbereitungen verbunden. Dazu gehört insbesondere die Auswahl des passenden Erlebnisfeldes für die Aktion, das nicht nur attraktiv sein muss, sondern in Art und Inhalt zu den Zielen der Schule passen soll.

4.3.2.6 Verkauf von Eigenprodukten
Non-Profit-Organisationen verkaufen eine Vielzahl von Produkten, mit denen sie zum Teil erheblichen Gewinn erzielen: Bücher über die eigene Schule, Postkarten, Kalender, selbst gepresster Apfelsaft, Kunsthandwerk oder sogar symbolisch Steine aus dem frisch renovierten Schulgebäude (vgl. Hatscher 1998, S. 68 ff.). Gemeinnützige Einrichtungen müssen in diesem Zusammenhang berücksichtigen, dass sämtliche wirtschaftliche Betätigungen die umsatzbezogene Besteuerungsfreigrenze von 30.000 € im Jahr nicht überschreiten, da sie sonst körperschafts- und gewerbesteuerpflichtig werden (Schnell 1999, S. 174).

5. Ausblick

Für verantwortliche Entscheidungsträger in Schulen gilt es also zu bedenken, dass eine effektive und erfolgreiche Akquisition von Fundraising-Partnern ein professionelles Konzept erfordert, das den Nutzen des Schulsponsorings für die Sponsoren verdeutlicht. Guter Wille, reicht hier also nicht aus. Vielmehr ist eine gelungene Außendarstellung einer Schule (Internet, Broschüren) und ihrer Projekte nötig. Im Idealfall für das Partner-Unternehmen entwickeln Schulen ein Selbstverständnis einer marktorientierten Denkhaltung, die mit ihrem eigentlichen Lehr- und Erziehungsauftrag gut vereinbar ist. In diesem Zusammenhang gilt es für eine Schule, eine zweckmäßige Balance zwischen einer offenen Marktorientierung und der pädagogischen Verantwortung zu finden. Für erfolgreiches Fundraising kann es daher kein Patentrezept geben. Vielmehr muss jede Schule die Methoden-Palette für sich herausfinden, die optimal zum eigenen Schulprofil, zum Kollegium und zum Umfeld passt. Von besonderer Wichtigkeit ist, dass sich eine Schulleitung nicht alleine auf den Fundraising-Weg begibt; vielmehr sollten die Leitung und das Kollegium an einem Strang ziehen und sich mit der Idee des Fundraising identifizieren. Organisatorisch macht es dabei Sinn, einen Hauptverantwortlichen als Ansprechpartner zu benennen und eine Arbeitsgruppe zu etablieren, die sich vertieft und fortlaufend mit der Thematik beschäftigt. Externes und internes Netzwerk müssen gut gespannt sein: Nur selten werden Großkonzerne eine kleine Schule mit einer umfangreichen Förderung unterstützen; vielmehr sind es die regionalen Netzwerke, die die Schulen vor Ort tragen. Hier sind sicherlich die Schulen im Vorteil, die von Haus aus durch eine engagierte Elternschaft entsprechende Ressourcen mitbringen. Allgemein gilt, dass eine gute Außendarstellung und eine intensive Beziehungspflege zu den Gebern langfristig den Erfolg sichern. Zu solch einer guten Öffentlichkeitsarbeit gehören, wie beschrieben, attraktive Projekte, die es den Gebern ermöglichen, sich mit der Einrichtung zu identifizieren. Dies müssen sicherlich nicht immer große Bauvorhaben sein; auch kleine, sinnvolle pädagogische Projekt erfüllen den Zweck einem Förderer den Grund für sein Engagement zu geben. Hierfür ist die Kreativität der Lehrerschaft gefragt.

Für Schulen kann sich eine willkommene inhaltliche Unterstützung des Unterrichtalltages bieten – indem etwa der Praxisbezug erhöht wird oder innovative Lehr-Lern-Arrangements initiiert werden, wie ein Projekt oder fächerübergreifender Unterricht durch die Unterstützung eines Unternehmens. Mayer (2005, S. 28) nennt in diesem Zusammenhang eine Kooperation des Bonner Carl-von-Ossietzky-Gymnasiums mit T-Mobile. Lerninhalte sollten dabei mit der unternehmerischen Realität des Konzerns verknüpft werden. So wurde während des Informatik-Unterrichtes der Aufbau eines Mobilfunk-Chips behandelt oder während des Pädagogik- Unterrichtes die Frauen- und Familienförderung des Unternehmens besprochen. Neben dem Finanzierungseffekt kann also berufliche Praxis in den Unterricht gebracht werden, der den Schülern einen Einblick in ihr späteres Berufsleben gewähren kann.

Literatur

Bellenberg, G. 2001: Stärkung der Einzelschule. Neuwied.
Bertoluzzi-Dubach, E. 2002: Sponsoring: Der Leitfaden für die Praxis, 3. Auflage, Bern/Stuttgart/Wien,.
Böttcher, J. 2001: Sponsoring Fundraising und Sponsoring für die Schule – Geld ist das Medium, nicht das Ziel. In: Döbert, H. & Ernst, C.: Finanzierung und Öffnung von Schule, Hohengehren, S. 26–39.
Böttcher, J. 1999: Sponsoring und Fundraising für die Schule, Neuwied.
Bruhn, M. 1991: Sponsoring. 2. Aufl., Wiesbaden/Frankfurt a.M.
Crole, B. & Fine, C. 2003: Erfolgreiches Fundraising – auch für kleine Organisationen, Zürich.
Crole, B. 1998: Erfolgreiches Fundraising mit Direct Mail, Regensburg/Bonn.
Dolphin, R. 2003: Sponsorship: perspectives on its strategic role, In: Corporate Commucations – An international Journal, Heft 3, S. 173–186.
Eckinger, L. 1999: Gibt der Staat (sich) auf?, In: Böttcher, J.: Sponsoring und Fundraising für die Schule, Neuwied, S. 19–25.
Förderverein nachhaltige Bildung und Schulentwicklung 2005: Erfolgreiche Schule mit starken Partnern. Handbuch zum Kongress. Stuttgart.
Gaus, H. 2005: Bußgeld-Marketing, Unveröffentlichte Seminarunterlagen zum 2. Württembergischen Fundraising Kongress, Stuttgart.
Haibach, M. 1997: Fundraising, Spenden, Sponsoring, Stiftung, Frankfurt.
Hammer, R. 1998: Unternehmensplanung, 7. Auflage, München und Wien.
Hatscher, S. 1998: Kollekten, Spenden, Sponsoring, Wie Kirchengemeinden zu mehr Geld kommen, Stuttgart.
Heinrich G., Hüchtermann, M. & Nowak, S. 2002: Macht Sponsoring Schule?, Köln.
Hermanns, A. 1997: Sponsoring. Grundlagen, Wirkungen, Management, Perspektiven. München.
Hillebrecht, S. 2001: SchulMarketing – Eine Handreichung für Lehrer. Rinteln.
Kids Verbraucher Analyse 2003: Das aktuelle Planungsinstrument für junge Zielgruppen, Stuttgart.
Kraus, J. 1999: Welcher Zweck heiligt noch welche Mittel, In: Böttcher, J.: Sponsoring und Fundraising für die Schule, Neuwied, S. 25–33.

Kreuzer, T. 2005: Basics und Trends. Kurze Übersicht über den Spendenmarkt in Deutschland, Unveröffentlichte Seminarunterlagen zum 2. Württembergischen Fundraising Kongress, Stuttgart.

Landesinstitut für Erziehung und Unterricht (Hrsg.) 2001: Förderalmanach. 2. Aufl., Stuttgart.

Lange, E. 2004: Jugendkonsum im 21. Jahrhundert – Eine Untersuchung der Einkommens-, Konsum- und Verschuldungsmuster der Jugendlichen in Deutschland, Wiesbaden.

Mayer, A. 2005: Bildungssponsoring – Grundlagen, Management und Entwicklungstendenzen im Überblick, In: Stiftung & Sponsoring, Heft 4, S. 26–29.

Müllerleile, C. 1999: Dann wird's unmoralisch, In: Böttcher, J.: Sponsoring und Fundraising für die Schule, Neuwied, S. 147–150.

Schmerr, M. 2002: Sponsoring an allgemeinbildenden Schulen – Erfahrungen, Probleme, Handlungsmöglichkeiten. In: Lohmann, I. & Rilling, R. (Hrsg.): Die verkaufte Bildung, Opladen.

Schnell, R. 1999: Die Fiskusfalle vermeiden, In: Böttcher, J.: Sponsoring und Fundraising für die Schule, Neuwied, S. 166–174.

Vogel, J. 1999: Was man über Fördervereine wissen muss, In: Böttcher, J.: Sponsoring und Fundraising für die Schule, Neuwied, S. 151–157.

Voss, R. 2000: Schulsponsoring – Bedeutung, Arten und Planungsprozess aus Unternehmenssicht, In: Planung und Analyse, Heft 6, S. 32–36.

Voss, R. 2002: Schulsponsoring – Entwicklung, Beurteilung und Ausblick, In: KED – Elternforum, Heft 2, S. 6–7.

Voss, R. 2007: BWL Kompakt – Grundwissen Betriebswirtschaftslehre, 4. Auflage, Rinteln.

Voss, R. Hermann, M. & Gruber, T. 2005: Fundraising für Schulen – Aktuelle empirische Befunde und Handlungsoptionen In: Voss, R. (Hrsg.): Schulsponsoring und Fundraising an Schulen, WVB – Wissenschaftlicher Verlag Berlin, Berlin, S. 37–72.

Weiss, M. & Steinert, B. 2001: Privatisierungsstrategien im Schulbereich, In: Pädagogik, H. 7–8, S. 40–43.

Internetquellen

Bob Bomliz Group Bonn GmbH: Sponsoring Trends 2004.
    (http://www.bob-bomliz-group.com/bomliz/agentur/de/jsp/studien.jsp, abgerufen 14.02.05)

Deutscher Fundraising Verband: Schul-Sponsoring. (http://www.sozialmarketing.de/ Bei_der_Bev_lkerung.159.0.html, abgerufen 28.03.06)

Eine Übersicht über die Handlungsparameter des Schul-Marketings

Von Steffen W. Hillebrecht

1. Die Aktualität der Fragestellung 32
2. Der Marketingprozess – Die Grundlagen der Marketingarbeit an Schulen 32
   - 2.1. Einige Betrachtungen zum Begriff des Schulmarketings 32
   - 2.2. Die Übertragung des Marketingkonzeptes auf die schulische Bildung 34
   - 2.3. Die strategische Festlegung – Bildung als Ziel der Schule 36
   - 2.4. Die Nachfrager nach Bildung und ihr Nachfrageverhalten 37
   - 2.5. Die Marktforschung als Möglichkeit zur Erforschung der Nachfrage 38
   - 2.6. Die Erstellung eines Marketingprogramms 38
3. Das Marketing-Instrumentarium der Schulen 39
   - 3.1. Die Angebotspolitik 39
   - 3.2. Die Distributionspolitik 41
   - 3.3. Die Beitragspolitik 41
   - 3.4. Die Personalpolitik 44
   - 3.5. Die Kommunikationspolitik 45
   - 3.6. Die Corporate Identity als Marketing-Feld 46
4. Das Marketing-Controlling als Führungsinstrument zur Planung, Steuerung, Information und Kontrolle 47
5. Ein Ausblick 50

Literaturnachweis 50

1. Die Aktualität der Fragestellung

Der zum Sommer 2005 pensionierte Leiter der Privatschule Salem äußerte sich in der „Frankfurter Allgemeinen Sonntagszeitung" zu den besonderen Merkmalen seiner Schule: Hier finden Schülerinnen und Schüler eine besondere Lernatmosphäre. Diese Lernatmosphäre umfasst neben der Vermittlung der Lernstoffe gemäß staatlicher Lehrpläne auch einen besonderen Umgang der Lehrkräfte mit den Schülern sowie zahlreiche Aktivitäten außerhalb des Kernunterrichts, die der Persönlichkeitsbildung dienen. Zudem wird auf eine besonders disziplinierte Verhaltensweise der Zöglinge Wert gelegt (vgl. von Münchhausen/Bueb, 2005). Pädagoginnen und Pädagogen werden dies je nach Standpunkt als besonders interessante oder auch als eher hinterfragenswerte Auffassung von Bildung betrachten. Aus Sicht eines Betriebswirts zeigt sich hier ein besonders gelungenes Beispiel von Schulmarketing. Es umfasst eine bestimmte Unternehmensvision (wozu ist das Unternehmen berufen? Was ist sein Existenzzweck?) über eine durchdachte Marketing-Architektur mit Elementen einer entsprechenden Produktpolitik (Erziehungs- bzw. Unterrichtsstil, Lehrangebote in jeglicher Form, Schulabschlüsse) und klaren Vorstellungen zu den Beiträgen der Schüler (Disziplin, Engagement, Schulgeld, weitere Verhaltensweisen wie z. B. die Teilnahme an Drogentests) bis hin zu Aspekten der Erfolgskontrolle, im Marketing-Deutsch dem Marketing-Controlling.

Nun wird nicht jede Schule ein derart ausgefeiltes und sicher auch in weiten Bereichen exklusives Profil verfolgen können. Öffentlich-rechtliche Schulen unterliegen aufgrund der staatlichen Schulgesetzgebung anderen Bedingungen als Privatschulen, die sich ihre Schüler nach bestimmten Leistungskriterien oder auch Beitragskriterien in Gestalt von Schulgeld und prominenter Herkunft aussuchen. Dennoch konnte z. B. die staatliche Wirtschafts-Berufsschule in Ansbach auch mit einem durchdachten Marketingkonzept bundesweite Aufmerksamkeit erreichen (vgl. o. V., 1998a). Und so bleibt in allen Fällen eine Parallele, nämlich diejenige der Frage nach dem Angebot der Schule (vulgo: das Bildungsangebot und die zu erzielenden Abschlüsse) und dem, was man den Nachfragern der Schule dafür abverlangt. Und als Nachfrager sind primär Schüler und deren Eltern sehen, in zweiter Linie auch der Arbeitsmarkt, der den ausgebildeten Schülern Berufsperspektiven anbietet, wenn das Bildungsniveau eine gute Bewältigung der beruflichen Anforderungen verspricht. Dazu wird das Grundgerüst des Schul-Marketings dargestellt, anhand dessen jede Schule ihr eigenes Marketing-Konzept ableiten kann.

2. Der Marketingprozess – Die Grundlagen der Marketingarbeit an Schulen

2.1. Einige Betrachtungen zum Begriff des Schulmarketings

Verfolgt man die aktuelle Diskussion, so besitzt Schulmarketing zwei Zielrichtungen, in Gestalt des Marketings der Schulen bzw. für schulische Leistungen einerseits und dem Marketing an Schulen andererseits.

Die erste Betrachtungsweise sieht die Schulen als Akteure im Bildungsmarkt, die ihre Zielgruppen umwerben. Hier dominieren allerdings hauptsächlich Fundraising- und Sponsoringaktivitäten, also der Versuch, zusätzliche Finanzquellen zu den staatlichen bzw. kommunalen Zuweisungen zu gewinnen. Ergänzend kommt die Werbung privater Schulen aus dem In- und Ausland hinzu, die z. B. in den Wochenendausgaben überregionaler Qualitätszeitungen ihre Dienste anpreisen und auf diese Weise zahlende Schüler gewinnen wollen. Ansätze der Schulentwicklung werden demgegenüber eher als Organisationsentwicklung oder Qualitätsmanagement begriffen, obwohl derartiges im Endeffekt auch das Marketing einer Schule betrifft, in Gestalt des Selbstverständnisses und der Vision sowie der Angebotspolitik.

Die zweite Sichtweise geht davon aus, dass allein an den Schulen ein ca. 13 Millionen an Nachfragern umfassendes Marktpotenzial vorhanden ist, das milliardenschwere Einkaufsentscheidungen in den Sektoren Nahrungs- und Genussmittel, Schulmaterialen und Schreibwaren oder Kleidung trifft und demzufolge mit Werbematerialien verschiedenster Art (z. B. über kostenfreie Schulhefte oder Stundenpläne mit Werbeeindruck, Auslegeware mit Werbeeindruck etc.) anzusprechen ist (vgl. o. V., 2004; Radü, 2005). Ein besonders bekanntes Beispiel findet sich in der Kommunikationsagentur „spread blue", die eine Homepage namens www.schulmarketing.de betreibt. Auch die Schulbuchverlage haben sich inzwischen des Themas angenommen, wie die Aktion „Eigener Kopf. Eigenes Schulbuch" aus dem Juni 2005 zeigt, verantwortet vom Verband der Schulbuchverlage (vgl. o. V., 2005a).

Beide Sichtweisen kommen in dem Moment zusammen, in dem Markenartikler Werbe- und Sponsoringaktivitäten an Schulen entfalten. Einerseits können Schulen durch die Werbe- und Sponsoringaktivitäten zusätzliche Gelder einnehmen, wobei diese allein in 2005 einen Betrag von ca. 600 Mio. Euro umfassen (vgl. o. V. 2005b). Diese Gelder werden z. B. für eine verbesserte Sachmittelausstattung, für die Renovierung von Schulgebäuden usw. verwendet. Andererseits können die Unternehmen über diese Aktivitäten Präsenz an den Schulen zeigen, für ihre Produkte und ihre Bekanntheit werben und vor allem über Sponsoringaktivitäten auch gesellschaftliches Engagement dokumentieren und so auf einen Imagegewinn hoffen.

Die Diskussion über Schulmarketing gewann in den Jahren 1997 und 1998 an Dynamik, da damals einige Bundesländer die Bestimmungen über Werbung und Sponsoring an Schulen entsprechend öffneten und damit den Schulen entsprechenden Bewegungsraum zustanden (vgl. den Überblick bei Hillebrecht, 2001, S. 13 ff.). Ergänzt wurde diese Diskussion über Berichte aus anderen Staaten wie Dänemark, den USA und Großbritannien, in denen Schulwerbung und Schulmarketing schon länger üblich waren (vgl. Kahl, 1999, S. 67; Luyken, 1999, S. 30; o. V. 1998b). Hinzu traten mehrere Lehrwerke, die vor einem mehr oder weniger theoretisch basierten Hintergrund aufzeigten, wie das Marketing für Schulen gestaltet werden könnte. Insbesondere sind die Aufsätze von Flittner/Klemm (1995), Krammes (1999) Olmesdahl (1994), und Voss (2000) sowie die Bücher von Hillebrecht (2001), Hopfgartner/Nessmann (2000), Mittelstedt (2000), Puth (1998), Regenthal (2001) und Reisch u. a. (2001) zu nennen.

Inzwischen können in jedem der 16 deutschen Bundesländer – Schulen befinden sich aufgrund der Kultushoheit im Einflussbereich der Länder – Regelungen zum Schulmarketing erkannt werden, die mehr oder weniger große Freiräume eröffnen. (vgl. Radü, 2005). Von daher bietet es sich an, sich mit dem Marketingkonzept in grundsätzlicher Weise zu beschäftigen und dessen Übertragbarkeit auf die spezifischen Fragen einer Schule zu prüfen. Dabei soll auch an den entsprechenden Stellen auf die Einbettung von Sponsoring und Fundraising geachtet werden.

2.2. Die Übertragung des Marketingkonzeptes auf Schulen

Nach gängiger Definition ist Marketing die Gestaltung eines Austauschprozesses zwischen zwei oder mehr Marktpartnern mit dem Ziel, für alle Beteiligten einen dauerhaften Gewinn herzustellen. Als Anbieter fungiert dabei in der Regel ein Unternehmen, das aus dem Austausch einen finanziellen Vorteil zieht, um damit Gewinn zu erzielen. Als Nachfrager treten andere Unternehmen, private Nachfrager (Haushalte) oder staatliche Stellen auf, die auf diese Weise an Güter kommen, die für die eigene Existenz wichtig sind.

Die Marketinglehre hat vor ca. 30 Jahren auch die grundsätzliche Übertragbarkeit des Marketingkonzeptes auf Nonprofit-Organisationen erkannt. Dabei geht es allerdings weniger darum, dass ein Anbieter finanziellen Gewinn erwirtschaftet. Vielmehr ist es im Nonprofit-Marketing das Ziel, auf der Basis einer bestimmten Idee oder einen besonders wünschenswerten gemeinwirtschaftlichen Nutzen zu verbreiten, für den man bei den Zielgruppen die nötige finanzielle und anderweitige Unterstützung (Teilnahme, Unterstützung, ehrenamtliches Engagement etc.) einwirbt. Neben Kulturinstitutionen wie Theater und Museen zählen dazu auch Kirchen, Wohlfahrtsorganisationen, Tier- und Naturschutzverbände, staatliche Organisationen sowie Bildungseinrichtungen aller Stufen (siehe z. B. Kotler, 1978, S. 341 ff.; Schäffter, 1995). Deren Arbeitsgebiete liegen im öffentlichen Interesse, können aber nicht unbedingt gewinnbringende Einnahmen von den direkten Nutznießern erzielen. Gerade das Stichwort Bildung zeigt die Dominanz der Idee („Bildung für alle") gegenüber einem wirtschaftlichen Zweck auf. Im 19. Jahrhundert wurde oftmals ein Schulgeld für weiterführende Schulen und Hochschulen gefordert, welches weite Bevölkerungskreise aufgrund der eng limitierten finanziellen Möglichkeiten von höherer Bildung ausschloss. Später erkannte man sowohl den volkswirtschaftlichen Nutzen als auch den sozialen Gewinn, den ein finanziell nicht beschränkter Zugang zu Bildung für alle Bevölkerungsschichten mit sich brachte. Gerade die Diskussion um internationale Vergleichstest zur Bildung (die Stichworte PISA I und II) hebt dies wieder in das öffentliche Bewusstsein. Und so kann man sich fragen, was eine Schule im Rahmen einer eigenständigen Leistungsgestaltung zu bewirken vermag und welche Rolle das Marketing darin spielt.

Analysiert man gemäß oben angeführter Definition von Marketing den Austauschprozess zwischen einer Schule und ihrem Umfeld, so kann man folgende Bestandteile erkennen. Die Schule bietet ihren Nachfragern bestimmte Leistungen wie Wissensvermittlung, sportliche Ertüchtigung (Sportunterricht), Sozialisationsleistungen (Einfügen in eine Klassen- und Schulgemeinschaft, Vermittlung gesellschaftlicher Werte im Sozialkunde- und Religions- bzw. Ethikunterricht), berufliche Chancen (Schulabschlüsse unterschiedlicher Grade, berufliches Wissen in Berufsschulen) und damit in summa eine persönliche Entwicklung (vulgo „Bildung") an.

Dafür bringen die Nachfrager ihre Zeit für die Teilnahme am Unterricht ein, dazu ein mehr oder weniger umfangreiches Engagement in Form von aktiver Beteiligung am Unterricht und an Gremien der Mitwirkung (Elternbeirat, Schülermitverwaltung etc.). Auch die Finanzierung kann in direkter Form (Schulgeld bei privaten Schulen) oder in indirekter Form (über Steuern des Steuerzahlers, über Spenden an Schulfördervereine und Sponsoring) als Beitrag gesehen werden. Schließlich können die vielfältigen Formen der politischen Einflussnahme der Bürger über die Organe der Exekutive und Legislative gesehen werden, z. B. der Einfluss von Elternverbänden. Stellvertretend sei auf die Katholische Elternschaft Deutschlands e. V. (KED) verwiesen, die trotz einer verhältnismäßig geringen Zahl von ca. 5.000 Mitgliedern dennoch als gewichtiges Einflussorgan gesehen werden muss, unter anderem aufgrund der politischen Verortung führender Repräsentanten der KED in Landtagen, der engen Anbindung an die katholische Kirche und der publizistischen Wirkung ihrer Mitgliederzeitschrift „KED-Elternforum". Selbstredend besitzen auch andere weltanschauliche und politische Vereinigungen bis hin zu den Lehrergewerkschaften innerhalb der Vereinigten Dienstleistungsgewerkschaft (Ver.di) und des Deutschen Beamtenbundes (DBB) entsprechende Einflussgruppen.

Schematisch wird dieser Austauschprozess in Abbildung 1 dargestellt, der im Idealfall in einen ständigen wechselseitigen Prozess mündet.

Abbildung 1: Der Austauschprozess zwischen Schule und Gesellschaft
Quelle: eigene Erstellung in Anlehnung an Hillebrecht, 2001, S. 15

Etwas weiter gefasst: Schulen werden in dieser Sicht als ein Partner an einem Markt wahrgenommen, nämlich dem Bildungsmarkt. Und in diesem Markt wird derjenige sich durchsetzen, der ein aus Nachfragersicht besonders gutes oder wünschenswertes Angebot unterbreitet. Und als Zusammenfassung dieses Gedankens wird sich diejenige Schule dauerhaft im Markt durchsetzen, die ein stringentes Marketing betreibt und damit ihren Marktpartnern ein besonders attraktives Leistungsangebot. Sie wird ihre Chancen auf höhere Sachmittelzuteilungen erhöhen, ebenso für die besonders guten Lehrkräfte ein interessanter Beschäftigungsort sein usw. Schulen werden sich demzufolge in den nächsten Jahren stark wandeln müssen, fort von einer durch Gesetzesvorgaben eng reglementierten „Bildungsanstalt" hin zu einem Unternehmen der Aus- und Fortbildung, das nur noch in Rahmen von allgemeiner gehaltenen Lehrplänen und Globalbudgets agiert und diesen Freiraum zur Schaffung eines individuellen Leistungsprofils nutzen wird. Erfolgreiche Beispiele finden entsprechenden publizistischen Widerhall, wie z. B. erst kürzlich die Georg-Weerth-Realschule in Berlin-Friedrichshain (vgl. Halbuer/Schmittke, 2005). Einzelne Fortbildungsstätten wie das Zentrum für Fernstudien und Universitäre Weiterbildung an der Universität Kaiserslautern oder die Fernuniversität Hagen reagieren bereits darauf und bieten z. B. einen Fernstudiengang „Schulmanagement" an. Damit werden die Verantwortungsträger in den Schulen und Aufsichtsbehörden ein Handwerkszeug erhalten, mit denen sie die vorher genannten Anforderungen annehmen können.

Fassen wir an dieser Stelle zusammen: Die Marketingpolitik einer Schule wird nur dann dauerhaft erfolgreich sein, wenn sie den gesamten Austauschprozess zwischen Schule, Nachfragern und Schulträgern (die externen Beziehung einer Schule) einerseits und den Mitgliedern der Schule (die internen Beziehungen einer Schule) andererseits zugrunde legt und den Austauschprozess zwischen den einzelnen Partnern bewusst ausgestaltet. Die nachfolgende Abbildung 2 stellt dies dar:

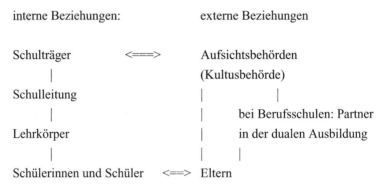

Abb. 2: Die internen und externen Beziehungen einer Schule
Quelle: eigene Erstellung, in Anlehnung an Hillebrecht, 2001, S. 17.

2.3   Die Strategische Festlegung „Bildung" als Ziel der Schule

Die Rahmenbedingungen der schulischen Arbeit sind im Wesentlichen durch die Aufgaben laut Verfassung und Schulgesetze der Bundesländer festgelegt. So heißt es in § 1 des Schulgesetzes von Rheinland-Pfalz (in den anderen Bundesländern gelten vergleichbare Bestimmungen):

„(1) Der Auftrag der Schule bestimmt sich aus dem Recht des einzelnen auf Förderung seiner Anlagen und Erweiterung seiner Fähigkeiten sowie aus dem Anspruch von Staat und Gesellschaft an einen Bürger, der zur Wahrnehmung seiner Rechte und Übernahme seiner Pflichten hinreichend vorbereitet ist."

Das Gesetz formuliert einen ganzheitlichen Anspruch. Nicht allein der Mensch, der bestimmte Aufgaben im Erwerbsleben wahrnehmen kann, sondern auch als Bürger am Leben des Staates und der Gesellschaft selbst bestimmt teilnehmen kann. Es geht folglich um die Ausbildung eines selbständigen, mündigen Menschen, der sich in seinem zukünftigen Leben in allen Bereichen behaupten kann: privat, beruflich und als Staatsbürger.

Wie dieser Auftrag in der Schule umgesetzt werden soll, hängt vom jeweiligen Schultyp (den allgemein bildenden Schulen wie Grund-, Haupt-, Real- und Gesamtschule sowie Gymnasium und den Fach- und Berufsschulen) ab und wird in den einzelnen Verordnungen und Lehrplänen festgehalten. In einigen Fällen wird der Auftrag auch durch Zentralprüfungen wie dem Zentralabitur in den Bundesländern

Bayern, Baden-Württemberg und Thüringen zusätzlich abgesichert. Bei Bekenntnisschulen können sich zusätzliche Vorgaben aus der weltanschaulichen Ausrichtung ergeben. Die Art und Weise, wie diese Vorgaben umgesetzt werden, obliegt der einzelnen Schule und der an ihr tätigen Lehrkräften. Und hier beginnt das Handlungsfeld für das individuelle Marketingkonzept einer Schule. Als Ziel könnte ein Anspruch stehen wie „Wir erkennen die Begabung Ihres Kindes und haben dazu die besten Angebote, um diese Begabung zu fördern". Dazu bedarf es nun einer Beschäftigung mit den Personen, die die Nachfrager nach Bildung darstellen, und deren Wünsche an ein wie auch immer geartetes Gut Bildung.

2.4. Die Nachfrager nach Bildung

Die direkten Nachfrager nach Bildung sind die Nutzer der Schule, also die Schüler. Ein großer Teil ist zum Zeitpunkt der Nachfrageentscheidung jedoch noch nicht geschäftsfähig im juristischen Sinne, geschweige denn aufgrund des persönlichen Entwicklungsstandes zu einer eigenständigen Nachfrageentscheidung überhaupt fähig. Folglich sind die Erziehungsberechtigten ebenfalls als direkte Nachfrager anzusehen, da sie für ihre noch nicht handlungsfähigen Kinder die Nachfrageentscheidung (oder bei älteren Schülern gemeinsam mit ihnen) treffen.

Daneben lassen sich verschiedene andere Nachfragerkreise definieren, die auf unterschiedliche Art von der schulischen Dienstleistung profitieren und entsprechende Interessen am jeweiligen Bildungsinhalt haben. Sie nehmen folglich auf direkte oder indirekte Weise auf die schulische Bildung Einfluss. Die indirekten Nachfrager bestehen hauptsächlich aus den staatlichen Behörden und den Arbeitgebern. Gerade im Hinblick auf die betriebliche Ausbildung scheint dies ein wunder Punkt zu sein, da sich Arbeitgeber immer häufiger über die ungenügende schulische Ausbildung beschweren und daher zum Teil auch schon auf das Einstellen von Lehrlingen verzichten oder auch eine höhere Ausbildung als den Hauptschulabschluss fordern (vgl. z. B. Kamerad, 2003; Lorenz, 2003).

Staatlichen Behörden als Träger der Schulpflicht, die als Organisationen der Bürger die Erziehung der Bürger qua Gesetzgebung regeln und über Steuermittel die Bildung wesentlich finanzieren. das Interesse des Staates an gut ausgebildeten Bürgern erklärt sich von alleine, denn nur gut ausgebildete Bürger können ihre Belage selbstverantwortlich ordnen, durch Ehrenämter den Staat mittragen und durch Arbeitslohn, der sich besteuern lässt, Steuermittel für die staatlichen Aufgaben erbringen.

Die Arbeitgeber sind allgemein die Nachfrager nach ausgebildeten Personen. Vom Grad der schulischen Ausbildung hängt die Fähigkeit zur weiterführenden betrieblichen Ausbildung und der betrieblichen Einsatzfähigkeit ab. Demzufolge haben zukünftige Anstellungsträger bzw. Arbeitgeber ein hohes Interesse an qualitativ hochwertiger und arbeitsgerechter Ausbildung.

Welcher Art die Wünsche, aber auch die möglichen Beiträge der direkten und indirekten Nachfrager sind, lässt sich über die Methoden der Marktforschung erheben.

2.5. Die Marktforschung

Die Marktforschung beschäftigt sich mit den Bedingungen, denen sich ein Anbieter auf einem Markt ausgesetzt sieht. Marktforschung überprüft dabei sowohl die Bedürfnisse der Nachfrager wie auch die Konkurrenzlage, sprich die Angebote anderer Anbieter und deren Wahrnehmung durch die anvisierten Nachfrager. Sie ist über den Weg der Primärmarktforschung (eigene Erhebungen) und über Sekundärmarktforschung (Auswertung bereits vorhandener Studien, wie z. B. der SHELL-Jugendstudien) möglich.

Die Primärmarktforschung erfordert ausreichende Kenntnisse zur empirischen Forschung und statistischen Auswertung. Dazu ist sie sehr aufwändig, da man Zeit für die Datenerhebung und -auswertung benötigt. Sie hat dafür den Vorteil, dass sie zielgerichtet auf die eigenen Fragestellungen ausgelegt werden kann. Demgegenüber kann die Sekundärforschung relativ leicht angewandt werden, da sie auf bereits vorhandene Daten zurück greift. Allerdings kann der Marktforscher die Verlässlichkeit der Daten nur eingeschränkt kontrollieren und muss das Alter der Daten berücksichtigen. Zudem sind bereits vorliegende Daten in der Regel nur allgemeiner Natur oder in ihrer Ausprägung auf abweichende Fragestellungen ausgerichtet, so dass der individuelle Nutzen sehr stark variieren kann.

Bei der Zusammenstellung eines geeigneten Marktforschungsprogramms kommt es nun darauf an, welche Fragestellungen die Schule verfolgt, wie schnell die Daten zur Verfügung stehen müssen und wie detailliert die erhobenen Daten sein müssen (vertiefend bei Hillebrecht, 2001, S. 30 ff.). Liegen entsprechende Daten vor, kann die jeweilige Schule nun im Rahmen des staatlich vorgegebenen

2.6. Die Erstellung eines Marketingprogramms

Auf Basis der vorgegebenen Rahmenbedingungen einerseits und der erkennbaren Nachfragerwünsche lässt sich nun ein Marketingprogramm entwickeln. Dazu werden zunächst folgende Fragen geklärt:
welche Aufgaben haben wir aufgrund staatlicher Gesetze?
welche Anforderungen kommen aufgrund eines besonderen Trägerkreises auf uns zu (z. B. weltanschauliche Normen und Werte bei kirchlichen Schulen, Waldorf-Schulen, doppelte Schulabschlüsse bei deutschen Schulen im Ausland usw.)
welche Anforderungen stellen unsere Nachfrager (Schüler, Eltern, Staat, Arbeitgeber) an uns, und wie können wir diese Anforderungen erfüllen?
Welche Beiträge können wir von unseren Nachfragern erwarten?
Wie lässt sich der Nutzen unseres Bildungsangebotes beschreiben, so dass Nachfrager in unserem Bildungsangebot einen besonderen und dauerhaften Angebotsvorteil erkennen (z. B. bestimmte Ausprägungen wie eine sprachenorientierte Ausbildung, was in Grenzgebieten besonders wichtig sein könnte)

Im nächsten Schritt geht es darum, ein eigenständiges Schulprofil zu entwickeln, anhand der im nachfolgenden Kapitel 3 dargestellten Marketinginstrumente in ein Handlungsprogramm umzusetzen und mit evaluierbaren Zielgrößen zu versehen. Sodann sollte das Marketingprogramm regelmäßig hinsichtlich seiner Umsetzbarkeit, seiner Wirkungen und seiner Zielerreichung überprüft werden, was mit dem Stichwort Marketing-Controlling (Kapitel 4) bezeichnet wird.

3. Das Marketing-Instrumentarium der Schulen

Die Marketinglehre weist der operativen Marketingarbeit den Begriff des „absatzpolitischen Instrumentariums" bzw. des „Marketing-Mixes" zu. Das absatzpolitische Instrumentarium wird aufgeteilt in (vgl. Meffert, 1986, S. 114 ff.):
- die Produkt- oder Angebotspolitik (das Produkt-bzw. Dienstleistungsangebot)
- die Preispolitik (Festlegung des Verkaufspreises und der Zahlungsmodalitäten)
- die Distributionspolitik (Vertriebswege und Vertriebsgeschwindigkeit)
- die Kommunikationspolitik (Werbung, Öffentlichkeitsarbeit usw.)

Außerdem wird ein weiterer Handlungsbereich hinzugezogen, und zwar die Personalpolitik. Dies findet seine Berechtigung in der hohen Bedeutung, die das Personal in Gestalt der Lehrkräfte für die erfolgreiche Arbeit der Schule hat.

3.1. Die Angebotspolitik

Führen wir uns noch einmal vor Augen: Das Angebot der Schule besteht, in Ableitung des gesetzlichen Auftrages, aus Bildung. Der Begriff der Bildung geht dabei von einem umfassenderen Verständnis aus als Ausbildung, nämlich der Förderung der gesamten Persönlichkeit des Schülers. Dazu werden verschiedene einzelne Angebote gemacht, die sich in zwei Angebotsformen unterteilen lassen, dem Kernangebot als dem unverzichtbaren Bestandteil schulischer Bildung und dem Zusatzangebot, das zwar nicht zum gesetzlichen Pflichtbestandteil gehört, aber das Kernangebot sinnvoll zu ergänzen vermag. Beide werden näher beschrieben.

Das **Kernangebot** einer Schule ist der Unterricht, inhaltlich und vom Zeitaufwand her gesehen nach den Vorgaben der Lehrpläne. Das Kernangebot enthält die Förderung der Person des Schülers und umfasst die für den jeweiligen Bildungsgang vorgeschriebenen Schulfächer. Das Kernangebot wird bisher überwiegend im Klassenunterricht bzw. im Kursunterricht der Oberstufe der Gymnasien angeboten, teilweise ergänzt durch Betriebspraktika (oft in Haupt- und Realschulen vorgeschrieben). Das erfolgreiche Absolvieren des Kernangebotes führt zum Abschluss einer Klasse und der Versetzung in die nächst höhere Klassenstufe bzw. dem Abschluss einer Schulform wie z. B. dem Hauptschulabschluss, den mittleren Schulabschlüssen und der (Fach-)Hochschulreife. In einigen wenigen Schulen kann man zudem eine „doppelte" Abschlussprüfung ablegen, z. B. gleichzeitig ein deutsches Abitur und ein französisches Baccalauréat, wie es das Münchner Dante-Gymnasium ermöglicht. Bei Berufsschulen können Übungsfirmen bzw. überbetriebliche Ausbildungszentren zusätzliche fachspezifische Inhalte zu vermitteln. Neben dem Schulunterricht als solchem gehört aber auch die Gestaltung der Lernprozesse zum Charakter des Kernangebotes, also die angewandten Lernmethoden.

Zusatzangebote sind Angebote, die zwar nicht zwingend durch die Schulgesetze und die Lehrpläne vorgeschrieben sind, die aber durch die Schulen angeboten wer-

den, dem schulischen Bildungsziel dienen, für die der so genannte „pädagogische Freiraum" genutzt wird und dabei regelmäßig zusätzliche Fähigkeiten und/oder Einblicke vermitteln. Zusatzangebote können sowohl die Entwicklung der Persönlichkeit des Schülers als solche wie auch spezifische Fachkenntnisse betonen. Dazu dienen insbesondere
- Arbeitsgemeinschaften für Sport, Sprachen, Fotografieren und ähnliches, unter Anleitung einer Lehrkraft,
- Initiativen der Schüler, wie z. B. die so genannten „Schülerfirmen", die zwar den Charakter einer Ausbildungsfirma haben, aber nicht auf eine Klassenstufe beschränkt sind und die auf Initiative von Schülern unter Begleitung externer Berater wie z. B. der „Deutschen Kinder- und Jugendstiftung" aus Berlin gegründet werden, oder auch Schülerzeitungen
- Schulbibliotheken
- fakultative Ganztagesbetreuung
- Exkursionen, Betriebsbesichtigungen und Ausflüge.
- Beiträge schulexterner Personen, z. B. Vorträge und Unterrichtsbesuche von Politikern, Behördenvertretern, Journalisten, Vereinsfunktionären und Wirtschaftsrepräsentanten,
- Schulfeste und ähnliche Sonderveranstaltungen
- schließlich auch die Beratungsangebote des schulpsychologischen Dienstes.

Die Kern- und Zusatzangebote der Schule werden oft durch ergänzende Angebote Dritter abgerundet, die Angebotspolitik mit beeinflussen. Dazu zählen z. B.:
- Unterrichtshilfen und Lernmaterialien, die von verschiedenen Unternehmen angeboten werden, z. B. der Sparkassen-Schulservice, Lernmaterialien der Bundeszentrale für politische Bildung bzw. der jeweiligen Landeszentralen oder auch Schulfachverlage mit ihren Hauszeitschriften und Unterrichtshilfen
- Nachhilfeangebote von Privatpersonen (älteren Schülern und Studenten) und professionellen Anbietern (Studienkreise etc.)
- Kooperationen wie z. B. das Projekt einer „Zeitung in der Schule", die von diversen Verlagen angeboten wird, teilweise in Verbindung mit anderen Unternehmen
- Planspiele, wie das Projekt „Risk it 1999" der DaimlerChrysler AG zur Vermittlung betriebswirtschaftlicher Kenntnisse (vgl. Heuser, 2000)
- gebührenfreie Berufseignungstests der Bundesagentur für Arbeit und gebührenpflichtige Berufseignungstests, die z. B. von einem Münchner Institut angeboten werden und der Bestimmung individueller Stärken und Schwächen im Vergleich zu anderen Schülern der gleichen Klassenstufe dienen sollen.

Die Angebotspolitik definiert nun, was an Bildungsangeboten zum schulischen Angebot gehören muss, was zusätzlich an weiteren bildungsfördernden Angeboten ermöglicht wird und zu welchen Uhrzeiten diese Leistungsangebote bereitgehalten werden. Dazu gehört auch, in welcher Form Variationen im Schulverlauf möglich sind, z. B. welche Vertiefungsrichtungen angeboten werden. So ist es in den meisten Gymnasien möglich, nach dem Start mit Englisch in der 5. Klasse als erste Fremdsprache wahlweise Französisch oder Latein ab der 7. Klasse zu nehmen, wobei durch staatliche Vorgaben wie z. B. eine vorgegebene Mindestgröße der Klassen, einem Verbot einzügiger Schulstufen usw. manchmal ein sehr enger Rahmen gesteckt wird. Vor allem dann, wenn in einem Schulbezirk mehrere Schulen nebeneinander bestehen, wird eine marketingorientierte Schulleitung das Leistungsbündel in einer Form zusammen stellen, die interessierten Schülern und Lehrern eine besondere Vorteilhaftigkeit in der Förderung bestimmter Begabungen genauso wie im Hinblick auf zukünftige Arbeitsmarktchancen verspricht.

3.2. Die Distributionspolitik

Die Distributionspolitik umfasst die Entscheidungen über die Absatzkette (d. h. direkter Absatz über eigene Organe oder indirekter Absatz über Handelsunternehmen oder eine Kombination aus beidem), den Lieferort, die Liefergeschwindigkeit und die Liefermengen pro Lieferung. Auf den Bereich Schule übertragen sind unter der Distributionspolitik vor allem folgende Entscheidungen einzuordnen:
- die Festlegung des Schulbezirkes, also des Einzugsbereichs einer Schule, was sich in der Regel dem Einflussbereich einer Schule entzieht
- die Festlegung des Ortes der Schule innerhalb des Schulbezirkes, ebenfalls in der Regel außerhalb des schulischen Handlungsfeldes
- die Festlegung, ob bestimmte Inhalte an anderen als dem Schulort angeboten werden (z. B. Unterricht vor Ort im Unternehmen, Exkursionen)
- die Schnelligkeit, mit der ein Schulplatzbedarf befriedigt wird (in der Regel die fristgerechte Aufnahme in ein neues oder laufendes Schuljahr)
- Transportangebote der Schulträger, mit denen weiter entfernt wohnende Schüler zur Schule und wieder zurück gebracht werden, z. B. die Linienführung, die Fahrfrequenzen usw., was in der Regel mit dem Schulträger abzustimmen ist

Wie bereits angesprochen, unterliegt ein Großteil der distributionspolitischen Entscheidungen der Zuständigkeit von Schulträgern und Staat. Den Schulen obliegt oftmals nur eine beratende Funktion, auch wenn sich Eltern und Schüler bei Problemen zunächst an die Schulleitung wenden werden. Die Art und Weise, wie mit distributionspolitischen Fragen umgegangen wird, kann aber durchaus das Marketingprofil einer Schule mitprägen.

3.3. Die Beitragspolitik

In der betriebswirtschaftlichen Diktion wird mit der Preis- bzw. Beitragspolitik die Zahlung von Geld verbunden, die mit der verbunden ist. Neben dem Kaufpreis als solchem zählen dazu die Zahlungsweise (gleich oder auf Ziel, evtl. in Verbindung mit einem längerfristigen Kredit/Teilzahlungsmöglichkeiten, Akzeptanz von bargeldlosen Zahlungsmitteln) und die Gewährung von Rabatten, Boni und Skonti, die durch den damit verbundenen geldwerten Vor- oder Nachteil die tatsächliche Höhe des Kaufpreises verändert. Sieht man von den Schulgebühren einer privaten Schule einmal ab, spielen direkte Geldzahlungen eine eher untergeordnete Rolle. Dafür treten andere Größen in den Vordergrund, insbesondere:
- die vom Schüler aufgewandte Zeit für den Schulbesuch und die damit verbundenen weiteren Zeitaufwendungen wie z. B. für die Bewältigung der Hausaufgaben, zusätzliches Lernen und die Zeit für den Schulweg

- die von anderen Personen aufgewandte Zeit für die Betreuung des Schülers, wenn z. B. Eltern oder ältere Geschwister die Hausaufgaben überwachen oder gemeinsam mit den Schülern lernen
- die Beteiligung am Lernmaterial in Form von Kostenbeteiligungen an Schulausflügen, Kauf von Schulbüchern und anderen Lernmaterialien, insbesondere für den Kunstunterricht (Malkasten, Handarbeitsmaterial usw.), für Kopien usw.
- und in indirekter Form die Zuweisung von Steuermitteln. Diese erfolgt direkt durch die Geldzuwendungen und Zuschüsse der Gebietskörperschaften und indirekt über die Zuweisung von Lehrkräften durch das jeweilige Bundesland bzw. die Sachmittelzuweisung durch Schulträger und beläuft sich auf Beträge zwischen 2.000 und 5.600 Euro pro Schülter, abhängig von der jeweiligen Schulform (vgl. o. V. 2003, S. 3)
- Spenden, teilweise durch Fördervereine beigebracht, die sich aus Sachspenden (z. B. Waren für eine Schultombola, Ausstattungen für die Schulräume) und Geldspenden (direkte Zuwendung von Geldmitteln für schulische Zwecke) zusammensetzen
- ehrenamtliches Engagement in Form von Beteiligung als Elternsprecher, Klassensprecher, Mitglied im Schulelternbeirat usw., die man am besten als „Dienstleistungsspenden" bezeichnet
- Erbschaften und Vermächtnisse, wie z. B. die Stiftung von Weingütern, deren Erlöse der Förderung einer Schule zugedacht sind. Bekannt ist u. a. das Weingut des Friedrich-Wilhelm-Gymnasiums in Trier
- Sponsoring-Einnahmen
- sonstige Einnahmen, z. B. durch die Bereitstellung von Werbeflächen in Schulen, wie es unter anderem in den Bundesländern Berlin und Nordrhein-Westfalen inzwischen möglich ist.
- sonstige Beiträge, z. B. die Ausgaben für Hausaufgabenbetreuung und Nachhilfeunterricht, die die Nachfrager (hier: die Eltern) freiwillig leisten, aber nicht im unmittelbaren Einflussbereich der Schule liegen,
- die Möglichkeit der Ausbildungsförderung durch Stipendien und Kredite nach dem Berufsausbildungsförderungsgesetz (BAFöG), da damit der Staat die Kosten für die Schulnutzer absenkt.

Bei genauerem Hinsehen zeigen sich vielfältige Handlungsräume für die Schulen, die sie im Rahmen eines Marketingkonzeptes bestens einsetzen können, wobei eine Variation der Anwesenheit der Schüler in der Schule (also die Schulstunden) normalerweise nicht zur Disposition steht. An zentraler Stelle stehen neben der Gewinnung ehrenamtlicher Mitarbeit von Schülern und Eltern die beiden Instrumente Spendenmarketing und Sponsoring (siehe hierzu auch vertiefend Böttcher, 1999; Gottfried, 2002; zum rechtlichen Stand Böhm, 2003).

Spenden sind einmalige oder mehrmalige Zuwendungen für einen als förderungswürdig empfundenen Zweck (§§ 51 ff. AO), ohne dafür eine nennenswerte, wirtschaftlich verwertbare Gegenleistung zu empfangen, sieht man von der häufig erteilten Spendenquittung ab, die man bei der Steuererklärung angeben kann. Die Spende muss freiwillig erfolgen, ohne mit einem Rechtsanspruch gegen die empfangende Körperschaft verbunden zu sein. es ist also nicht zulässig, die Spende gegen eine bevorzugte Behandlung des eigenen Kindes in Form besserer Noten, intesiverer

Betreuung u.dgl.m. zu vergeben. Der Spender darf allerdings eine Zweckbindung einsetzen, z. B. die Verwendung der Spende für die Schulbibliothek, für die Bezuschussung von Klassenfahrten usw. Für Schulen haben Geld- und Sachmittelspenden den Vorteil, dass sie unabhängig von den Zuweisungen des Schulträgers erfolgen und zu einem geringen Teil auch Leistungskürzungen des Schulträgers auffangen können.

Spender erwarten häufig eine Quittung, die sie bei ihrer Steuererklärung angeben können. Inwiefern Schulen die benötigte Quittung ausstellen können oder aber über den Schulträger gehen müssen, hängt von der örtlichen Regelung ab und sollte vorab in grundsätzlicher Form geklärt werden. Oftmals werden Schulträger die zusätzlichen Einnahmen auch dazu verwenden wollen, den regulären Etat zu kürzen, unter Hinweis auf die Spendeneinnahmen. Ein Schulförderverein, der als gemeinnützig anerkannt ist, kann hilfreich sein, Spenden einzubringen und gleichzeitig die Schule unabhängig vom Schulträger zu halten. Die Gründung eines Schulfördervereins sollte daher ein wesentlicher Punkt bei der Definition einer Spendenstrategie sein.

Unternehmen unterliegen in der Höhe der Spendenleistungen einer Restriktion. Nach den derzeit geltenden steuerrechtlichen Leitlinien dürfen Spenden maximal 5 % des Umsatzes eines umfassen. Seitens des Fiskus befürchtet man sonst eine unzulässige Gewinnverschiebung. Unternehmen gehen daher seit einigen Jahren lieber den Weg des Sponsorings, da sie hierbei keiner derartigen Beschränkung unterliegen, sofern bestimmte Punkte beachtet werden.

Sponsoring ist eine Form von „Geben und Nehmen". Der Sponsor stellt Geld- oder Sachmittel einem gemeinnützigen Zweck zur Verfügung und erwartet dafür eine hervorgehobene Nennung als Sponsor, um sich als sozial engagiert darzustellen und damit an Reputation zu gewinnen. Der Sponsor achtet dabei darauf, dass der Sponsoringzweck möglichst gut zum eigenen Image passt, wobei Höchstleistungen im Bereich Sport oder Kultur besonders bevorzugt werden – das deckt sich hervorragend mit dem eigenen Anspruch, Höchstleistungen zu bieten. Zugleich geht man davon aus, dass auf diese Weise besonders kaufkräftige Schichten anzusprechen sind, denn wer 50 oder 80 Euro für eine Konzertkarte oder ein Fußballspiel auszugeben vermag, wird auch ansonsten finanziell nicht zu schlecht ausgestattet sein. Von daher sind Automobilfirmen sowie Hersteller von Sportartikeln, Finanzdienstleistungen und Nahrungsmitteln sehr erpicht darauf, in Verbindung mit sportlichen Höchstleistungen zu erscheinen. So darf man Biermarken und Zigarettenhersteller im Konzert mit Formel-I-Rennställen erleben, oder auch Vermögensberatungsgesellschaften auf dem Trikot von Bundesliga-Vereinen. Aber auch andere Variationen sind erkennbar. So werden die Jugendverkehrsschulen der Polizei mit beachtlichen Mitteln des Mineralölkonzerns Shell AG gefördert. Eine Versicherungsgesellschaft stattet Kindergärten mit neuen, sicheren Spielgeräten aus. Ein Spieleverlag lässt einen Freizeitpark durch Schützlinge einer Behinderteneinrichtung pflegen.

Besondere Bekanntheit im Bildungsbereich erlangte das Sponsoring der Deutschen Telekom AG im Jahr 2000 (vgl. Schindler, 2000; Voss, 2000), das nach interne Informationen immerhin einen Wert von annähernd 62 Mio. Euro erreichte. Einzelne Schulen in privater Trägerschaft gehen sogar schon so weit, Referenten für Marketing bzw. Sponsoring und Fundraising einzustellen, z. B. die Stiftung Katholische Freie Schule in Rottenburg, die am 08.06.2000 in „Handelsblatt-Karriere" eine entsprechende Vakanz annoncierte, und die Schule Marienau, die am 20.07.2000 in der „Zeit" um entsprechende Mitarbeiter warb.

Diese Form der Zusammenarbeit ist nicht völlig neuartig. Bereits im Mittelalter haben beispielsweise reiche Handelsherren ihren Kirchengemeinden wertvolle Heiligenfiguren und Buntglasfenster für Kirchenbauten gestiftet. Zum Dank wurden oftmals die dargestellten Personen mit dem Antlitz der Mäzenaten bzw. Sponsoren versehen, so dass hier eine gewisse Anerkennung für das gestiftete Geld gegeben war.

Das gegenseitige Geben und Nehmen (Geld gegen Image und sonstige Gratifikationen) ist seit mehreren Jahren steuerrechtliche Vorschrift, wie es ein Erlass des Bundesministeriums für Finanzen von 1997 festhält: Sponsoring liegt nur dann vor, wenn neben der Förderung von sportlichen, kulturellen, ökologischen, wissenschaftlichen, sozialen oder kirchlichen Institutionen auch ein konkreter wirtschaftlicher Vorteil (d. h. ein werblicher oder ähnlich gelagerter Vorteil) für den Sponsor vorliegt (vgl. o.V., 1997a, S. 3). Nur bei Beachtung dieser Richtlinie können die Sponsoringausgaben als Betriebsausgaben geltend gemacht werden.

Mit dem BMF-Erlass und den soeben benannten Gesichtspunkten ist aber noch nicht festgelegt, ob das Sponsoring in Form von Geldmitteln oder auch in Sachmitteln (z. B. Computer-Ausrüstung) und geldwerten Rechten (z. B. kostenloser Zugang zum Internet) oder Diensten (z. B. die kostenfreie Gestellung von Lehrkräften) erfolgen muss. Auch die Zulässigkeit von Schulsponsoring wird unterschiedlich gehandhabt. Durch verschiedene Erlasse ist inzwischen in einigen Bundesländern wie Nordrhein-Westfalen erlaubt, dass einzelne Schulen „… zur Erfüllung ihrer Aufgaben Zuwendungen von Dritten entgegennehmen und auf die Leistung des Sponsors in geeigneter Weise hinweisen. Der Werbeeffekt sollte aber deutlich hinter dem schulischen Nutzen zurücktreten." (o. V. 2000, S. 64).

Dabei wird Sponsoring nicht für alles und jedes möglich sein. Grenzen des Sponsoring liegen derzeit z. B. im Sponsoring von (zusätzlich einzustellenden) Lehrkräften. Lehrkräfte sind – zumindest an öffentlichen Schulen – immer noch Beamte bzw. Angestellte des Staates, und dies wird sich der Dienstgeber schlechterdings nicht nehmen lassen. Zu sehr ist der Staat darauf bedacht, Einfluss auf die Dienstgesinnung und weltanschauliche Neutralität der betreffenden Personen nehmen zu können. Ähnliches wird sicher auch für die privaten Schulträger gelten. Außerdem wird in beiden Fällen die Angst davor von Bedeutung sein, dass durch Sponsoring die relative Unabhängigkeit der Lehrkraft in ihrer Diensterbringung gefährdet sein könnte – das klassische Argument für die Verbeamtung der Lehrer zieht auch hier Folgen nach sich.

Schließlich ist an die Akzeptanz bei den direkten Nachfragern zu denken. Damit bei Eltern und Schülern keine Akzeptanzprobleme entstehen, sollte die Tatsache des Sponsorings und die Notwendigkeit bzw. die Vorteile des Sponsorings auch nach innen deutlich genug kommuniziert werden, z. B. durch Eltern-Rundschreiben, Auskünfte bei Elternabenden usw.

3.4. Die Personalpolitik

Das Personal der Schule, vornehmlich der Lehrkörper, hat durch seine Arbeitsweisen und seine Arbeitsqualität wesentlichen Einfluss auf die Gestaltung des schulischen Angebotes und damit das Schulmarketing. Dass auch die Qualität des Reinigungspersonals oder der Hausmeister von Einfluss ist, liegt nahe und soll nicht vergessen werden, bleibt aber hier zunächst einmal unberücksichtigt. Die fachliche Qualifikation (i. S. d. Unterrichtsfaches), die didaktischen Fähigkeiten und Fertigkeiten sowie nicht zuletzt das persönliche Auftreten des einzelnen Lehrers gegenüber den Schülern (Offenheit, Respekt, Konsequenz, Vorbildlichkeit) bestimmen wesentlich den Lernerfolg, was sich nicht zuletzt in der sehr aufwändigen Ausbildung mittels Studium (bei Fachlehrern an Berufsschulen ersatzweise die Berufsausbildung und -praxis) und Referendariat zeigt.

Die formalen Anforderungen werden in den jeweiligen Schulgesetzen und einschlägigen Verordnungen definiert, insbesondere aus den Schulordnungen, den Dienstordnungen und vergleichbaren Rechtsquellen. Dies umfasst in erster Linie die Dauer, Art und Weise ihrer Ausbildung und den Nachweis der geforderten pädagogischen und Fachkenntnisse. Aufgabe der Schulleitung ist es, im Hinblick auf das eigene Schulprofil und die bisherige Zusammensetzung des Lehrkörpers Lehrerinnen und Lehrer zu gewinnen, die das bestehende Portfolio optimal ergänzen, sich also in das Kollegium einfügen und gleichzeitig eigene Schwerpunkte im Sinne des gewünschten Marketingprofils setzen können. Eine entsprechende Personalauswahl und Personalentwicklung über Schulungen und ähnliche Fortbildungsmaßnahmen gehört demzufolge unabdingbar zu einer soliden Marketingpolitik einer Schule.

3.5. Die Kommunikationspolitik

Die Kommunikationspolitik umfasst alle Handlungsinstrumente, mit denen ein Anbieter dem Markt mitteilt, welche Angebote er auf dem Markt anbietet und welchen Nutzen ein Nachfrager mit diesem Angebot erzielen kann. Hierdurch wird eine Anpassungsleistung des Nachfragers eingefordert, denn der Nachfrager soll zu einer bestimmten Einstellung (Wertschätzung für das Angebot, Beschäftigung mit dem Angebot) und zu einer bestimmten Handlung (Kauf des angebotenen Produktes, Gewinnung eines positiven Eindrucks) kommen. Die anderen Handlungsbereiche der Angebots-, der Beitrags-, der Distributions- und der Personalpolitik stellen hingegen eine Anpassungsleistung des Anbieters dar. Der Grund dafür ist einfach: Der Anbieter erarbeitet Mithilfe der vier letztgenannten Bereiche ein Angebot, das seiner Ansicht nach auf dem Markt Erfolg haben könnte. Er richtet sich dabei an den bekannten oder vermuteten Anforderungen des Marktes, mithin der Nachfrager aus. Mit der Kommunikationspolitik dreht der Anbieter aber die Wirkung um. Jetzt fordert er die Handlung des Nachfragers ein. Deshalb ist es immer sehr auffällig, wenn unbewegliche Anbieter sich nur der Kommunikationspolitik bedienen, aber die anderen Handlungsbereiche nicht kritisch überprüfen und gegebenenfalls auch variieren.

Für die Kommunikationspolitik stehen gemeinhin die Instrumente der Werbung (Werbeanzeigen, Rundfunkspots etc.), der Öffentlichkeitsarbeit (Pressemitteilungen, Pressekonferenzen, Homepages im Internet), der persönlichen Betreuung (z. B. Sprechstunden, Elternsprechtage, Hausbesuche) und der Verkaufsförderung (Warenproben, Schnupperangebote und Verkaufshilfen, im schulischen Kontext Informationstage mit Lehrvorführungen) zur Verfügung.

Die unterschiedlichen Wirkungsweisen der beiden Instrumente Werbung einerseits und PR-Arbeit andererseits sollten kurz erwähnt werden. Mit der Werbung soll der potenzielle Nachfrager zur Wahrnehmung eines Angebotes ermuntert werden. Werbung hat damit eindeutig einen appellativen Charakter. Die PR- oder Öffentlichkeitsarbeit hingegen soll eher auf einen Dialog mit den Zielgruppen setzen, um die Erwartungen der jeweils anderen Seite besser kennen zu lernen und Verständnis für die eigenen Anliegen zu gewinnen. Sie hat also einen mehr informatorischen Charakter.

Ein wichtiger Grundsatz lautet: Die Kommunikationspolitik sollte niemals für sich allein stehen. Eine gute Kommunikationspolitik stellt immer den Abschluss aller anderen vorgenannten Marketingbemühungen dar und sollte darauf angelegt sein, die eigene gute Arbeit auch gut zu vermitteln. Ein Beispiel: Eine Schulklasse fertigt im Rahmen des Werkkundeunterrichts oder einer Projektwoche Spielzeug an. Dieses Spielzeug wird einer mildtätigen Organisation zur Weitergabe an Flüchtlingskinder übergeben. Diese Aktion kann durchaus unter zwei Gesichtspunkten sowohl den Eltern als auch der Umwelt allgemein kommuniziert werden: In dieser Schule lernen die Schüler, wertvolle Dinge herzustellen, und sie lernen soziales Engagement.

3.6. Die Corporate Identity als Marketing-Feld

Nicht selten verweisen Schulleitungen bei der Frage nach ihrer Corporate Identity (CI) auf den neu entwickelten Briefkopf oder der Verkauf von T-Shirts mit dem Schullogo. Beides kann Ausdruck einer CI sein, ist aber nicht alleiniger Bestandteil der Corporate Identity, sondern vielmehr eines von vielen Ergebnissen. Denn letztendlich umfasst System der Corporate Identity einen Satz an gemeinsamen Werten und Maßstäben, die das Selbstverständnis eines Unternehmens oder einer Institution (hier: einer Schule) zum Ausdruck bringen. Dieses Selbstverständnis gilt für alle Angehörigen der Organisation als verbindliche Richtschnur und soll glaubhaft das Selbstverständnis vermitteln. Dazu sind drei Bereiche zu beachten:
- Corporate Attitude (CA)/Corporate Behavior (CB): Wie verhalten wir uns in unserer Leistungserstellung gegenüber unseren Kunden (Schülern, Eltern), den Mitarbeitern und Kollegen?
- Corporate Communications (CC): Wie werden Informationen in der Organisation wie auch zwischen Organisation und Umfeld weitergegeben? Welche Informationen werden weitergegeben? Wie schnell werden Informationen weitergegeben? Ist die Kommunikationskultur eine Einwegstrasse oder dialogisch ausgeprägt? Welche Kommunikationskultur herrscht insgesamt, eher offen, vertrauensvoll und partnerschaftlich oder eher verdeckt und misstrauisch?
- Corporate Design (CD): Wie wird der Auftritt nach innen und außen gestaltet? Mit welchen Handlungen und Symbolen kann die gewählte CI den internen und externen Partnern dargestellt werden? Dies umfasst z. B. einheitliche Formulare, ein aussagekräftiges Logo, genauere Vorgaben für die Gestaltung von Kommunikationsmitteln wie Briefen, Online etc., Farbgebung und Gestaltung der Gebäude, Gestaltung der Produkte, sofern es sich um Waren handelt.

Die Erarbeitungsweise einer CI ist kennzeichnend für die Organisationskultur. Wird die CI von oben vorgegeben oder partnerschaftlich erarbeitet und von allen akzeptiert? Lässt sich die CI in ein schlüssiges Leitbild überführen oder stellt sie nur ein unverbindliches Konvolut an Absichtserklärungen dar? Letztendlich benötigt eine wirksame CI nämlich der Akzeptanz alltäglichen Umsetzung aller an der Schule

Beteiligten, d. h. Lehrkörper, Schüler, Eltern und Schulträger. Genaueres hierzu findet sich bei Regenthal (2001).

4. Marketing-Controlling als Führungsinstrument zur Planung, Steuerung, Information und Kontrolle der Marketingarbeit

Im Begriff „Controlling" schwingt für die meisten Menschen ein sehr unangenehmer Begriff mit, nämlich derjenige der Kontrolle. Nun ist Kontrolle der eigenen Leistung immer ein zentraler Aspekt des Controlling, jedoch nicht sein einziger. Der Terminus „Controlling" meint in der betriebswirtschaftlichen Diktion „Planung, Steuerung, Information, Kontrolle". D. h., dass Controlling eine Bezeichnung für alle Maßnahmen ist, die der Planung, Steuerung und Kontrolle der unternehmerischen Entscheidungen dienen und dazu geeignete Informationen aus dem gesamten betrieblichen Ablauf zu erheben sind. Letztendlich ist Controlling ein Hilfsmittel der Unternehmensführung (bzw. Schulführung) und basiert auf sinnvoll ausgewählten Kennzahlen quantitativer qualitativer Natur.

Quantitative Daten sind in diesem Zusammenhang alle Daten, die sich „zählen, messen, wiegen" lassen. Es sind also Daten in Einheiten wie Stückzahlen (Anzahl der Klassenarbeiten im Jahresablauf, Anzahl der hergestellten Werkstücke im Sachkundeunterricht), Stunden (Anzahl der Unterrichtsstunden, Anzahl der ausgefallenen Unterrichtsstunden, Dauer für die Vorbereitung einer Schulstunde), Geld (Aufwand für Instandhaltung der Gebäude, Sachaufwand) etc. zu erfassen. An erster Stelle stehen Kennzahlen zur Unterrichtsversorgung, wie z. B.:
- angebotene Fächer, einschließlich der freiwilligen Fächer und Veranstaltungen (z. B. Arbeitsgemeinschaften)
- Umfang der Unterrichtsstunden und Lehrerdeputate
- Unterrichtsausfall, absolut und im Verhältnis zum gesamten Unterrichtsangebot
- Klassenstärken,
- Schüler-Lehrer-Relationen
- etc.

Darüber hinaus können weitere Daten heran gezogen werden, wie z. B.:
- Krankenstand des Lehrkörpers
- Schülerentwicklung in der Schule bzw. in bestimmten Klassen, beispielsweise im Verhältnis zu vergleichbaren Schulen bzw. vergleichbaren Klassen
- Quote der „Sitzenbleiber", also der Klassenwiederholung
- Zahlen über missliebige Vorkommnisse, wie z. B. die Kriminalitätsrate (wie viele Schüler pro Schule werden im Bereich der Schule in Verstöße gegen die Hausordnung, in Ordnungswidrigkeiten und in Straftaten verwickelt?).

Qualitative Daten sind Daten, die sich demgegenüber nicht direkt „zählen, messen, wiegen" lassen. Sie finden sich vielmehr in Aussagen zu einem bestimmten Erleben oder Verhalten, z. B. zum Erleben einer Schulstunde oder zum Eindruck, den ein Schulgebäude ausstrahlt. Sie müssen folglich über geeignete Fragestellungen erhoben und geeignet interpretiert werden und basieren damit folglich auf der Zusammenführung quantitativer Daten mit Eindrücken und Hinweisen. Um die Zufriedenheit der Eltern mit einer Schule abzubilden, können neben direkten Befragungen („Wie zufrieden sind Sie mit der Schule xy? Wie hoch schätzen Sie die Lehrqualität der Schule ein?") auch in der Zusammenführung mit Daten wie z. B. Anmeldezahlen, Anzahl der Beschwerden, Bereitschaft zur Mitarbeit in elterlichen Aufgaben (als Elternvertreter, im Schulbeirat etc.) wichtige Erkenntnisse gewonnen werden. Damit ergibt sich bei qualitativen Daten oft das Problem, diese sachgerecht, objektiv und damit für alle vergleichbar zu erfassen. So wird man sich darauf einigen müssen, was unter einem positiv erlebten Unterricht oder einem angenehmen Eindruck von einem Gebäude zu verstehen ist. In der Fachsprache bezeichnet man dies als das Problem der geeigneten Operationalisierung.

Diese Kennwerte können zunächst dazu dienen, einen Plan für die Arbeit der nächsten Jahre aufzustellen und mit quantifizierbaren oder qualifizierbaren Daten zu verbinden und dafür notwendigen Maßnahmen zu verbinden. Damit entsteht bereits der so genannte Marketingplan. Dieser Marketingplan kann folgende Ziele setzen:
- den Unterrichtsplan nach Vorgabe von Lehrplan und Schulzügen vollständig zu gewährleisten (als Beispiel für die Angebotspolitik im Bereich der Kernangebote)
- in den Bereichen Fremdsprachen und musisch-künstlerische Fächer jeweils mindestens zwei Arbeitsgemeinschaften anzubieten (als ein Beispiel für Zusatzangebote)
- den Unterrichtsausfall auf 5 % der Gesamtstunden zu senken (als Beispiel für gute Planung und gelungene Personalpolitik)
- die Zahl der Schulverweise auf zwei pro Jahr zu reduzieren (als ein Beispiel für Qualität im Unterricht)
- pro Jahr ein Schulfest durchzuführen (als ein Beispiel für Zusatzangebote)
- die Beschwerden von Elternseite auf drei pro Jahr und Klassenstufe zu senken (als Ausdruck der Nachfragerzufriedenheit)
- die Zerstörung von Schulmobiliar auf einen Ersatz- bzw. Reparaturbedarf von 3.500 Euro pro Jahr zu senken (als Ausdruck eines qualitativ guten Betreuungskonzeptes und als Ausdruck der Nachfragerzufriedenheit – zufriedene Schüler werden ihre Schule nicht beschädigen)
- für jede Klasse eine Elternvertretung zu erhalten (als Ausdruck gelungener Beitragspolitik)
- usw.

Diese Ziele dürfen aber nicht für sich stehen bleiben, sondern sind mit konkreten Maßnahmen zu verbinden. Beispielsweise können zum dritten der o. g. Punkte (den Unterrichtsausfall auf 5 % der Gesamtstunden zu senken) folgende Maßnahmen beschlossen werden (vgl. Hillebrecht, 2001, S. 62 ff.):
- Senkung der Krankheitsquote unter dem Lehrpersonal, wobei die Ursachen dafür auch wieder gesondert zu erheben sind (z. B. Unzufriedenheit mit den Arbeitsbedingungen, Gesundheitsgefährdung durch die Gebäude und Einrichtungen etc.) und zu bearbeiten sind
- Verlegung von Weiterbildung auf unterrichtsfreie Zeiten
- Nachholen ausgefallener Stunden

Die Berücksichtigung von qualitativen Daten bietet weitere Ansatzpunkte für ein Marketing-Controlling und zeigt damit die Überlappung mit dem Qualitätsmanagement bzw. der Organisationsentwicklung auf. Es geht darin u. a. um:
- die Frage nach der Qualität der Wissensvermittlung im Unterricht (Welche Methoden und Medien werden eingesetzt? Und in welcher Abfolge?)
- den Ausbildungsstand der eingesetzten Lehrkräfte (besitzen sie das Fachwissen und das pädagogische Wissen auf dem aktuellen Stand der Wissenschaft? Sind sie motiviert genug?)
- in bestimmten Fällen ergänzend um dem Berufsbezug des Schulangebotes, v. a. bei bei Berufsbildenden Schulen sowie den berufsnahen Fächern der allgemein bildenden Schulen (z. B. Wirtschafts- und Rechtskunde, Technisches Werken, EDV-Unterricht), der einen ausreichenden der Praxisbezug (Relevanz, Aktualität) der eingesetzten Lehrkräfte und Lehrmaterialien aufweisen soll.

Es ist leicht erkennbar, es geht hierbei nicht darum, etwas völlig neues zu erfinden, sondern darum, die bereits vorhandenen Ansatzpunkte für eine zielgerichtete und systematische Marketingpolitik in Erinnerung zu rufen.

Offenbaren sich nun Störungen im Arbeitsablauf und damit ein Verfehlen des Marketingplanes, so zeigt das Controlling-System zum einen diese Störungen oder Abweichungen auf und weist gleichzeitig auf Lösungsmöglichkeiten hin, die geprüft werden können. Im Beispiel „Unterrichtsausfall durch zu hohen Krankenstand unter den Lehrern" empfiehlt sich zum einen ein Führungsgespräch mit den betroffenen Lehrern. Thematisieren lassen sich bei einem derartigen Gespräch Fragen wie:
- sollen die Stunden anders gelegt werden, z. B. durch eine „Zwangspause" von einer Stunde nach zwei Stunden durchgängig gehaltenem Unterricht, um Erholungsmöglichkeiten zu schaffen
- müssen andere, stressärmere Klassen zugewiesen werden?
- ist die Unterrichtsausstattung zufrieden stellend
- ist für eine ausreichende Fortbildung (z. B. zum Thema Umgang mit Stress) gesorgt?

Ein derartiges Vorgehen verpflichtet die betroffenen Lehrkräfte zu einer konstruktiven Mitwirkung und zeigt ihnen, dass man sie als Person ernst nimmt. Leistungsbereite Lehrkräfte werden diese Angebote mit Sicherheit annehmen, zumal sie im Rahmen der vorhandenen Möglichkeiten an der Lösung mitarbeiten können. Weniger leistungsbereite Lehrkräfte können aber genauso identifiziert werden. Hier sollte eine bewusste Führung letztendlich auch bereit sein, die notwendigen disziplinarischen Maßnahmen zu ergreifen.

Zum anderen können flankierende Maßnahmen gesucht werden, wie z. B. das Gespräch mit der jeweiligen Lehrerkonferenz zur Situation des Unterrichtsfaches, das Gespräch mit Schülern und Lehrern zu ihrer Zufriedenheit mit dem Unterricht und angemessenen Verbesserungsmöglichkeiten.

Wenn sich nun bei einer oder mehrerer der angedachten Maßnahmen Probleme ergeben, z. B. aufgrund fehlender Sachmittel oder falscher Annahmen bei der Erstellung des Marketingplanes, ist die Erreichung des Oberziels gefährdet. Das Controlling-System sorgt durch frühzeitige Information für die Rückmeldung der Probleme an die Verantwortlichen. So können rechtzeitig andere Maßnahmen ergriffen oder eingeleitete Maßnahmen auf ihre Zielführung überprüft werden. Womöglich werden auch Chancen für eine Verbesserung der Marketingpolitik aufgedeckt.

Man hat damit Möglichkeiten in der Hand, die Erreichung des Oberziels dennoch zu sichern, weil man vorab über Entwicklungen informiert ist. Dies gilt natürlich entsprechend auch für den Fall, dass die eingeleiteten Maßnahmen erfolgreich sind oder vielleicht sogar mehr als nur den erwarteten Erfolg bringen. So erhält man Erfahrungswerte, und zwar in einer systematischen Form.

5. Ein Ausblick

Die vorgestellten Handlungsfelder des Schulmarketings zeigen eine ganze Palette an Möglichkeiten auf, mit denen Schulleitungen, aber auch Schulträger das Angebot ihrer Schule unter Marketingaspekten gestalten können. Es geht darum, im Rahmen des vom Schulrecht und den örtlichen Gegebenheiten her Machbaren ein Schulprofil zu entwickeln, das für Nachfrager und Beteiligte attraktiv erscheint. Dabei sollte man nicht verkürzt nur auf einzelne Instrumente wie Kommunikationspolitik, Fundraising oder ähnliches setzen. Ein auf Dauer erfolgreiches Schulmarketing ist in eine umfassende Konzeption einzubinden, zu der neben der originär betriebswirtschaftlich fundierten Marketingtechnologie auch Ansätze aus der Pädagogik und der Organisationsentwicklung dienen können, wie z. B. die Überlegungen zu einer „qualitätsorientierten Schulentwicklung" (Krammes, 1999).

Literatur

Böhm, Thomas (2003): Werbung und Sponsoring in der Schule – eine Synopse, in: Informationsdienst Schulrecht 11–12/1999, Nachdruck unter www.schulleitung.de/sl/schulrecht/werbung.htm, Aufruf vom 15.05.2003.

Böttcher, Jens Uwe (1999): Sponsoring und Fundraising für die Schule, Neuwied/Rhein und Kriftel: Luchterhand 1999

Flittner, Andreas; Klemm, Klaus (1995): Was ist das Produkt einer Schule? In: Die Zeit, 50. Jg., Nr. 31 vom 28.07.1995, S. 25.

Gottfried, Thomas (2002): Schulsponsoring – kein Lückenbüßer! In: Stiftung und Sponsoring, Heft 6/2002, S. 30–35.

Heuser, Uwe Jan (2000): Geld stinkt nicht, in: Die Zeit, 55. Jg., Nr. 4 vom 20.01.2000, S. 55.

Halbuer, A./Schmittke, Birka (2005): „Das echte Leben", in: Wirtschaftswoche Nr. 17 vom 21.04.2005, S. 143–145.

Hillebrecht, Steffen W. (2001): SchulMarketing, Rinteln: Merkur 2001.

Hopfgartner, Gerhard; Nessmann, Karl (2000): Public Relations für Schulen, Wien: öbh & hpt 2000.

Kahl, Reinhard (1999): Lehrer als Unternehmer, in: Die Zeit, 54. Jg., Nr. 45 vom 04.11.1999, S. 47.

Kamrad, Markus (2003): Keine Ahnung, keine Lehre, in: impulse, Nr. 6/2003, S. 138–140.

Kotler, Philip (1978): Marketing für Nonprofit-Organisationen, Stuttgart: C. E. Poeschel 1978.

Krammes, Detlef (1999): Qualitätsorientierte Schulentwicklung und ein modernes Schulmanagement in den berufsbildenden Schulen, in: Winklers Flügelstifte, Nr. 1/1999, S. 6–20.

Lorenz, Bernd (2005): Schule bereitet schlecht auf den Beruf vor, in: Handelsblatt, Nr. 78 vom 23.04.2003, S. R 3.
Luyken, Rainer (1999): Reine Privatsache, in: Die Zeit, 54. Jg., Nr. 32 vom 05.08.1999, S. 30.
Olmesdahl, Dieter (1994): Der Förderverein als Instrument des Schulmarketings, in: Die berufsbildende Schule, 46. Jg., Nr. 12/1994, S. 410–412.
Meffert, Heribert (1986): Marketing, 7. Aufl., Wiesbaden: Gabler 1986.
Mittelstedt, Holger (2000): Praxishandbuch Öffentlichkeitsarbeit von Schulen, Berlin: Cornelsen Scriptor 2000.
o. V. (1997): Erleichterung für Sponsoren, in: Handelsblatt, Nr. 143 vom 29.07.1997, S. 3.
o. V. (1998a): Ein Rektor probt das Marketing, in: Handelsblatt, Nr. 217 vom 10.11.1998, S. 52.
o. V. (1998b): In Colorado macht jetzt der Cola-Krieg Schule, in: Handelsblatt, Nr. 117 vom 23.06.1998, S. 37.
o. V. (2000): Osterhase bringt Plakate, in: Horizont, Nr. 10 vom 09.03.2000, S.64.
o. V. (2003): Was Schule kostet, in: iwd Informationsdienst der deutschen Wirtschaft, Nr. 35 vom 28.08.2003, S. 3.
o. V. (2004): Werbebotschaft im Pausenklo, in: www.n-24.de/wirtschaft/wirtschaftspolitik/index.php?a2004041416500152382, Aufruf vom 15.04.2004.
o. V. (2005a): „Eigener Kopf. Eigenes Schulbuch", in: Klett-Themendienst August 2005, S. 21–22.
o. V. (2005b): Mehr Sponsoren für Bildung, in: Werben & Verkaufen, Nr. 1–2 vom13.01.2005, S. 9.
o. V. (2005c): Nachhilfe in Marketing, in: werben & verkaufen, Nr. 1–2 vom 13.01.2005, S. 26.
Puth, Jürgen (1998): Schulmarketing, Weinheim: Deutscher Studienverlag/Beltz 1998
Radü, Jens (2005): Mit Keksreklame auf Taschengeld-Jagd, in: Spiegel-Online, vom 06.09.2005
unter www.spiegel-online.de/unispiegel/geld/0,1518,druck-373275,00.html.
Regenthal, Gerhard (2001): Corporate Identity in Schulen, 2. Aufl., Neuwied/Rhein und Kriftel: Luchterhand 2001.
Reisch, Sabine u. a. (2001): Marketing für Schulen, Wien: öbv & hpt 2001.
Schäffter, Ottfried (1995): Erwachsenenbildung als „Non-Profit-Organisation"? In: EB Erwachsenenbildung, Nr. 1/1995, S. 3–18.
Schindler, Beate (2000): „Laptops für alle", in: Focus, Nr. 9 vom 28.02.2000, S. 86.
von Münchhausen, Anna; Bueb, Bernhard (2005): „Disziplinlosigkeit macht das Leben schwer", in: Frankfurter Allgemeine Sonntagszeitung Nr. 27 vom 10.07.2005, S. 53.
Voss, Rödiger (2000): Schulsponsoring, in: Planung & Analyse, Heft 6/2000, S. 32–35.

Weiterentwicklung der Unterrichtsqualität durch Evaluation als Element eines innovativen Schulmanagements

Bettina Greimel-Fuhrmann

1.	Problemstellung	53
2.	Zum Begriff Lehrevaluation	53
3.	Formen von Lehrevaluation	55
4.	Ziele der Lehrevaluation	58
5.	Methoden der Lehrevaluation	58
	5.1 Methoden zur reinen Selbstevaluation	59
	5.2 Methoden zur gemischten Selbstevaluation oder zur Fremdevaluation	63
6.	Zur Aussagekraft der Beurteilungen der Lernenden	66
7.	Praktische Hinweise zur Durchführung der Evaluation sowie zur Nutzung der Ergebnisse	69
Literaturverzeichnis		70

1. Problemstellung

> „ ... any significant improvement in schooling must have the teacher at its heart. And, just as there is a rational connection between school improvement and teacher performance, there is a necessary and rational connection between teacher improvement and teacher evaluation" (Stronge 1997, S. xi)

Innovatives Schulmanagement ist ohne ständige Weiterentwicklung der Unterrichtsqualität nicht denkbar, da der Unterricht der Kern aller schulischen Aktivitäten ist. Die Unterrichtsgestaltung und das Lehrverhalten zählen zu den stärksten Schulleistungsdeterminanten, die gestaltet, verändert und weiterentwickelt werden können und nicht als gegeben und weitgehend unveränderlich hingenommen werden müssen (vgl. Krumm 1998, Wang/Haertel/Walberg 1993), sodass der Unterrichtsqualität bei der Erzielung einer höheren schulischen Qualität eine Schlüsselrolle zukommt. Um Daten zur Bestimmung des Ist-Zustandes und zur Bewertung der Unterrichtsqualität gewinnen und Entwicklungspotenziale aufzeigen zu können, ist eine Evaluierung der Unterrichtsgestaltung unbedingt erforderlich (vgl. dazu Wottawa/Thierau 1998). Die an der Evaluierung Beteiligten sind allerdings oft unzufrieden: mit den eingesetzten Instrumenten, mit der Durchführung, mit der Verwendung oder der „Nicht-Verwendung" der Daten und Ergebnisse.

Dieser Beitrag möchte wesentliche Fragen der Evaluation von Lehrkräften und deren Unterricht klären und konkrete Hinweise und Beispiele geben, wie Unterrichts- bzw. Lehrevaluation sinnvoll und konstruktiv durchgeführt und als Grundlage zur Weiterentwicklung der Unterrichtsqualität herangezogen werden kann. Insbesondere sollen in den einzelnen Abschnitten die folgenden Fragen geklärt werden:

- Was bedeutet „Evaluierung" des Unterrichts und wodurch unterscheidet sie sich von herkömmlichen Beurteilungen? Wird nicht jeder Unterricht ohnehin auf die eine oder andere Art beurteilt oder „evaluiert"?
- Wozu kann oder soll man überhaupt Lehrkräfte beurteilen und evaluieren?
- Welche verschiedenen Methoden zur Evaluierung stehen zur Verfügung? Worauf muss man bei den einzelnen Methoden achten? Für welche Evaluationszwecke sind sie geeignet?
- Was kann man auf Grund der erhobenen Daten dann tatsächlich über den Unterricht aussagen? Wie können Evaluationsergebnisse zur Weiterentwicklung des Unterrichts herangezogen werden?

Diese Fragen beschäftigen viele an Lehrevaluationen Beteiligten, sie sind jedoch so grundlegend, dass sie letztendlich jede Evaluierung betreffen.

2. Zum Begriff Lehrevaluation

Trotz – oder vielleicht gerade wegen – der immer häufiger werdenden Verwendung des Begriffs *Evaluation* ist es notwendig, den Begriff zu klären. Wird der Begriff Evaluation im alltäglichen Sprachgebrauch eher unspezifisch für jegliche Bewertung verwendet (vgl. Kromrey 2003), so bezieht er sich in einem wissenschaftlichen Kontext in der Regel auf

- die systematische Erhebung, Sammlung, Auswertung und Interpretation von (meist empirischen) Daten
- zur Beschreibung und zur Bewertung des oder der zu Evaluierenden
- nach bestimmten Kriterien
- durch bestimmte Personen

(vgl. dazu auch Wottawa/Thierau 1998, Rindermann 2001).

Evaluiert werden können
- Personen, ihr Verhalten und ihre Leistungen (z. B. Lehrkräfte und ihre Unterrichtsarbeit),
- Maßnahmen, Prozesse und Programme und ihre Wirksamkeit (z. B. Lehrmethoden, Instruktionsprogramme),
- Gegenstände und ihre Merkmale (z. B. Unterrichtsmaterial, Lehrbücher) oder auch
- Institutionen und ihre Leistungen (z. B. Schulen).

Beeby (1977) definiert Evaluation im Bildungsbereich (*educational evaluation*) als „the systematic collection and interpretation of evidence, leading, as part of the process, to a judgement of value with a view to action" wiedergibt. In ähnlicher Weise wird Lehrevaluation als die Sammlung und Auswertung von Informationen über den Unterricht definiert (beispielsweise über das Verhalten des Lehrenden und der Lernenden, über die Lehrmittel etc.) mit dem Ziel, den Unterricht zu beschreiben, zu beurteilen, zu steuern und zu verbessern" (Posch/Schneider/Mann 1989, S. 145).

Lehrevaluation darf sich im Sinne dieser Definitionen nicht mit der Erhebung, Auswertung und Interpretation von Daten sowie der Bewertung der Lehrkraft und ihres Unterrichts begnügen, sondern muss darauf aufbauend auch Weiterentwicklungsmöglichkeiten aufzeigen und/oder Maßnahmenvorschläge und Handlungsempfehlungen anbieten. Die Evaluierungspraxis zeigt jedoch häufig ein anderes Bild. Daten werden erhoben, den Lehrenden rückgemeldet, jedoch häufig ohne Maßnahmenvorschläge für die zukünftige Unterrichtsgestaltung oder andere Auswirkungen auf die Lehrkraft und ihren Unterricht. Wenn die Lehrkraft nicht selbst Maßnahmen überlegt und umzusetzen versucht oder zumindest die Ergebnisse mit den Lernenden bespricht, bleiben Verbesserungspotenziale ungenützt und die Teilnehmenden haben den Eindruck, dass Evaluation vollkommen zweckloser Aufwand ist.

Voraussetzung für die Sammlung und Auswertung von Daten als Grundlage für die Evaluierung ist das Festlegen von Evaluationskriterien und – wenn die Daten erst erhoben werden – die Entwicklung eines angemessenen Erhebungsinstrumentes. Beides kann schwierig, langwierig und sehr aufwendig sein, insbesondere wenn die Kriterien erst bestimmt, präzise formuliert und gewichtet werden müssen und noch keine geeigneten Evaluierungsinstrumente zur Verfügung stehen. Andererseits gibt es gerade für die Unterrichtsevaluation bereits gut erprobte Evaluationsinstrumente, die für eine Vielzahl von Unterrichtssettings geeignet sind und mit geringem Aufwand eingesetzt und ausgewertet werden können (vgl. Abschnitt 5)

Beurteilungen und Evaluationen sind Bestandteil jedes Unterrichts. Die Lehrkräfte beurteilen die Leistungen der Lernenden z. B. durch Noten und/oder durch die Dokumentation ihrer Mitarbeit im Unterricht. In vielen Fällen werden Korrekturen und Benotungen ergänzt durch verbales Feedback und Hinweise, was die Lernenden in Zukunft beachten sollen, um ihre Leistungen weiter zu steigern.

Und auch die Beurteilung der Lehrkraft kommt wesentlich häufiger vor, als man vielleicht denkt. Oft laufen diese Beurteilungsprozesse allerdings unbewusst ab, die Lehrkraft erhält keine Kenntnis davon, was z. B. die Lernenden denken oder wenn sie im Gespräch untereinander zum Urteil kommen: „Heute hat er/sie wieder einmal stoffliche Probleme gehabt, er/sie sollte sich gewissenhafter vorbereiten!" oder „Er/sie versteht zwar die Mathematik, nur verständlich machen kann er/sie uns den Stoff nicht" (vgl. Bösch 1987). Auch Kolleg/inn/en und Vorgesetzte haben in der Regel eine Meinung über die Unterrichtsarbeit einer Lehrkraft. Und sogar die Lehrkraft selbst evaluiert sich, wenn sie sich beispielsweise überlegt, wie ihre Stunden verlaufen sind und was sie in Zukunft anders machen könnte (vgl. Cangelosi 1991).

Beurteilt oder sogar „evaluiert" wird daher jeder Unterricht in der einen oder anderen Form, allerdings eben auf unsystematische Weise und ohne dass die betroffene Lehrkraft die Urteile kennt und sie sich für eine Weiterentwicklung des Unterrichts nutzbar machen könnte. Lehrevaluierung erfüllt daher zuallererst die Funktion, diese (sowieso bereits vorhandenen) Meinungen, Einschätzungen und Urteile systematisch zu sammeln, transparent zu machen und der Lehrkraft zur Kenntnis zu bringen. Bei entsprechend durchgeführter Evaluation muss sich die evaluierte Person nicht bedroht fühlen: „Competently conducted evaluations of instruction have the potential of providing information that can be examined, analyzed and utilized without threatening teachers' self-esteem and stimulating defensive responses" (Cangelosi 1991, S. 5).

3. Formen von Lehrevaluation

Evaluationen werden hinsichtlich verschiedenster Kriterien bestimmten Evaluationsformen zugeordnet. Eine gängige Unterscheidung erfolgt in der Dichotomie formativer und summativer Evaluation (vgl. Scriven 1967). *Formativ* werden jene Evaluationen genannt, deren Ergebnisse zur Weiterentwicklung und Verbesserung des Evaluierten verwendet werden. Eine formative Evaluationsstudie wird daher häufig im Laufe eines Programms (im Falle von Unterrichtsevaluation z. B. mehrmals während eines Schuljahres) durchgeführt. Formative Evaluationen sollen auf der Basis der Bewertung auch Entwicklungslinien und -potenziale für die Evaluierten aufzeigen. Die *summative Evaluation* hingegen bezweckt eine abschließende Beurteilung oder Bewertung als Grundlage zur Entscheidungsfindung. Summative Evaluationen werden daher in der Regel nach Abschluss eines Programms (z. B. am Ende eines Schuljahres oder eines Semesters), nach dem Einsatz einer Maßnahme (z. B. nach Einsatz einer neuen Unterrichtsmethode) o. Ä. durchgeführt. Prinzipiell ist es auch denkbar, dass ein und dieselbe Evaluationsstudie aus der Sicht verschiedener Auftraggeber oder Nutzer der Evaluationsergebnisse je nach beabsichtigtem Zweck einerseits formativ, andererseits summativ sein kann.

Der Begriff Leistung kann sich sowohl auf das Ergebnis der Leistungserbringung (Produkt) als auch das bei der Leistungserbringung gezeigte Leistungsverhalten beziehen (den Prozess selbst); folglich wird entsprechend dem Evaluationsgegenstand zwischen *Produkt-* und *Prozessevaluation* unterschieden (vgl. Bösch 1987).

Bei der Prozessevaluation (direkte Evaluation, intrinsische Evaluation, Inputevaluation) wird der Unterrichtsprozess bzw. werden ausgewählte Elemente des Unterrichts analysiert und nach bestimmten Kriterien beurteilt, z. B. die Art und Weise, wie die Lehrziele, die didaktischen Funktionen, die Rahmenbedingungen und die Leistungsbeurteilung verwirklicht werden (vgl. Posch/Schneider/Mann 1989). So können etwa für den Inhalt des Vortrages der Lehrkraft folgende Beurteilungskriterien herangezogen werden: die sachliche Richtigkeit, der Aufbau, die Verständlichkeit, das Ausmaß der Problematisierung. Wie bereits erwähnt, sind die Auswahl, das präzise Formulieren und das Gewichten der Beurteilungskriterien oft schwierig.

Die Beurteilung des Leistungsergebnisses stellt den Gegenstand der Produktevaluation dar. Im Hinblick auf die Unterrichtsevaluation bedeutet dies die Evaluation der Ergebnisse des Unterrichts. Dazu zählen in der Regel vor allem die Kenntnisse, Fähigkeiten und Fertigkeiten, die die Lernenden im Unterricht erworben haben, aber auch affektive Lehr-/Lernziele wie das Wecken von Interesse für den Unterrichtsgegenstand, die Steigerung der Motivation, sich für den Gegenstand zu engagieren und auch Einstellungs- und Haltungsänderungen der Lernenden. Diese Form der Evaluation beschränkt sich auf eine reine Outputanalyse und gibt keine Informationen über den Prozess und die Bedingung des Lehrens bzw. Lernens. Die Zuordnung von Unterrichtsergebnissen zu ihren Ursachen ist jedoch sehr schwierig, da eine Reihe von Faktoren die Leistungen der Lernenden beeinflussen, von denen die Lehrkraft und ihre Unterrichtsarbeit nur einer ist. Die meisten anderen Determinanten der Schulleistung (und auch anderer Unterrichtsergebnisse) liegen nicht im Einflussbereich der Lehrkraft (vgl. Posch/Schneider/Mann 1989), wie etwa die für den Unterricht zur Verfügung stehenden Ressourcen, die Eingangsvoraussetzungen der Lernenden (Vorwissen und Erfahrungen), ihre Motivation und ihre Interessen. Abbildung 1 zeigt, dass diese Größen auch eine Qualitätsdimension von Unterricht darstellen (Inputqualität) und dass jede der drei Qualitätsdimensionen eine Vielzahl von Faktoren umfasst, sodass eine erschöpfende Aufzählung (und daher auch eine Gesamtevaluation von Unterricht) kaum möglich ist.

Zur Lehrevaluation erscheint zumindest eine Kombination von Produkt- und Prozessevaluation sinnvoll. Die meisten Evaluationsinstrumente bestehen daher aus Items, die Gesamtbeurteilungen darstellen (z. B. „… ist insgesamt eine gute Lehrkraft") und die Produktqualitäten abbilden (z. B. „insgesamt bin ich zufrieden", „insgesamt habe ich viel gelernt"), sowie aus Items, die sich auf einzelne Aspekte des Lehrverhaltens und damit vorwiegend auf die Prozessqualität des Unterrichts beziehen. Vor allem wenn die Befragungsergebnisse im Sinne formativer Evaluation auch diagnostisches Feedback für die Lehrkraft sein sollen, die sie für die Weiterentwicklung des Unterrichts verwenden können soll, sollten eine Reihe spezifischer Lehrverhaltensvariablen und nicht nur Gesamtbeurteilungen im Instrument enthalten sein (vgl. McKeachie 1996). Wann immer es möglich ist, sollten auch Informationen über die Inputqualität des Unterrichts berücksichtigt werden.

Die Evaluation kann durch die zu Evaluierenden selbst (*Selbstevaluation*) oder durch (einen) Außenstehende(n) („Dritte") stattfinden (*Fremdevaluation*). Die Unterscheidung zwischen Selbst- und Fremdevaluation bezieht sich also auf den Träger der Evaluation (vgl. Bösch 1987).

Bei der reinen Selbstbeurteilung reflektiert die Lehrkraft über ihr Verhalten und ihre Leistungen in eigener Verantwortung, sie stellt selbst die Kriterien für die Beur-

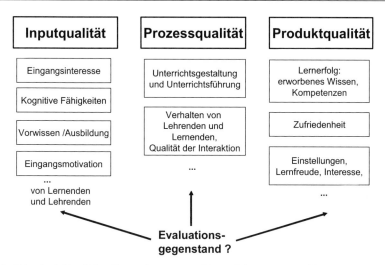

Abb. 1: Die drei Qualitätsdimensionen von Unterricht: Inputqualität, Prozessqualität und Produktqualität (vgl. Dubs 1998)

teilung auf, wertet die Daten selbst aus, beurteilt und zieht Schlüsse aus den Ergebnissen der Selbstbeurteilung. Auf Grund der geringen Objektivität kann diese Form der Evaluation nur zu formativen Zwecken herangezogen werden. Für diesen Zweck ist die Selbstevaluation jedoch von großer Bedeutung. Sie macht auch Wünsche, Vorstellungen, Probleme und Motive der Lehrkraft sichtbar, derer sie sich vielleicht sonst nicht bewusst geworden wäre.

Bei der gemischten Selbstbeurteilung erhält die Lehrkraft Informationen über ihr Verhalten und ihre Leistungen von anderen Beurteiler/inne/n (den Lernenden, deren Eltern, den Vorgesetzten, der Aufsichtsbehörde usw.). Die Lehrkraft wertet diese Daten jedoch selbst aus, nimmt selbst die Beurteilung vor und erarbeitet Maßnahmen auf der Basis der Ergebnisse. In der Unterrichtsevaluation kommt die gemischte Selbstevaluation am häufigsten in jener Form vor, dass die Lernenden die Lehrkraft bewerten und die Lehrkraft diese Bewertungen auswertet (und als Grundlage ihrer weiteren Unterrichtsarbeit heranzieht).

Die Fremdevaluation kommt praktisch nur in der reinen Form vor, d. h. ein Dritter (z. B. Vorgesetzte) erfasst die Daten und wertet sie auch aus. Zur umfassenden Evaluation einer Lehrkraft und ihres Unterrichts können (und sollten) freilich nicht nur die Beurteilungen der Lernenden herangezogen werden. Weitere Datenquellen zur Bestimmung der Leistungen einer Lehrkraft können die Beurteilungen durch Kolleg/inn/en, Fach- und Unterrichtsexpert/inn/en und geschulte Beobachter/innen, Vorgesetzte und Selbstbewertungen der Lehrenden sein, die neben der Unterrichtsarbeit auch das Engagement der Lehrkräfte außerhalb des Unterrichts in der Klasse miteinbeziehen können. Allerdings stellen Lehrerbeurteilungen durch die Lernenden eine seit vielen Jahren auf breiter Ebene – vielleicht überhaupt die am häufigsten – eingesetzte Datengrundlage zur Lehrevaluation dar, wahrscheinlich auch deswegen, weil mit vergleichsweise geringem finanziellen, zeitlichen und organisatorischen Aufwand eine große Datenmenge erhoben werden kann.

4. Ziele der Lehrevaluation

Unabhängig von der konkreten Evaluationsform stellen die Evaluationsergebnisse eine *Information für die Lehrkraft* über ihre Leistungen in der Lehre dar. Sie können der Lehrkraft beispielsweise Aufschluss darüber geben, wie ihr Lehrverhalten wahrgenommen wird und inwieweit die Lehrziele erreicht worden sind. Sind die Beurteilungen gut ausgefallen, erfahren die Lehrenden eine Anerkennung ihrer Unterrichtsarbeit und eine *Motivation*, sich weiter zu engagieren. Die Evaluierung kann und soll jedoch auch die Lernenden motivieren, wenn sie einerseits merken, dass ihre Meinung zum Unterricht erwünscht ist und ernst genommen wird, und sie andererseits feststellen, dass ihre Urteile zur Weiterentwicklung des Unterrichts herangezogen werden. Wenn die Ergebnisse der Lehrevaluation mit den Lernenden besprochen oder überhaupt veröffentlicht werden, können sie auch als *Information der Lernenden* dienen, wie die Lehrkräfte und ihr Unterricht beurteilt werden.

Hat die Evaluation formativen Charakter, werden die Evaluationsergebnisse als Grundlage für die *Weiterentwicklung und Verbesserung* des Unterrichts herangezogen. Als summative Evaluation kann die Beurteilung der Lehrleistung auch als Grundlage für *Entscheidungen* (z. B. die Vertragsverlängerung der Lehrkraft, die Fortsetzung eines Schulversuchs) herangezogen werden. Wenn eine Entscheidung von Evaluationsergebnissen abhängig gemacht wird, ist die Wahl der Beurteilungskriterien, der Methoden und der Beurteiler/innen besonders bedeutend. Da Unterricht so viele Facetten umfasst, erscheint es sinnvoll, mehrere Datenquellen bzw. Methoden und Beurteiler/innen zu kombinieren, um ein möglichst umfassendes Bild zu erlangen.

Lehrevaluation kann schließlich auch zu *Forschungszwecken* durchgeführt werden. Die Daten dienen dann dazu, das Wesen einer guten Lehrkraft und guten Unterrichts zu erforschen und weitere Erkenntnisse über Lehrqualität und ihre Elemente zu gewinnen.

5. Methoden der Lehrevaluation

Grundsätzlich steht für die Lehrevaluation eine Fülle von Methoden zur Verfügung, wie etwa
- die schriftliche Befragung mit Fragebögen,
- die mündliche Befragung im Interview,
- die Beobachtung des Unterrichts und
- die Analyse der im Unterricht eingesetzten Materialien und Medien.

Im Rahmen dieses Beitrags kann nicht auf alle im Detail eingegangen werden (eine detaillierte Methodenbeschreibung bieten z. B. Bortz/Döring 1995). Die nachstehenden Ausführungen konzentrieren sich auf ausgewählte erprobte Evaluationsinstrumente, die mit geringem Aufwand im Unterricht eingesetzt werden können.

5.1 Methoden zur reinen Selbstevaluation

Bei der reinen Selbstevaluation ist die Lehrkraft sowohl die beurteilte als auch die beurteilende Person und fungiert auch selbst als Datenquelle. Die Methoden der reinen Selbstevaluation sollen die Selbstreflexion der Lehrkraft unterstützen, damit sie die Entwicklung ihrer Unterrichtsarbeit, ihre persönliche Beziehung zu den Lernenden, ihre Probleme, Sorgen und Wünsche nachvollziehen und besser verstehen oder überhaupt erst erkennen kann.

Die beiden folgenden Methoden sehen den Einsatz von Fragebögen mit offenen Fragestellungen (bzw. Impulssätzen) vor. Da offene Fragen keine Antwortvorgaben vorsehen, können die Befragten ihre Antworten frei formulieren und haben bei der Beantwortung der Fragen einen größeren Spielraum. Die Auswertung ist allerdings komplexer als bei geschlossenen Fragen, weil der Häufigkeitszählung zumindest eine Inhaltsanalyse der bei jeder offenen Frage angesprochenen Aspekte vorangehen muss.

Die Methode *„Next time I give this session"* (vgl. Abb. 2) sieht vor, dass die Lehrkraft über einen (längeren) Zeitraum hinweg nach ihrem Unterricht die vorgegebenen Impulssätze ausfüllt und auf Grund der ausgefüllten Blätter analysiert, welche Stärken und Schwächen sie erkennen kann. Durch den regelmäßigen Einsatz erhält die evaluierende Lehrkraft ein Profil ihrer Leistung über eine bestimmte Zeitspanne hinweg. Sie zeigt aber auch auf, welche spezifischen – z. B. fachliche oder fachdidaktische – Probleme bei bestimmten Unterrichtsthemen auftreten, sodass diese Notizen das nächste Mal, wenn dieses Thema unterrichtet werden soll, als Grundlage für die Unterrichtsvorbereitung herangezogen werden kann.

Ein ähnliches Verfahren, jedoch andere Impulssätze sieht die Methode *„SWAIN Strengths – Weaknesses – Aims – Interests – Needs"* (vgl. Abb. 3) vor. Sie bezieht sich weniger explizit auf eine einzelne Unterrichtseinheit und kann daher auch in größeren Zeitabständen eingesetzt werden. Es empfiehlt sich dennoch, auch diese Form der Selbstreflexion über einen längeren Zeitraum in regelmäßigen Abständen durchzuführen und dann zu analysieren, wie sich die einzelnen Größen im Zeitablauf entwickeln.

Eine vollkommen unstrukturierte, nicht standardisierte Methode zur reinen Selbstevaluation besteht darin, ein *Lehrertagebuch* zu führen. „Das Tagebuch ist eines der wichtigsten Werkzeuge von forschenden Lehrern" (Altrichter/Posch 1990, S. 18). In ein Tagebuch werden Beobachtungen, Gedächtnisprotokolle, Gedankensplitter, Pläne und ähnliches, aber auch Gefühle, Reaktionen, Interpretationen, Reflexionen, Ahnungen, Hypothesen und Erklärungen eingetragen. Auch Gedanken, die man unterwegs auf einem Zettel notiert hat, Fotos, Kopien von Schülerarbeiten und vieles mehr können in das Tagebuch aufgenommen werden.

Diese Dokumentation „... helps to make things clear, it is like talking to oneself without the inhibition that may be aroused by the presence of others. The moment incidents are written down they can be looked at from the distance of an outside observer" (Kremer-Hayon 1993, S. 139). Das Lehrertagebuch ermöglicht der Lehrkraft eine gründliche Reflexion des Unterrichtsgeschehens – außerhalb der Schule nach dem Unterricht –, d. h. von einem distanzierteren Standpunkt aus. Die bewusste Auseinandersetzung mit den Tagebuchaufzeichnungen kann Antworten auf eine Vielzahl von Fragen bezüglich des Unterrichts geben. Es kann helfen, eigene Reak-

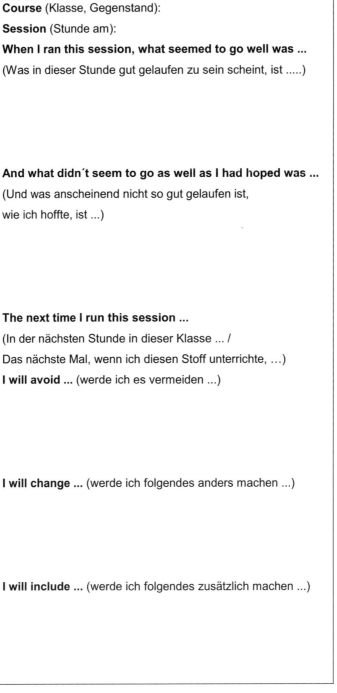

Abb. 2: Fragebogen „Next time I give this session"
(Quelle: Danzinger 1997, eigene Übersetzung)

Stärken (das mache ich gut, das würde ich gut machen, wenn ich die Möglichkeit dazu hätte, ...)	**Schwächen** (das mache ich weniger gut, das schiebe ich dauernd hinaus, das vermeide ich ...)
Ziele (das möchte ich in Zukunft gut machen, das möchte ich erreichen, ...)	**Interessen** (das mache ich gerne, das genieße ich, ...)
Notwendigkeiten (aus den o.a. Punkten leite ich folgendes ab, das ist nun zu tun ...)	

Abb. 3: Fragebogen SWAIN (Quelle: Danzinger 1997)

tionen, Motive und Verhaltensweisen sowie jene der Schüler besser zu verstehen, und es kann weiters dazu anregen, den Unterricht zu verbessern, Einstellungen und Verhalten zu ändern und aus Erfahrungen zu lernen. „Teachers are likely to become familiar with their inner world of teaching (...) and possibly decide upon directions of improvement and professional growth" (Kremer-Hayon 1993, S. 134).

Aus eigener Erfahrung kann ich von den Vorzügen und dem Nutzen eines Lehrertagebuchs berichten. Ich habe selbst zu Beginn meiner Unterrichtstätigkeit an einer berufsbildenden kaufmännischen Vollzeitschule in Wien ein Lehrertagebuch geführt. „Bereits nach wenigen Wochen war es mir zur Gewohnheit geworden, nach meinem Unterricht Erlebnisse, Eindrücke und Erfahrungen in meinem Tagebuch festzuhalten. Ich bemerkte zusehends, worin die Benefizien des Tagebuchführens für einen Lehrer lagen: Immer wieder konnte ich zurückblättern und Eintragungen noch einmal lesen, Ereignisse im Geiste revuepassieren lassen, Erlebnisse noch einmal überdenken und darüber reflektieren. An manche Ereignisse hätte ich mich ohne meine Aufzeichnungen gar nicht mehr so detailliert erinnern können. Außerdem war es möglich, Entwicklungen nachzuvollziehen, wie etwa die Entwicklung der Beziehungen zu einer Klasse, zu bestimmten Schülern. Ich erlebte also das Führen eines Lehrertagebuches als äußerst wertvolles Instrument zur Reflexion über den Unterricht und zur Introspektion für den Lehrer. Mit jeder Eintragung ging mir das Aufzeichnen meiner Erfahrungen leichter von der Hand, die Eintragungen wurden länger, ausführlicher und auch persönlicher als am Anfang. Vielleicht waren die ersten Eintragungen noch wie ein Bericht an einen außenstehenden „Dritten" verfaßt worden, dem gegenüber ich mich zur Rechtfertigung mancher Schritte verpflichtet fühlte. Zuletzt waren es eher Erzählungen an mich selbst" (Greimel 1996, S. 231f).

Einige Hinweise sind für das effektive Führen von Lehrertagebüchern hilfreich (vgl. Altrichter/Posch 1990): Tagebuchschreiben ist eine persönliche Angelegenheit. Man muss seinen eigenen persönlichen Stil entwickeln. Die Entscheidung, Teile daraus anderen zugänglich zu machen, muss immer bei der/beim Verfasser/in liegen. Tagebücher sollten regelmäßig geführt werden (d. h. nach jedem Schultag, nach jeder Stunde in einer „schwierigen" Klasse). Dabei ist es hilfreich, sich bestimmte Zeiträume für diese Aktivität zu reservieren. Spontane Eintragungen können und sollen die regelmäßigen Termine ergänzen. Regelmäßige Termine erhöhen die Geschwindigkeit und Qualität der Eintragungen. Jede Eintragung sollte mit einem Datum (evtl. auch Ort) versehen werden. Literarische und orthografische Maßstäbe können außer Acht gelassen werden. Selbstzensur stört in der Regel den freien Fluss der Gedanken! Neben den Eintragungen sollte ein breiter Rand gelassen werden. Hier können Änderungen, Ergänzungen, Querverweise auf andere Stellen im Tagebuch angebracht werden. Vor allem soll Platz bleiben für die spätere Interpretation und Analyse der Aufzeichnungen. In gewissen Zeitabständen sollte das Tagebuch zu einer vorläufigen Analyse durchgearbeitet werden. Die Analyse zeigt, ob sich Beobachtungen und Interpretationen noch die Waage halten, welche Fragen man schon beantworten kann, welche Daten man noch benötigt. Ursprüngliche Fragestellungen werden vielleicht mittlerweile verändert, neu formuliert, haben an Brisanz gewonnen oder verloren. Oft ist es förderlich, einige Passagen aus dem Tagebuch einer Vertrauensperson vorzulesen und mit ihr darüber zu diskutieren.

5.2 Methoden zur gemischten Selbstevaluation oder zur Fremdevaluation

Bei diesen Evaluationsformen werden andere Datenquellen als die Lehrkraft herangezogen, dies können etwa
- die Lernenden,
- Kolleginnen und Kollegen,
- Fach- und Unterrichtsexpertinnen und -experten sowie
- geschulte Beobachterinnen und Beobachter oder
- Vorgesetzte sein.

(vgl. Scriven 1995).

Während bei der reinen Selbstevaluation eher *Fragebögen mit offenen Fragestellungen* (oder Impulssätzen) dominieren, werden zur gemischten Selbstevaluation und zur Fremdevaluation auch *strukturierte, standardisierte Fragebögen (Beobachtungsbögen, Auswertungsbögen)* eingesetzt, die bestimmte Beurteilungskriterien und eine Bewertungsskala vorsehen. Die folgende Auswahl von Instrumenten umfasst beide Varianten.

Offene Fragestellungen ermöglichen in vielen Fällen eine organisatorisch unaufwändige und dennoch sehr effektive Form der Unterrichtsevaluation. Eine Möglichkeit besteht zum Beispiel darin, die Lernenden (oder andere Beurteilende wie etwa Kolleginnen und Kollegen oder Unterrichtsexperten sowie geschulte Beobachter/innen) zu bitten, auf einem Blatt Papier (Format DIN A4) die folgenden offenen Fragen zu beantworten:

Abb. 4: Feedbackbogen zum Unterricht (eigener Entwurf)

Die Autorin verwendet diese Methode seit vielen Jahren in ihrem Unterricht und hat damit sehr gute Erfahrungen gemacht. Die Akzeptanz für diese Methode ist bei den

Lernenden sehr hoch. Man kann natürlich noch weitere offene Fragen oder Impulssätze ergänzen. Es zeigt sich jedoch, dass die beiden Fragen die Meinungen der Lernenden so gut abdecken, dass weitere Fragen nur dann notwendig sind, wenn man zu bestimmten Aspekten des Unterrichts unbedingt Feedback wünscht (Beispiele siehe in Abb. 5). Häufig findet man diese oder ähnliche Fragestellungen auch als Ergänzung auf Fragebögen, die hauptsächlich geschlossene Fragen beinhalten, um zu vermeiden, dass die Befragten etwas, was Ihnen wichtig ist, nicht ausdrücken können.

- Heute fand ich besonders interessant ....
- Ich hätte gerne etwas erfahren über ...
- Sehr wichtig fand ich, dass ......
- Mir hätte es besser gefallen, wenn Sie ...
- Was mir gefehlt hat, war ...
- Wir sind heute gut voran gekommen /schlecht voran gekommen, weil ...
- Ich habe mich heute wohl gefühlt, weil ...
- Ich bin nicht damit einverstanden, dass Sie ...
- ....
- ....

Abb. 5: Beispiele für Impulssätze (Quelle: Csanyi/Sturm 1990)

Eine Variante dieser Methode besteht darin, den Beurteilenden (Lernenden, Kolleg/inn/en, Beobachter/innen, ...) vor Unterrichtsbeginn eine gewisse Anzahl von *Mini-Rückmeldungen (One-Minute-Papers)* zu geben, die sie während einer Unterrichtseinheit ausfüllen kann. Was auch immer den Beurteilenden besonders (positiv oder negativ) auffällt, schreiben sie auf ein Zettelchen (ein Aspekt pro Zettel) und geben an, wie wichtig dieser Aspekt für sie ist und wie sie ihn bewerten.

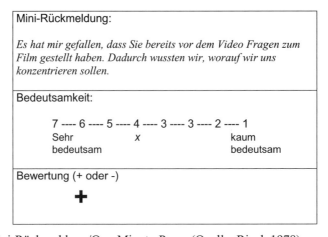

Abb. 6: Mini-Rückmeldung/One-Minute-Paper (Quelle: Rieck 1978)

Weiterentwicklung der Unterrichtsqualität durch Evaluation

Um einen raschen Überblick über die Stimmung in einer Schulklasse zu erhalten, kann auch ein *Stimmungsbarometer* verwendet werden: Jede/r Schüler/in trägt ihre/seine subjektive Einschätzung des Unterrichts in das Stimmungsbarometer ein. Das Barometer selbst kann an die Tafel oder auf ein Flipchart gezeichnet werden:

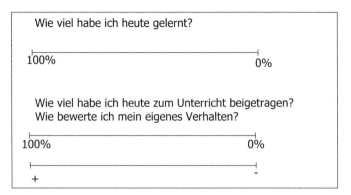

Abb. 7: Stimmungsbarometer (Quelle: Posch/Schneider/Mann 1989)

Weitere mögliche Fragen für ein Stimmungsbarometer sind zum Beispiel:
- Wie gut hat dir heute der Unterricht gefallen?
- Wie wohl hast du dich gefühlt?
- Wie verständlich waren für dich die Erklärungen?

Das klassische Instrument zur Lehrevaluation ist jedoch der *Fragebogen (Beobachtungsbogen)*, der (eventuell neben offenen auch) geschlossene Fragen beinhaltet, bei denen die Antwortmöglichkeiten schon vorgegeben sind (vgl. Altrichter/Posch 1990). Die geschlossene Fragestellung lässt besonders präzise und differenzierte Fragen zu, erfordert jedoch bereits bei der Fragebogenerstellung, dass man alle wesentlichen Aspekte identifiziert und die dazu möglichen Antworten antizipieren kann. Die Auswertung ist in der Regel unkompliziert, da es zunächst ausreicht festzustellen, welche Antwortmöglichkeiten (wie oft – bei mehreren Beurteilenden) angekreuzt worden sind.

Die Auswahl von Beurteilungskriterien ist nicht einfach, da guter Unterricht auf so unterschiedliche Art realisiert werden kann. Eine Reihe von Untersuchungen in verschiedenen Ländern und auf unterschiedlichen Ebenen des Bildungswesens zeigen allerdings, dass sich immer wieder eine Reihe von Lehrverhaltensfaktoren als besonders lernwirksam erweisen, insbesondere die Verständlichkeit der Erklärungen, der Einsatz von konkreten Beispielen (etwa aus dem Lebensbereich der Lernenden), die nachvollziehbare Struktur des Unterrichts, die Interaktion der Lehrkraft mit den Lernenden. Werden die Lernenden zum Thema „gute Lehrkraft" befragt, nennen sie in der Regel dieselben Lehrverhaltensweisen (vgl. Brophy/Good 1986; für Unterricht in kaufmännischen Fächern an österreichischen Schulen vgl. Schneider 1995 und Greimel 1996). Diese Lehrverhaltensfaktoren finden sich daher in vielen Evaluierungsinstrumenten wieder.

Die Autorin hat zum Beispiel Beurteilungskriterien für die Evaluierung der Unterrichtsqualität in Rechnungswesen (RW) durch die Lernenden ermittelt. Dazu wurden auf der Grundlage der Analyse der Ziele, Zielgruppe, Inhalte und Rahmenbedingungen des RW-Unterrichts an Handelsakademien das Unterrichtsmodell der Direkten Instruktion (vgl. Weinert 1998) sowie bereits vorliegende empirische Befunde der Lehr-Lern-Forschung herangezogen. Die Kriterien wurden in einem weiteren Schritt 90 Lehrkräften an Handelsakademien zur Expertenvalidierung vorgelegt. Erhielt ein Kriterium von weniger als 80 % der Lehrkräfte uneingeschränkte Zustimmung, wurde es ausgeschieden. Die so ermittelten Beurteilungskriterien, sind daher – im Gegensatz zu manchen in der Praxis eingesetzten Lehrevaluationsinstrumenten – theoretisch und empirisch fundiert und für den Einsatz im RW-Unterricht an österreichischen Handelsakademien adäquat und empirisch erprobt (vgl. Greimel-Fuhrmann 2003). Es kann dennoch nicht der Anspruch erhoben werden, dass die entwickelten Lehrverhaltensitems die *einzigen* geeigneten Unterrichtsverfahren und effektiven Lehrverhaltensweisen für den Rechnungswesen-Unterricht darstellen. Befragungen von Lehrkräften anderer Unterrichtsfächer als Rechnungswesen zeigen allerdings, dass der Großteil der entwickelten Beurteilungskriterien auch für die Evaluierung in anderen Fächern geeignet ist. Eine für alle Fächer einsetzbare Version des Fragebogens, die auf dieser Befragung basiert, ist auf den folgenden Seiten abgebildet.

6. Zur Aussagekraft der Beurteilungen der Lernenden

Was sagen die Ergebnisse der empirischen Forschung zur *Aussagekraft* und zur *Brauchbarkeit* der Urteile der Lernenden für die Lehrerevaluation? Die Sorge mancher Lehrkräfte, dass die Gesamtbeurteilung ihres Unterrichts durch die Lernenden nichts über den Unterricht aussagen und von unterrichtsirrelevanten Faktoren beeinflusst wird, scheint unbegründet zu sein. Die diesbezügliche Forschung zeigt, dass die Gesamtbeurteilung des Unterrichts durch die Lernenden mit ihren Lernleistungen positiv korreliert, und zwar im Durchschnitt mit etwa $r = 0{,}4$. Außerdem kann gezeigt werden, dass die meisten vermuteten „verzerrenden" Einflussfaktoren auf die Beurteilungen keinen wesentlichen Zusammenhang mit der Beurteilung aufweisen oder aber ihr Einfluss (z. B. jener von Interesse für das Fach oder von Sympathie für die Lehrkraft) vielmehr durch den Unterricht selbst erklärt werden kann (vgl. z. B. Rindermann 2001). Die empirischen Forschungsergebnisse der Autorin zeigen z. B. für den RW-Unterricht, dass die Gesamtbeurteilung der Lehrkraft und ihres Unterrichts im Wesentlichen durch das im Unterricht wahrgenommene Lehrverhalten bestimmt wird. Hier stehen die fachdidaktischen Aspekte des Lehrverhaltens, insbesondere die Verständlichkeit der Erklärungen, das Eingehen auf Fragen der Lernenden und die nachvollziehbare Struktur des Unterrichts, deutlich im Vordergrund. Die Schülerbeurteilungen ermöglichen den Lehrkräften daher u. a. einen Rückschluss darauf, wie verständlich und logisch nachvollziehbar sie den Lernenden die Unterrichtsinhalte vermitteln konnten (vgl. Greimel-Fuhrmann 2003).

Selbst wenn der Einfluss von „verzerrenden" Einflussfaktoren auf die Gesamtbeurteilung größer wäre, wäre ihr Nutzen als Feedback an die Lehrkraft zur Weiterentwicklung von Unterricht sowie ihre Aussagekraft über die Unterrichtsqualität deswegen noch nicht grundsätzlich in Frage zu stellen. Denn „die Besorgtheit über

So sehe ich den Unterricht von ...

Liebe Schülerin! Lieber Schüler!
In diesem Fragebogen werden Sie zum Unterricht Ihrer Lehrkraft (Lehrerin oder Lehrer) befragt. Ihre Antworten sollen Ihrer Lehrkraft helfen, Ihre Sichtweise des Unterrichts kennen zu lernen und den Unterricht darauf aufbauend weiter zu entwickeln.

Lesen Sie sich dazu die nachstehenden Aussagen gut durch und entscheiden Sie, ob die einzelnen Aussagen **aus Ihrer Sicht vollkommen (also zu 100 %), überwiegend (zu 75 %), teilweise (zu 50 %), kaum (zu 25 %) oder gar nicht (zu 0 %) zutreffen.**

Meine Lehrkraft ... Trifft ...	vollkommen zu (100 %)	überwiegend zu (75 %)	teilweise zu (50 %)	kaum zu (25 %)	gar nicht zu (0 %)
... erklärt neue Sachverhalte so, dass ich sie gut verstehen kann.					
... betont, was besonders wichtig ist.					
... ist im Unterricht uns Schülern gegenüber geduldig.					
... ist zu uns Schülern freundlich.					
... zeigt Zusammenhänge mit anderen Themen/Kapiteln auf					
... macht uns in jeder Stunde deutlich, mit welchen Inhalten wir uns beschäftigen werden.					
... behandelt alle Schüler gleich (d. h. sie hat keine „Lieblingsschüler", die bevorzugt behandelt werden).					
... verwendet konkrete Beispiele, um neue Sachverhalte zu erklären.					
... benotet mich fair.					
... wiederholt Erklärungen, wenn es für unser Verständnis notwendig ist.					
... ist im Unterricht weder zu streng noch zu milde.					
... kann die Disziplin in der Klasse aufrechterhalten.					
... beantwortet unsere Fragen verständlich.					
... gestaltet den Unterricht abwechslungsreich.					
... stellt sich im Unterricht auf das bereits vorhandene Wissen der Schüler ein.					
... versucht, uns bei Verständnisschwierigkeiten zu helfen.					
... kann gut mit uns Schülern umgehen.					

Meine Lehrkraft … Trifft …	voll-kommen zu (100 %)	über-wiegend zu (75 %)	teilweise zu (50 %)	kaum zu (25 %)	gar nicht zu (0 %)
… zeigt uns, wofür wir das Gelernte verwenden können.					
… unterrichtet mit Begeisterung.					
… ist humorvoll (im Unterricht wird auch einmal gelacht).					
… verbindet neue Sachverhalte mit Stoff, den wir schon gelernt haben.					
… ermuntert uns, Fragen zu stellen oder selbst Lösungsvorschläge zu bringen.					
… bezieht uns in den Unterricht mit ein.					
… lobt Schüler, wenn sie gute Leistungen erbringen.					
Meiner Lehrkraft gelingt es im Unterricht festzustellen, welche Schüler noch Probleme mit dem Stoff haben.					
Das Unterrichtstempo ist für mich gerade richtig.					
(Haus-)Übungen werden so verglichen/korrigiert, dass ich aus meinen Fehlern lernen kann.					
Im Unterricht gibt es auch Phasen, in denen wir Schüler selbstständig oder in kleinen Gruppen arbeiten.					
Bei unserer Lehrkraft gelingt es keinem Schüler, in der Stunde dauerhaft zu stören.					

Wie würden Sie Ihre Lehrkraft insgesamt beurteilen?

Gesamtbeurteilung Ihrer Lehrkraft: Trifft …	voll-kommen zu (100 %)	über-wiegend zu (75 %)	teil-weise zu (50 %)	kaum zu (25 %)	gar nicht zu (0 %)
Insgesamt, finde ich, ist meine Lehrkraft eine gute Lehrerin/ein guter Lehrer.					
Durch den Unterricht weckt meine Lehrkraft mein Interesse am Fach.					
Insgesamt lerne ich bei meiner Lehrkraft sehr viel dazu.					

Platz für weitere Anmerkungen finden Sie auf der Rückseite dieser Seite
Herzlichen Dank für Ihre Mitarbeit!

Abb. 8: Fragebogen zur Unterrichtsevaluation durch die Lernenden (vgl. Greimel-Fuhrmann 2003)

Nebenwirkungen ist (...) kein wissenschaftlich legitimes Immunisierungsargument gegen eine sorgfältige Nutzung der Evaluation" (Weinert, 2001, S. 4). Auch Rindermann (2001) meint, dass die Verwendung der Beurteilungsergebnisse in vielen Fällen problematischer ist als die Beurteilung selbst. Die Sorge der Lehrkräfte sollte daher nicht primär den Beurteilungen, sondern deren sachgerechten und sinnvollen Anwendung gelten. Ein Vergleich von Beurteilungsergebnissen verschiedener Lehrkräfte verschiedener Disziplinen, die unter verschiedenen Unterrichtsbedingungen unterschiedliche Lernende unterrichten, – womöglich in Form von Rankings – ist tatsächlich fragwürdig.

7. Praktische Hinweise zur Durchführung der Evaluation sowie zur Nutzung der Ergebnisse

Der vernünftige Einsatz von Evaluierungs- oder Feedbackinstrumenten erfordert ein Mindestmaß an Planung, Organisation und Zeit. Die Wahl eines für die jeweilige Unterrichtsform passenden Evaluationsinstrumentes zählt zu den wichtigsten Vorbereitungsaufgaben. Ein geeignetes Instrument ist ebenso bedeutend wie die eingehende Information der Lehrenden und der Lernenden über die Zielsetzung und die Methoden der Evaluierung.

Die Lehrenden sollten das Evaluierungsinstrument kennenlernen (und vielleicht auch mitgestalten und an die Spezifika ihres Unterrichts anpassen) können. Formative Evaluation sollten sie nicht als Überprüfung empfinden, sondern als Maßnahme und Ausgangspunkt für kontinuierliche Weiterentwicklung und Verbesserung ihres Unterrichts verstehen, in der sie auch unterstützt werden. Die Aufgeschlossenheit und positive Haltung der Lehrkräfte soll auch die Lernenden dazu bewegen, die Beurteilung ihrer Lehrkräfte ernst zu nehmen. Den Lernenden sollte mitgeteilt werden, was mit ihren Angaben anschließend geschieht und inwieweit die Beurteilungsergebnisse für die Weiterentwicklung der Lehre berücksichtigt werden. Damit können sie zusätzlich motiviert werden, an der Evaluation teilzunehmen und die Beurteilungen überlegt und gewissenhaft durchzuführen. Ansonsten könnten sie das Gefühl bekommen, zwar die Evaluationsbögen ausfüllen zu dürfen, damit aber nichts zu bewirken, weil die Daten nur als Formsache betrachtet werden, nicht wirklich verwendet werden und daher den Unterricht nicht verändern werden. Als Zeitpunkt für die Durchführung der Evaluierung empfiehlt sich daher auch nicht das Ende eines Schuljahres, sondern ein deutlich früherer Zeitpunkt, sodass die Evaluierungsergebnisse noch in der laufenden Unterrichtsperiode berücksichtigt werden können.

Zur Nutzung der Beurteilungen für die Weiterentwicklung des Unterrichts sollten bei quantitativen Ergebnissen nicht nur die Mittelwerte herangezogen werden, sondern auch Maße für die Streuung und Häufigkeitsverteilungen (vgl. Sproule 2000), damit man erkennen kann, wie homogen das Beurteilungsbild innerhalb der Klasse bei spezifischen Merkmalen ist. Für die einzelne Lehrkraft ist dies ebenso bedeutend wie der Vergleich der Ergebnisse einer Klasse über einen längeren Zeitraum und der Vergleich der Ergebnisse verschiedener Klassen, bei denen auch die Spezifika verschiedener Klassen zum Tragen kommen. Die Interpretation und die Verwendung von Beurteilungsergebnissen muss jedenfalls immer reflektiert und wohl überlegt unter Berücksichtigung des Erhebungskontextes und der Unterrichtsbedingungen passieren.

Die Forschung zeigt, dass die reine Rückmeldung der Beurteilungsergebnisse alleine in der Regel noch keine Weiterentwicklung und Verbesserung der Lehre bewirkt (vgl. McKeachie 1996, Kluger & DeNisi 1996). Die Lehrenden müssen daher aktiv darin unterstützt werden, ihren Unterricht zu überdenken, zu analysieren und in Zukunft anders zu gestalten. Dies kann zum Beispiel durch Coaching, Seminare und Weiterbildungsveranstaltungen geschehen oder auch durch Qualitätszirkel, in denen Lehrende offen ihre Ergebnisse und ihre Erfahrungen mit Kolleginnen und Kollegen diskutieren und Veränderungen beraten. Wird die Rückmeldung der Beurteilungsergebnisse mit persönlichen Beratungen für die Lehrenden gekoppelt, sind deutliche Verbesserungen in den Beurteilungen feststellbar, z. B. im Ausmaß von mehr als einer halben Standardabweichung (vgl. Rindermann & Kohler 2003). Die Verbesserungen waren vor allem bei jenen Lehrenden sehr hoch, die bei der ersten Durchführung der Beurteilung vergleichsweise schwächer beurteilt worden waren. Evaluation „ohne Möglichkeit für die Beteiligten, die Qualität zu verbessern, ohne Beratung und fördernde Rahmenbedingungen" ist daher „weder effektiv noch vertretbar" (Rindermann/Kohler 2003, S. 84).

Evaluation als Maßnahme zur Weiterentwicklung der eigenen Unterrichtsarbeit trägt zur Förderung der Professionalität der Lehrkräfte bei. Dubs (1998) ist zuzustimmen, wenn er meint, dass prinzipiell „alle Lehrerinnen und Lehrer an einer Evaluation ihrer Arbeit und des Erfolges der eigenen Schulen interessiert sein" müssten, „weil dadurch die persönliche Zufriedenheit und die Motivation zunehmen. Und ungenügende Ergebnisse sollten als Ansporn zu Verbesserungen dienen, denn die Schülerinnen und Schüler haben einen Anspruch auf eine „gute" Schule. In diesem Sinn sollte die Evaluation zum persönlichen Ethos einer jeden Lehrperson werden" (Dubs 1998, S.12).

Literatur

Altrichter, H. & Posch, P. 1990: Lehrer erforschen ihren Unterricht. Eine Einführung in die Methoden der Aktionsforschung. Bad Heilbrunn.
Beeby, C. E. 1977: The Meaning of Evaluation. In: Current Issues in Education, No. 4: Evaluation. Department of Education, Wellington, S. 68–78.
Bösch, H.-U. 1987: Lehrerbeurteilung. Theoretische Grundlegung und Anwendung für den Handelslehramtskandidaten. Dissertation an der Hochschule St. Gallen, Zürich.
Bortz, J. & Döring, N. 1995: Forschungsmethoden und Evaluation. Berlin u. a.
Brophy, J. & Good, T. 1986: Teacher Behavior and Student Achievement. In: Wittrock, M. (Hrsg.). Handbook of Research on Teaching. New York, S. 328–375.
Cangelosi, J. S. 1991: Evaluating Classroom Instruction. New York u. a.
Csanyi, G. & Sturm, M. (Hrsg.) 1990: Materialien zur Verbesserung von Lehrveranstaltungen. Teil I: Rückmeldung. Bundesministerium für Wissenschaft und Forschung, Wien.
Danzinger, C. 1997: Instrumente zur Beurteilung der Lehre an berufsbildenden mittleren und höheren Schulen. Diplomarbeit an der Wirtschaftsuniversität Wien.
Dubs, R. 1998: Qualitätsmanagement für Schulen. Herausgegeben vom Institut für Wirtschaftspädagogik der Universität St. Gallen.

Greimel, B. 1996: Ein Anforderungsprofil an Lehrer. In: Fortmüller, R. & Aff, J. (Hrsg.). Wissenschaftsorientierung und Praxisbezug in der Didaktik der Ökonomie. Festschrift Wilfried Schneider, Wien, S. 229–254.

Greimel-Fuhrmann, B. 2003: Evaluation von Lehrerinnen und Lehrern. Einflussgrößen auf das Gesamturteil von Lernenden. Innsbruck u. a.

Kluger, A./DeNisi, A. 1996: The Effects of Feedback Intervention on Performance: Historical Review, Metaanalysis and a Preliminary Feedback Intervention Theory. In: Psychological Bulletin 119 (2), S. 254–284.

Kremer-Hayon, L. 1993: Teacher Self-Evaluation. Teachers in Their Own Mirrors. Boston u. a.

Kromrey, H. 2003: Evaluierung und Evaluationsforschung: Begriffe, Modelle und Methoden. In: Psychologie in Erziehung und Unterricht, 50 (1), S. 11–26.

Krumm, V. 1998: Löst eine bessere Lehrerausbildung die „Schulkrise"? Über Bedingungen von Lehrerverhalten. In: Herber, H.-J. & Hofmann, F. (Hrsg.). Schulpädagogik und Lehrerbildung. Festschrift zum 60. Geburtstag von Josef Thonhauser, Innsbruck u. a., S. 275–298.

McKeachie, W. J. 1996: Student Ratings of Teachers. In: American Council of Learned Societies (Hrsg.). The Professional Evaluation of Teaching. Occasional Paper No. 33. URL: http://www.acls.org/op33.htm

Posch, P., Schneider, W. & Mann, W. 1989: Unterrichtsplanung mit Beispielen für den betriebswirtschaftlichen Unterricht. Wien.

Rieck, W. 1978: Teilnehmerorientierte Unterrichtskritik als Mittel der Weiterentwicklung und Neuplanung einer regelmäßig angebotenen Lehrveranstaltung. In: Huber, L., Bürmann, I., Francke, R. & W. Schmidt (Hrsg.). Auswertung, Rückmeldung, Kritik im Hochschulunterricht. Band II: Erfahrungen und Folgerungen, Hamburg.

Rindermann, H. 2001: Lehrevaluation. Einführung und Überblick zu Forschung und Praxis der Lehrveranstaltungsevaluation an Hochschulen mit einem Beitrag zur Evaluation computerbasierten Unterrichts. Landau.

Rindermann, H. & Kohler, J. 2003: Lässt sich die Lehrqualität durch Evaluation und Beratung verbessern? In: Psychologie in Erziehung und Unterricht, 50 (1), S. 71–85.

Schneider, W. 1995: Was motiviert Schüler an Wirtschaftsschulen wirklich? – Affektive Lehrer-Schüler-Beziehung oder kognitive Unterrichtsqualität? In: Metzger, Ch. & Seitz, H. (Hrsg.). Wirtschaftliche Bildung, Träger, Inhalte Prozesse. Zürich, S. 357–373.

Scriven, M. 1967: The Methodology of Evaluation. In: Tyler, R. (Hrsg.). Perspectives of Curriculum Education. Chicago.

Scriven, M. 1995: Student Ratings Offer Useful Input to Teacher Evaluations. ERIC/AE Digest, Office of Educational Research and Improvement, Washington, DC.

Sproule, R. 2000: Student Evaluation of Teaching: A Methodological Critique of conventional Practices. In: Educational Policy Analysis Archives, 8 (50), ISSN 1068–2341, URL: http://epaa.asu.edu/epaa/v8n50.html.

Stronge, J. H. Hrsg. 1997: Evaluating Teaching. A Guide to Current Thinking and Best Practice. Thousand Oaks.

Wang, M. C., Haertel, G. D. & Walberg, H. J. 1993: Toward a Knowledge Base for School Learning. In: Review of Educational Research, 63 (3), S. 249–294.

Weinert, F. E. 1998: Guter Unterricht ist ein Unterricht, in dem mehr gelernt als gelehrt wird. In: Freund, J., Gruber, H. & Weidinger, W. (Hrsg. 1998). Guter Unterricht – Was ist das? Aspekte von Unterrichtsqualität. Wien, S. 7–18.

Weinert, F. E. 2001: Die evaluierte Universität. Manuskript zur Heidelberger Universitätsrede an der Ruprecht-Karls-Universität in Heidelberg am 25. Jänner 2001.

Wottawa, H. & Thierau, H. 1998: Lehrbuch Evaluation. Bern u. a.

Kooperationsmanagement für Schulen

GERALD SAILMANN

1.	Problemstellung	73
2.	Schulisches Kooperationsverhalten	74
3.	Bedingungen schulischer Kooperation	75
	3.1 Strukturelle Bedingungen	75
	3.2 Verhaltenstheoretische Bedingungen 1: Nutzen	76
	3.3 Verhaltenstheoretische Bedingungen 2: Vertrauen	78
4.	Modelle und Empfehlungen für die Gestaltung von Kooperationsbeziehungen	78
5.	Formen eines schulischen Kooperationsmanagements	80
6.	Bedeutsame Praxisfelder	82
	6.1 Schulsozialarbeit	82
	6.2 Berufsorientierung	82
Literaturverzeichnis		83

Kooperationsmanagement für Schulen

1. Problemstellung

Der amerikanische Wissenschaftler William Carr verwendete in einer Rede folgenden Vergleich:
> „Schulen sind wie Inseln, getrennt vom Festland des Lebens durch einen tiefen Graben der Konvention und Tradition. Die Zugbrücke wird für bestimmte Zeiten während des Tages herabgelassen, damit die zeitweiligen Bewohner morgens auf die Insel und abends zurück zum Festland gehen können. Warum gehen diese jungen Menschen auf diese Inseln? Um zu lernen wie man auf dem Festland lebt. ... (entnommen aus Keupp 1999, S. 1)

Carr zeichnete dieses Bild von Schule als geschlossenem System ohne unmittelbaren Bezug zur Wirklichkeit im Jahre 1942; es diente ihm dazu, das Lernen auf Vorrat – die Trennung von Lernen und Anwenden – zu karikieren und war natürlich bereits damals unzutreffend. Schulen, d. h. Schulleiter und Lehrer, pflegten schon immer berufliche Kontakte zur Außenwelt. Die Zusammenarbeit zwischen der einzelnen Schule und ihrer Umwelt oder zwischen verschiedenen Schulen war jedoch lange Zeit kein bedeutsames Thema für (organisations-)pädagogische Forschung. Hierzu wurde es in Deutschland erst Mitte der 1980er Jahre. Durch ihren Aufruf „macht die Schulen auf, lasst das Leben rein" lösten Zimmer/Niggemeyer (1986) eine Diskussion um die Öffnung von Schule aus. Sie forderten eine verstärkte Hinwendung der Einzelschule zu dem Gemeinwesen, in das sie eingebettet ist. Der Begriff „Nachbarschaftsschule" charakterisiert dieses Anliegen, dem Ende der 1980er Jahre auch Praxisinitiativen folgten. Es handelte sich dabei vor allem um Landesprogramme, wie zum Beispiel in Nordrhein-Westfalen GÖS – „Gestaltung des Schullebens und Öffnung von Schule". Dieses verfolgte neben individueller Förderung, sozialer Koedukation und fächerübergreifendem Arbeiten auch das Ziel eines „Gemeinwesen orientierten Lehrens und Lernens". Dazu gehörten u. a.: die „Förderung der Wahrnehmung des lebensweltlichen Umfelds", die „Vermittlung authentischer Erfahrungen" und die „Verknüpfung außerschulischer Angebote und Aktivitäten mit schulischem Lernen" (Kultusministerium des Landes Nordrhein-Westfalen 1988, 18ff).

Im Zuge politischer Umwälzungen wurde das Thema zu Beginn der 1990er Jahre mit anderer Nuance wieder aufgegriffen. Postuliert wurde eine bedarfsorientierte Kooperation von Schule mit politischen, wirtschaftlichen, sozialen, religiösen oder kulturellen Einrichtungen in ihrem Umfeld. Diese Zusammenarbeit sollte Schule in die Lage versetzen, die durch Wiedervereinigung und europäische Integration neu entstandenen Anforderungen besser zu bewältigen. Hierfür galt es, zum einen externe Expertise in die Schulen zu holen, zum andern die genannten Institutionen für die Fortbildung von Lehrkräften zu erschließen (Händle/Nitsch 1990).

Einen weiteren Schub erhielt die Thematik Ende der 1990er Jahre durch die Netzwerkdiskussion, welche die gesamte Gesellschaft erfasste und bis heute anhält. Ging es zunächst vorwiegend um das elektronische Netz, das Internet, und dessen Nutzung, wurde bald auch soziale Vernetzung als Modernisierungsstrategie für zahlreiche gesellschaftliche Bereiche – und somit auch für Schule – betrachtet. Im Vordergrund des erneuten Kooperationsdiskurses stand und steht allerdings der Wissens- und Erfahrungsaustausch innerhalb des Schulsystems. Das Wissensnetzwerk, in dem Innovationen transferiert werden und Synergien entstehen können, ist das erklärte

Ziel von Schulentwicklern (Sailmann 2005). Diese neue inhaltliche Ausrichtung zeigt sich auch am bereits erwähnten GÖS-Programm. Während bis zum Schuljahr 2000/2001 die Öffnung von Schule zum Gemeinwesen im Vordergrund stand, geht es seit dem Schuljahr 2001/2002 vor allem um die Bildung schulischer Netzwerke zum Informations- und Erfahrungsaustausch.

Die genannten Argumentationslinien beschäftigen sich vor allem mit Potenzialen schulischer Kooperation. Um auf schulisches Kooperationsmanagement eingehen zu können, braucht es aber auch einen Blick auf das tatsächliche Kooperationsverhalten von Schulen und auf die Bedingungen, die diesem zugrunde liegen.

2. Schulisches Kooperationsverhalten

Empirische Ergebnisse zu schulischer Vernetzung liefert eine Untersuchung des Deutschen Jugendinstituts im Rahmen des von 2001 bis 2004 laufenden Projekts „Schule und soziale Netzwerke" (Lipski/Kellermann 2002 und Behr-Heintze/Lipski 2004). Das Projekt ging von der Annahme aus, dass allgemein bildende Schulen zur Erfüllung ihres Bildungs- und Erziehungsauftrags vermehrt auf die Zusammenarbeit mit anderen Institutionen und Personen angewiesen sind. Abgefragt wurden daher Kooperationsbeziehungen mit anderen Einrichtungen und Personen, aufgeteilt in:

- schulunterstützende Dienste,
- Einrichtungen und Betriebe in der Kommune,
- andere Schulen,
- Sponsoren und Fördervereine,
- Eltern,
- Schülerinnen und Schülern,
- sonstige (Privat-)Personen.

Anhand der Antworten von deutschlandweit (außer den Bundesländern Hamburg und Sachsen) 5238 befragten Schulleitern kann schulisches Kooperationsverhalten wie folgt skizziert werden:

Allgemein bildende Schulen sind mit ihrem Schulumfeld vielfach vernetzt. Lediglich eine kleine Minderheit (2 %) pflegt überhaupt keine Zusammenarbeit mit außerschulischen Partnern. Drei Viertel der Schulen kooperieren in vier bis sieben der abgefragten Kooperationsfelder. Der Großteil dieser Schulen bestätigt, dass die von ihnen eingegangenen Kooperationen einen Beitrag zu den Zielen des Schulprogramms – sofern vorhanden – darstellen. Die von den Schulen genannten Außenkontakte sind in der Regel stabil. Die überwiegende Mehrheit der erfassten Kooperationen existiert schon über zwei Jahre. Die Intensität der Beziehungen bewegt sich innerhalb der Bandbreite von mehreren Kontakten in der Woche bis zu einigen wenigen im Jahr. Vertraglich oder institutionell abgesichert sind die Kooperationen allerdings meist nicht. Lediglich in der Hälfte der Fälle bestehen gemeinsame Vereinbarungen zwischen den Partnern, davon ist wiederum nur die Hälfte schriftlich fixiert. Die große Mehrheit der außerschulischen Partner ist auch nicht in den Schulgremien vertreten, sofern sie es allerdings doch sind, haben sie meist auch ein Mitspracherecht.

Zu anderen Schulen hatte ca. ein Drittel der befragten Schulen (37 %) keinen Kontakt. Beziehungen zu einer anderen Schule hatten 16 %, zu mehreren Schulen 47 %. Nach der Zahl der Nennungen (Mehrfachnennung möglich) lagen dabei Schulen aus dem nächsten Umkreis (mit gleicher Postleitzahl) an erster Stelle (61 %), gefolgt von Schulen im gleichen Landkreis (36 %), im Ausland (30 %), im gleichen Bundesland (11 %) und in anderen Bundesländern (7 %).

Bei der Kooperation mit anderen Schulen spielt vor allem der Informations- und Erfahrungsaustausch unter Lehrern eine wichtige Rolle (74 %), gefolgt von gemeinsamen Aktivitäten (48 %), Schüleraustausch (mit Partnerschulen im Ausland) (34 %), Informations- und Erfahrungsaustausch unter Schülern (28 %) und sonstige Zwecke (14 %). Am Aufbau der Kontakte waren vor allem Schulleiter/Lehrer beteiligt (97 %), gefolgt von Schulverwaltung (27 %), Eltern (12 %) und Schülern (9 %). 48 % der Schulen planen eine Erweiterung der Kooperation mit anderen Schulen, bei 44 % soll der Stand der Kooperation erhalten bleiben. 7 % haben keine Planungen zur zukünftigen Kooperation mit anderen Schulen

Diese Untersuchungsergebnisse widersprechen deutlich Carrs Inselmetapher. Sie lassen vielmehr den Schluss zu, dass es sich bei der Einzelschule um eine insgesamt kooperationsfreudige Organisation handelt, wobei die Zusammenarbeit mit Einrichtungen aus dem Schulumfeld ausgeprägter ist als die Kooperation mit anderen Schulen. Auf welchen strukturellen und verhaltenstheoretischen Voraussetzungen dieses Kooperationsverhalten beruht, wird im Folgenden geklärt.

3. Bedingungen schulischer Kooperation

3.1 Strukturelle Bedingungen

In den Schulgesetzen der Bundesländer wird die Zusammenarbeit der Schulen mit außerschulischen Akteuren angesprochen, teilweise finden sich auch Regelungen dafür. Letztlich bleibt es jedoch der Einzelschule überlassen, entsprechend ihren Bedingungen vor Ort zu entscheiden, welche Beziehungen sie mit welchen konkreten Einrichtungen oder Personen eingeht. Diese „Kooperationsautonomie" liegt in der Struktur des Schulwesens begründet. Nach Weick (1976) ist es als differenziertes Geflecht weitgehend unabhängiger Organisationen zu betrachten, er verwendet zur Charakterisierung den Begriff: „lose Kopplung". Schulen sind demgemäß nicht voneinander abhängig, um ihren gesellschaftlichen Auftrag erfüllen zu können. Sie agieren nicht wie verschiedene Abteilungen eines Betriebes. Der Vorteil dieser Struktur ist, dass über das gesamte System verteilt viele eigenständige Wahrnehmungs- und Entscheidungszentren existieren. Diese sind vor allem für Veränderungen in ihrer eigenen Umgebung sehr empfindlich. Sie können spezifisch und angemessen auf lokal auftretende Umweltveränderungen reagieren. Das Gesamtsystem bleibt davon weitgehend unberührt, es muss die Anpassungen nicht übernehmen. Diese Unabhängigkeit birgt allerdings auch kooperationsspezifische Nachteile. Da weder die Zusammenarbeit zwischen einzelnen Schulen im Organisationsplan – Aufbau- und Ablauforganisation – des Schulwesens angelegt ist, noch die Kooperation mit außerschulischen Akteuren, gibt es dafür auch keine vordefinierten organisationalen Gefäße. Schulische Kooperation ist strukturell nicht gestützt, die dafür notwendigen

Beziehungen müssen selbstständig – informell – aufgebaut und aufrechterhalten werden. Wilbers (2000) hat daher die Außenentwicklung von Schulen als „blinden Fleck bei Schulentwicklungsansätzen" bezeichnet.

3.2 Verhaltenstheoretische Bedingungen 1: Nutzen

Wie oben ausgeführt, gehören weder außer- noch innerschulische Kooperationsformen zum „pädagogischen Kerngeschäft", weshalb sie auch nicht strukturell angelegt sind. Das bedeutet, sie unterliegen besonderen handlungstheoretischen Bedingungen: Sie sind freiwillig und erfordern von den Akteuren zusätzlichen Aufwand, nämlich organisatorische und inhaltliche Arbeit. Erkenntnisse aus der Netzwerkforschung besagen, dass den Aufwandskosten für informelle Beziehungen auch entsprechende Ertragserwartungen gegenüberstehen stehen müssen. Dies gilt auch für Schulen, d. h. Schulen oder Lehrkräfte, die kooperieren, erhoffen sich davon einen Nutzen.

Für Kooperationen innerhalb des Schulsystems lassen sich entlang der Systematik von Schulentwicklung zwei zentrale Nutzenformen unterscheiden: zum einen die Unterrichts- und Personalentwicklung, zu der neben Qualifizierung auch psycho-soziale Unterstützung gezählt werden kann, zum anderen eine Deregulierung der Steuerung des Schulwesens, zu der vor allem curriculare und koordinative Aktivitäten gehören, welche die Organisations- und Systementwicklung betreffen (Sailmann 2005).

– **Unterrichts-/Personalentwicklung**

In dieses Kooperationsfeld gehört vor allem die Mitwirkung von Lehrkräften in schulübergreifenden Arbeitskreisen, in etwa vergleichbar den betrieblichen Lern- und Qualitätszirkeln. Hierbei stehen vor allem Fragen der Unterrichtsentwicklung – oftmals auch mit regionalem Bezug – im Vordergrund. Eine Variante, die insbesondere aus dem Berufsschulwesen bekannt ist, ist die fachliche Kooperation – auch mit Ausbildern – in der Nachbereitung von Fortbildungen. Die Anpassung von Fortbildungsinhalten an den Unterricht in selbst organisierten Lehrerarbeitsgruppen kann aber nicht nur den Transfer erleichtern, sondern auch Ausgangspunkt sein für kontinuierlichen Wissensaustausch entlang eines Fortbildungsthemas. Den Austausch über pädagogische oder didaktische Innovationen bietet die Mitwirkung in regionalen oder bundesweiten Innovationsnetzwerken. Der Anstoß für Innovationsnetzwerke – und auch die Ressourcen für das Kooperationsmanagement – kommen hierbei allerdings häufig von Akteuren außerhalb des Schulsystems, z. B. von Universitäten oder wirtschaftsnahen Institutionen. Gezeigt hat sich auch, dass die regionale Kooperation im Kontext von Innovationen an Grenzen stößt, da Schulen im unmittelbaren Umfeld nicht selten in Konkurrenz zueinander stehen. Für überregionale Zusammenarbeit hingegen zeigen sich viele Schulen offener. Im Bereich der Innovationsnetzwerke gibt es daher auch bundesweite Kooperation. Diese ermöglichen die Kommunikation zwischen innovationsbereiten oder –erfahrenen Lehrkräften. Eine weitere Form der Kooperation ist die kollegiale Fallberatung. In der kollegialen Beratung werden psychische Belastungen angesprochen, die durch Probleme in der Interaktion mit Schülern, Kollegen oder Schulleitung entstehen.

– **Organisations-/Systementwicklung**

Seit Beginn der 1990er Jahre wird eine intensive Diskussion um neue Steuerungskonzepte für das Schulwesen geführt. Die Regulierung durch den Staat soll ersetzt oder ergänzt werden durch eine verstärkte Steuerung vor Ort. Unverzichtbar hierfür ist die Partizipation der Betroffenen. Sie müssen in die Verantwortung mit eingebunden werden, unter der Voraussetzung, dass sie sich Gestaltungsaufgaben auch zu eigen machen. Angestrebt wird eine Verantwortungsbalance zwischen Lehrkräften, Schulleitungen, Schulträgern, Schulaufsicht und den Nutzern von Schule, nämlich Schülern und Eltern. Die Schulaufsicht beispielsweise soll sich weniger als Kontroll- und vielmehr als Unterstützungsorgan verstehen, das sich insbesondere der Qualitätssorge und -sicherung widmet, in besonderen pädagogischen Fragen berät, Materialien entwickelt oder Fortbildungen organisiert. Die Verlagerung von Entscheidungsbefugnis an die Einzelschule führt zu neuen planungstechnischen Ansätzen, der bedeutsamste davon ist die Regionalisierung. Er sieht das Zusammenwirken mehrerer Schulträger und Schulen vor mit dem Ziel, gemeinsam eine Bildungsregion zu gestalten. Im Konzept der regionalen Bildungsplanung müssen Schulen mit zunehmender Selbstständigkeit auch Aufgaben bewältigen, die sich strukturell von den bisherigen unterscheiden. Es handelt sich um schulüberschreitende Planungs- und Abstimmungsaufgaben, z. B. sich an der Entwicklung eines regional ausgerichteten Bildungsangebotes zu beteiligen. Der Umgang mit diesen „Aufgaben neuen Typs" wird erleichtert durch eine Ausweitung der Kommunikation untereinander. Sozialformen dieser Kommunikation können z. B. regionale Netzwerke – auch unter Beteiligung nichtschulischer Akteure – sein.

Für die externe Kooperation findet sich je nach Schulstandort eine Vielzahl von Partnern, beispielsweise:
- (Fach-)Hochschulen und Forschungseinrichtungen,
- kommunale Behörden und Verwaltung (inkl. Arbeitsagenturen)
- Wirtschaftsverbände, Kammern, Gewerkschaften,
- privatwirtschaftliche Unternehmen und Betriebe,
- Kindertagesstätten und -gärten,
- sozialpädagogische und beratende Einrichtungen,
- religiöse oder kulturelle Einrichtungen,
- Vereine, Verbünde oder Netzwerke.

Die Zusammenarbeit mit ihnen bietet Schulen die Möglichkeit, ihre fachlichen, pädagogischen oder ökonomischen Ressourcen zu erweitern. Hierzu gehört z. B. die Erschließung von sozialen Einrichtungen für Betreuungs- und Aktivitätsangebote oder von Sponsoren für die Beteiligung an Anschaffungskosten. Bisherige Modellprojekte und Untersuchungen geben Hinweise darauf, dass seitens der Schulen insbesondere Kontakte zu schulunterstützenden Diensten und zu Einrichtungen – Unternehmen – in der Kommune aufgebaut werden. Auch von Erfolgen bei Sponsoring-Aktionen wir häufig berichtet. Beklagt wird allerdings, dass für regionale Aktivitäten nicht ausreichend Personal an den Schulen vorhanden ist.

3.3 Verhaltenstheoretische Bedingungen 2: Vertrauen

Neben Nutzenüberlegungen ist für die Entstehung von freiwilligen Kooperationskontakten zwischen Organisationen, respektive zwischen Personen, noch ein zweiter handlungstheoretischer Faktor von zentraler Bedeutung, nämlich das Vertrauen. Die Bedeutung von Vertrauen als „Schmiermittel" der Zusammenarbeit ist aus der Netzwerkforschung bekannt. Sie wird auch für das Schulwesen angenommen (Schweers 2003), ist hier allerdings noch nicht hinreichend empirisch untersucht. Generell gilt folgender Zusammenhang: Informelle Kooperationsbeziehungen – insbesondere zwischen Organisationen – bestehen nicht allein aus einer Leistungskomponente, dem Nutzen, sondern auch aus einem psycho-sozialen Element, dem Vertrauen. Vertrauen ist für die Stabilität der Beziehung von zentraler Bedeutung. Da bei Austauschbeziehungen nicht mit Sicherheit von einer angemessenen Rückzahlung ausgegangen werden kann, ist es notwendig, dass die Partner Vertrauen in die Leistungsfähigkeit und -bereitschaft des Gegenübers setzen.

Zur Erklärung der Entstehung von Vertrauen werden in der Forschung mehrere Mechanismen angeführt:
- Zum ersten die Wirkung der Gegenseitigkeitsnorm: Sie besagt, dass Menschen sich verpflichtet fühlen, sofort oder später jenen etwas zurück zu geben, von denen sie etwas bekommen haben. Reziprokes soziales Handeln beruht also auf einer moralischen Größe, die durch Sozialisation im Menschen verankert wird.
- Zum zweiten die Selbstverstärkung, d. h. wenn eine Austauschbeziehung erfolgreich verlaufen ist, hat sich der Vertrauensvorschuss gelohnt. Es ist daher vorteilhaft, das Verhalten zu wiederholen und dieser Person oder Organisation wieder zu vertrauen.
- Zum dritten die langfristige Perspektive, d. h. Vertrauensentwicklung wird vor allem dann forciert, wenn die Beteiligten von einer langfristigen Kooperation ausgehen.

Rein auf Nutzendenken basierende Kooperationsbeziehungen bleiben sehr labil. Damit sich stabile Verbindungen entwickeln können, bedarf es einer Vertrauensbasis. Damit kann über die Zeit hinweg auch die Entstehung gemeinsamer Werte einhergehen. Vertrauensbasierte Kooperationsprozesse zeichnen sich dadurch aus, dass ein geringer Formalisierungsbedarf für den Austausch besteht. Ist das Vertrauen gering, so drückt sich dies in hochformalisierten Interaktionen aus; es konnte sich noch keine „einfache Kooperation" einspielen (Sailmann 2005).

4. Modelle und Empfehlungen für die Gestaltung von Kooperationsbeziehungen

Bisher wurden zentrale Faktoren für schulische Kooperationen herausgearbeitet, nämlich: Strukturenbedingungen, individuelle Nutzenerwägungen und das Vorhandensein von Vertrauen. Auf diese Elemente wird auch Bezug genommen in den folgenden Prozessmodellen und Empfehlungen für die Gestaltung von Kooperationsbeziehungen in Bildungsnetzwerken. Das erste Modell (vgl. Abb. 1) sieht einen

Gesamtprozess vor, der in drei Phasen verläuft. Zu jeder dieser Phasen werden Handlungsempfehlungen formuliert.

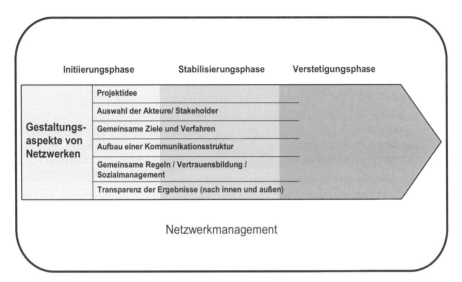

Abb. 1: Phasen- und Gestaltungsaspekte von Netzwerken (Quelle: Sailmann 2006, modifiziert nach Sauer)

Die Entwicklung eines Bildungsnetzwerks lässt sich einteilen in die Phasen: Initiierung, Stabilisierung und Verstetigung. Diese Phaseneinteilung bietet den Vorteil, einem komplexen sozialen Prozess eine Struktur und den beteiligten Partnern eine Orientierung über den Verlauf zu geben. In den einzelnen Phasen sind vor allem folgende Aktivitäten bedeutsam:
- Initiierungsphase
  - Entwicklung der Projektidee und Projektstruktur,
  - Partnerauswahl, Stakeholderanalyse (d. h. Personen oder Gruppen, die legitime Mitwirkungsansprüche besitzen),
  - Festlegung gemeinsamer Zielsetzungen,
  - Entwicklung eines gemeinsamen Projektverständnisses.
- Stabilisierungsphase
  - Vertiefung des gemeinsamen Projektverständnisses,
  - Aushandlung gemeinsamer Regeln und (Qualitäts-)Standards,
  - Gemeinsame Entwicklung innovativer Verfahren und Produkte,
  - Ausbildung wechselseitiger informeller Beziehungs- und Kommunikationsstrukturen.
- Verstetigungsphase
  - Transparenz der Prozesse, Produkte und Ergebnisse innerhalb und außerhalb des Netzwerks,
  - Reflexion des bisherigen Arbeiten,
  - Verstetigung der informellen Kommunikations- und Kooperationsstrukturen,
  - Sicherung der Stabilität des Netzwerks.

Das zweite Modell (vgl. Abb. 2) geht davon aus, dass es Kernaufgabe eines Netzwerkmanagements ist, Vertrauensbildung zwischen den Akteuren zu fördern und Konflikte zwischen den Beteiligten zu regeln. Vertrauensbildung ist für die Managementtheorie allerdings ein schwieriges Feld. Es fehlt an sozialpsychologischen Referenztheorien, die hinreichend erklären, wie Vertrauen entsteht (vgl. 3.3). Dies wiederum bedingt ein mangelndes Wissen um die Gestaltung von Rahmenbedingungen, innerhalb derer sich Vertrauensprozesse entwickeln können. Da es keine fundierten Erkenntnisse darüber gibt, wie Vertrauen zu managen ist, wird vor allem auf interaktionstheoretische Modelle Bezug genommen.

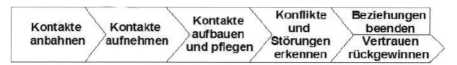

Abb. 2: Prozess des Beziehungsmanagements (Quelle: Schweers 2005, 164)

Neben diesen theoretischen Modellen gibt es aus der Praxis der Schulentwicklung pragmatische Empfehlungen speziell für den Aufbau und das Gelingen von Kooperationsbeziehungen innerhalb des Schulwesens, z. B. (Czerwanski/Solzbacher 2003):
- klare Definition von gemeinsamen, realistischen Zielen (zwei oder drei, nicht mehr),
- regelmäßige Überprüfung und Revision der Ziele,
- klare Verantwortlichkeiten und „Spielregeln",
- verlässliche Partner und Vertrauen,
- persönliche Begegnungen und Arbeitstreffen („face to face"),
- persönlicher Gewinn für die einbezogenen Personen muss gegeben sein (z. B. durch Feedback, Ideen, Kontakte, Material, Prestige, ...),
- Unterstützung der Schulleitung,
- Einbeziehen der Schulaufsicht.

5. Formen eines schulischen Kooperationsmanagements

Die bisherige Analyse macht deutlich, dass es sich bei schulischer Kooperation, ob mit kommunalen Einrichtungen oder in schulübergreifenden Innovationsnetzwerken, um einen komplexen Prozess handelt. Dies gilt insbesondere dann, wenn mehrere Partner beteiligt sind und die Beziehungen über reinen Informationsaustausch hinausgehen, wie dies bei der Durchführung gemeinsamer Projekte der Fall ist. Die skizzierten Modelle und Empfehlungen systematisieren die notwendigen Handlungsabläufe, gleichzeitig verdeutlichen sie, dass schulische Kooperationen – wie Unternehmenskooperationen auch – Professionalität brauchen. Wie diese zu erzielen ist, darüber herrschen in der Forschung unterschiedliche Meinungen. Wilbers (2004) plädiert im Kontext der Diskussion um die Mitwirkung von berufsbildenden Schulen in regionalen Bildungsnetzwerken für systeminterne Lösungen: Er fordert, dass in Verbindung mit neuen Ansätzen des Personalmanagements entsprechende Stellen an Schulen geschaffen und mit eigens qualifizierten Lehrkräften besetzt werden. Im Modellver-

such ANUBA (ANUBA steht für den BLK-Modellversuch: Aufbau und Nutzung von Bildungsnetzwerken zur Entwicklung und Erprobung von Ausbildungsmodulen in IT- und Medienberufen) wurde für den Bereich der berufsbildenden Schulen erprobt, welche Aufgaben ein Management zu erfüllen hat, das in schulischer Verantwortung steht und die Kooperation von Schule mit außerschulischen Partnern organisiert. Ein daraus hervorgegangenes Fortbildungscurriculum sieht folgende Qualifizierungsfelder vor:
- Das Management der Außenentwicklung – es stellt das Außenverhältnis der Schule mit den jeweiligen Projektpartnern in den Vordergrund.
- Das Management der Innenentwicklung – es zielt auf die Entwicklung förderlicher Bedingungen innerhalb der Schule.
- Das Vertrauensmanagement – es hat die Anbahnung und Pflege von Kontakten sowie das Erkennen von Störungen und das Rückgewinnen von Vertrauen zum Gegenstand.
- Das Management der IT-Unterstützung – es umfasst alle Aktivitäten, die den IT-Einsatz betreffen.

Zu den Aufgaben der so qualifizierten „schulischen Kooperationsmanager" gehören:
- Bildungsnetzwerke planen, d. h. konkrete Netzwerk(teil)projekte vorbereiten.
- Bildungsnetzwerke initiieren, d. h. die Situation der Schulen im Hinblick auf die Nutzung eines Bildungsnetzwerkes diagnostizieren, Kontakte anbahnen und den Einsatz von Informationstechnik vorbereiten.
- Bildungsnetzwerke betreiben, d. h. die Durchführung der Projekte begleiten und unterstützen.
- Bildungsnetzwerke bewerten, d. h. die Arbeit im Bildungsnetzwerk und die damit einhergehenden Veränderungen an der Schule evaluieren.

Schulische Netzwerkmanager sollen andere Lehrkräfte bei ihrer Netzwerkarbeit unterstützen, mit Schul- und Fachleitungen zusammenarbeiten und Kooperationen mit Schulentwicklungsarbeit abstimmen.

In Projekten, die den Aufbau innerschulischer Innovationsnetzwerke zwischen allgemein bildenden Schulen anstreben, wird hinsichtlich des Managements eine externe Lösung favorisiert. Die personellen und materiellen Ressourcen kommen in diesem Fall nicht aus dem Schulsystem, sondern werden von außerschulischen Institutionen zur Verfügung gestellt, beispielsweise von Universitäten oder wirtschaftsnahen Stiftungen. Dieses Management initiiert und koordiniert federführend die Netzwerkaktivitäten zwischen den Schulen, wird dabei allerdings von einer schulisch besetzten Steuergruppe unterstützt. Die Vorteile solcher externer Managementlösungen liegen darin, dass die Qualifizierung von Mitarbeitern und die Bereitstellung von Support finanziell nicht zu Lasten des Schulwesens gehen. Auch werden außerschulische Instanzen – gerade bei regionalen Kooperationsprojekten – als neutrale Mittler wahrgenommen und damit als geeigneter, um auftretende Konflikte zu moderieren. Durch die Mitwirkung externer Schlüsselakteure werden jedoch auch Abhängigkeiten geschaffen. Ziehen diese ihre Leistungsangebote zurück, steht oftmals die weitere Existenz des Kooperationsprojektes in Frage (Sailmann 2005).

6. Bedeutsame Praxisfelder

Abschließend sollen – an Stelle einer Schilderung von Einzelprojekten – noch zwei Bereiche angesprochen werden, die für eine Kooperation mit außerschulischen Partner besonders bedeutsam sind: zum einen die Schulsozialarbeit, zum anderen die Berufsorientierung.

6.1 Schulsozialarbeit

Schulsozialarbeit als Koopcrationsfeld für Schulen wird seit geraumer Zeit intensiv, aber auch kontrovers diskutiert. Eine einheitliche Begrifflichkeit hat sich bislang noch nicht herausgebildet. Neben dem Begriff Schulsozialarbeit finden sich noch andere Bezeichnungen wie: „schulbezogene Jugendarbeit", „schulbezogene Jugendhilfe", „soziale Arbeit an Schulen" oder „Jugendarbeit an Schulen". Schulsozialarbeit ist ein eigenständiges Handlungsfeld der Sozialen Arbeit und sieht eine institutionalisierte Zusammenarbeit von Jugendhilfe und Schule – insbesondere in sozialen Brennpunkten – vor. Hierzu gehören u. a. folgende Maßnahmen (Nieslony 1997):
- Beratung von Lehrkräften an der Schule (z. B: Gruppen- oder Einzelberatung bei Problemen wie Schuleschwänzen oder Verhaltensauffälligkeiten im Unterricht).
- Beratung und Vermittlung von Hilfen für Schüler und Eltern mit dem Ziel, Zugänge zu sozialen Diensten und Beratungsstellen zu erleichtern.
- Unterstützung der Schulen bei der inneren Schulentwicklung und bei Angeboten für Schüler in der Schule und ihrem Umfeld (z. B. Projekte in den Bereichen: Konfliktschlichtung, Schulklimaverbesserung, Schülercafe, soziales Lernen, Vernetzung mit den stadtteilorientierten Angebote der Jugendtreffs).

6.2 Berufsorientierung

Unter Berufsorientierung kann im weitesten Sinne die Vorbereitung der Schüler auf die Berufswahl verstanden werden. Sie ist integraler Bestandteil des Unterrichts an allgemein bildenden Schulen, hierbei finden sich jedoch in den Schularten unterschiedliche fachliche Anbindungen: Während die Hauptschule vor allem das Fach Arbeitslehre dafür vorsieht, findet Berufsorientierung am Gymnasium über mehrere Fächer verteilt statt (vor allem Sozialkunde, Wirtschaftslehre und Deutsch). Moderne Konzeptionen betonen die Notwendigkeit einer betriebsnahen Berufsorientierung. Diese sieht – ergänzend zum schulisch Berufswahlunterricht und zur Beratung durch die Arbeitsagenturen – eine intensive Kooperation mit Betrieben in Form von Betriebspraktika oder Schnupperlehren vor. Durch die selbst bestimmte Auseinandersetzung mit der betrieblichen Ausbildungs- und Berufswirklichkeit werden betriebliche Anforderungen für die Schüler praktisch nachvollziehbar. Sie können auf diese Weise die eigenen Fähigkeiten und Fertigkeiten mit Blick auf die zukünftige berufliche Tätigkeit überprüfen, bislang nicht wahrgenommene Neigungen entdecken und falsche Vorstellungen korrigieren. Jugendliche erhalten so Berufswahlkriterien, die gleichermaßen auf Eignung, Neigung und Marktchancen beruhen. Als Mittler zwischen Schule und Betrieb im Bereich der Berufsorientierung hat sich z. B. das externe

Ausbildungsmanagement bewährt (Neumann/Sailmann 2005). Es bietet Betrieben – insbesondere kleinen und mittleren Unternehmen (KMU) – Unterstützung rund um die Ausbildung und beschäftigt sich aus betrieblicher Perspektive mit Konzepten zur Berufsorientierung. Hierbei werden zahlreiche Kooperationsangebote entwickelt, z. B. betriebliche Veranstaltungen, in der Auszubildende Schülern ihren Beruf nahe bringen, Betriebspraktika für Schüler und Lehrer oder Praktikums- und Lehrstellenbörsen.

Literatur

Behr-Heintze, A.; Lipski, J. (2004): Schule und soziale Netzwerke. Zentrale Befunde und Empfehlungen – Eine Zusammenfassung des Schlussberichtes. München

Czerwanski, A.; Solzbacher, C. (2003). Was müssen Inhaber von Leitungsfunktionen (z. B. Schulleiter, Koordinatoren usw.) in der Netzwerkarbeit können? Dokumentation der Tagung: Schulentwicklung durch Netzwerkbildung. Universität Osnabrück.

Händle, C.; Nitsch, W. (1990): Lehrerbildung im kollegialen Netzwerk. In: Die deutsche Schule X/1990. S.306–312

Haenisch, H. (1999): GÖS-Landesprogramm fördert Innovation in vielen nordrhein-westfälischen Schulen. Kurzinformation zu den Ergebnissen der wissenschaftlichen Auswertung (Stand vom Februar 1999). Soest

Keupp, H. (1999): Netzwerke als sozialer Rahmen von Lernprozessen – Synergieeffekte durch Abschied von der verinselten Schule. Vortrag am 20. September 1999 bei der Fachtagung „Regionales Netzwerk innovativer Schulen in München und Oberbayern" in München. Manuskript

Kultusministerium des Landes Nordrhein-Westfalen (Hg.) (1988): Rahmenkonzept. Gestaltung des Schullebens und Öffnung von Schule. Düsseldorf

Lipski, J.; Kellermann, D. (2002). Schule und soziale Netzwerke. Erste Ergebnisse der Befragung von Schulleitern zur Zusammenarbeit allgemein bildender Schulen mit anderen Einrichtungen und Personen. München

Nieslony, F. (1997): Schulsozialarbeit: Sozialpädagogisches Gerüst im Haus des Lernens. In: Hochschulbrief der Evangelischen Fachhochschulen Darmstadt, Freiburg, Ludwigsburg, Reutlingen. Heft 23, S. 18–23

Neumann, F.; Sailmann, G. (2005): Neue Ausbildungsanforderungen und externes Ausbildungsmanagement. Ergebnisse einer Unternehmensbefragung. In: Loebe, H.; Severing, Eckart (Hg.): Prozessorientierung in der Ausbildung. wbv-Reihe Wirtschaft und Weiterbildung, Band 39. Bielefeld. S. 159–174

Sailmann, G. (2005): Schulische Vernetzung – Slogan oder Schlüsselkonzept der Schulentwicklung? Berlin

Sailmann, G. (2006): Ausbildung im Netzwerk. In: Cramer, G., Schmidt, H., Wittwer, W. (Hg.): Ausbilder-Handbuch, 82. Erg.-Lfg., S. 1–20 (Kap. 5.3.8.). Köln

Sauer, J.: Netzwerkanalyse des BMBF-Leitprojekts SENEKA. Netzpublikation URL: http://www.bibb.de/de/limpact16910.htm

Schweers, C. (2003): Vertrauen als Basis schulischer Kooperationsbeziehungen. In Strahler, B.; Tiemeyer, E.; Wilbers, K.: (Hg.): Bildungsnetzwerke in der Praxis. Erfolgsfaktoren, Konzepte, Lösungen. Bielefeld. S. 52–62

Schweers, C. (2005):Vertrauen in Bildungsnetzwerken. Überlegungen über die Bedeutung von und den Umgang mit Vertrauen in regionalen Bildungsnetzwerken am Beispiel berufsbildender Schulen. Köln

Weick, C. E. (1976): Educational Organizations as Loosely Coupled Systems. In: Administrative Science Quarterly, Nr. 21. S. 1–19

Wilbers, K. (2000): Die andere Seite der Medaille: Blinde Flecken in Schulentwicklungsansätzen und drei Therapiemöglichkeiten. Überarbeitete Fassung des Vortrages auf der Frühjahrstagung der Sektion Wirtschafts- und Berufspädagogik der Deutschen Gesellschaft für Erziehungswissenschaft am 30.03.2000

Wilbers, K. (2004): Soziale Netzwerke an berufsbildenden Schulen. Analyse, Potentiale, Gestaltungsansätze. Paderborn

Zimmer, J.; Niggemeyer, E. (1986): Macht die Schule, auf lasst das Leben rein. Von der Schule zur Nachbarschaftsschule. Weinheim

Gesundheitsmanagement in der Schule

Tina Hascher und Jürg Baillod

1.	Der Gesundheitsbegriff	87
2.	Das Konzept der Salutogenese und seine Bedeutung für den Lehrberuf	88
3.	Gesundheitsrisiko Lehrberuf?	92
4.	Gesundheitsförderung in der Schule als Managementaufgabe	94
5.	Mögliche Inhalte schulischen Gesundheitsmanagements	96
6.	Ausblick: Health Mainstreaming als Kernstück zukünftigen Gesundheitsmanagements in der Schule?	98
Literaturverzeichnis		99

Zweifelsohne hat das Thema „Gesundheit" inzwischen die Institution Schule erreicht. Zumindest im deutschsprachigen Raum werden zunehmend so genannte gesunde bzw. gesundheitsfördernde Schulen gestaltet, es entstehen Netzwerke zur Gesundheit in der Schule und auch gegenüber Programmen schulexterner Anbieter ist eine Öffnung der Schule zu beobachten (Kasten 1).

Eine genaue Betrachtung dieser Entwicklung zeigt jedoch, dass Gesundheit vorwiegend als pädagogisches Ziel definiert wird. Fokussiert wird meist die Gesundheit der Schülerinnen und Schüler, noch viel zu selten jene der Lehrkräfte. Falls dies doch erfolgt, stellen wir eine eingeschränkte Behandlung des Themas auf der Ebene von Individuen und ihren Verhaltensweisen (z. B. Stressmanagement-Trainings oder Entspannungskurse) fest. Strukturelle Aspekte wie beispielsweise die Definition (und Abgrenzung) der Aufgabengebiete von Lehrkräften, innovative Arbeitszeitregelungen (vgl. Baillod, 2002), institutionalisierte Unterstützungsangebote durch die Schulen und die ihnen vorgesetzten Stellen usw. stehen meist nicht zur Debatte oder werden nur am Rande als unveränderbare Hürden behandelt.

> Kasten 1: Netzwerke gesundheitsfördernder Schulen
>
> Das Europäische Netzwerk Gesundheitsfördernder Schulen (ENHPS) ist ein Kooperationsprojekt der WHO, der EU und des Europarates mit über 40 Mitgliedsstaaten. Sein Ziel ist es, die Politik und Praxis der gesundheitsfördernden Schule in einen erweiterten Rahmen der Gesundheit und der Erziehung zu stellen. Dazu setzt es auf drei Ebenen an: Schulebene, nationale und internationale Ebene. Sein primärer Fokus sind die SchülerInnen: „At the heart of the model is the young person, who is viewed as a whole individual within a dynamic environment." (http://www.euro.who.int/ENHPS)
>
> Die Leitlinien der ENHPS standen und stehen Pate für viele regionale gesundheitsfördernde Schulen bei der Entwicklung ihrer Schwerpunkte der Gesundheitsförderung und bei der Ausarbeitung ihrer Schulleitbilder.

Sowohl aus pädagogischer als auch aus organisationspsychologischer Sicht ist es eine wichtige Aufgabe der Schule als Bildungsinstitution *und* Arbeitgeberin, sich der Thematik „Gesundheit" auch in Hinblick auf das schulische Personal zu widmen und Gesundheitsprojekte auf allen relevanten Ebenen zu realisieren: In keiner anderen Institution gibt es so viele frühzeitige Pensionierungen wegen Dienstunfähigkeit und die Zahlen über den Gesundheitszustand der Lehrpersonen werfen ebenfalls ein kritisches Licht auf den Berufsstand und die für ihn verantwortlichen Institutionen und Personen.

In diesem Sinne gilt die vor einigen Jahren geäußerte Kritik von Peter Drucker nicht nur für die Wirtschaft, sondern auch für die Schule: „Heute behaupten alle Unternehmen routinemäßig: Unsere Mitarbeiter sind unser größtes Kapital. Doch nur wenige praktizieren, was sie propagieren – geschweige denn, dass sie wirklich daran glauben". Die Bedeutung eines gezielten Gesundheitsmanagements in der Schule ist noch viel zu wenig erkannt.

Übernimmt die Schule die von ihr zu erwartende Verantwortung für die Gesundheitserhaltung und -förderung von Lehrerinnen und Lehrern, dann darf sie dies nicht auf Forderungen hinsichtlich bestimmter Verhaltensänderungen durch das Individuum (z. B. aufhören zu rauchen, aktive Erholung) reduzieren, sondern muss auch an den Strukturen des Arbeitsfelds, also an den Verhältnissen ansetzen. Darauf wird explizit in der Ottawa-Charta zur Gesundheitsförderung hingewiesen. „Ein Problem, das auf der Ebene des Schulsystems angesiedelt ist, kann kaum mit Trainingsmaßnahmen bei den einzelnen Lehrkräften gelöst werden" (van Dick, Wagner & Christ, 2004, S. 41), sondern nur dadurch, „ indem man die Situation auf allen Ebenen optimiert" (ebd.).

Im nachfolgenden Text versuchen wir, die Konturen eines Gesundheitsmanagements an Schulen zu zeichnen. Wir möchten dabei zeigen, welche Inhalte eine Rolle spielen, welche konkreten Schritte unternommen werden und wie einzelne PromotorInnen durch die Institution Schule unterstützt werden könnten (und müssten). Bei unseren Erörterungen spielt eine Prämisse eine wichtige Rolle, die sowohl für die Arbeits- und Organisationspsychologie (Ulich, 2001) als auch für die Pädagogik (Weinert & Helmke, 1987) gilt: Es gibt keinen „besten Weg" (the one best way), der sicher zum Erfolg führt. Aber: Es gibt Zusammenhänge, deren Kenntnis und Berücksichtigung in der Umsetzung die Erfolgswahrscheinlichkeit individueller oder kollektiver Bemühungen erhöhen. Besonders wichtig ist uns, im Rahmen eines ganzheitlichen Gesundheitsmanagements in der Schule den personenzentierten Ansatz (repräsentiert z. B. durch Fragen nach dem individuelle Umgang mit Belastungen oder der Arbeitszufriedenheit von Lehrpersonen) und den strukturzentrierten Ansatz (repräsentiert z. B. durch Fragen nach konkreten Arbeitsbedingungen, schulischen Fortbildungskonzepten oder der Arbeitszeitgestaltung) zu integrieren (vgl. z. B. Bamberg, Ducki & Metz, 1998 oder Ulich & Wülser, 2004).

Als Basis wird zunächst der Begriff „Gesundheit" in seinen verschiedenen Facetten erläutert. Anschließend wird die (eingeschränkte) Gesundheit von Lehrpersonen vor dem Hintergrund ihrer spezifischen Arbeitssituation diskutiert. In einem weiteren Schritt wird der Versuch unternommen, die Grundzüge einer betrieblichen Gesundheitsförderung mit den Besonderheiten der Schule als Organisation zu verschmelzen. Daraus werden Elemente eines Gesundheitsmanagements in der Schule abgeleitet und Schritte für dessen Umsetzung vorgestellt.

1. Der Gesundheitsbegriff

Die Gesundheit eines Menschen lässt sich auf verschiedene Arten definieren (vgl. z. B. Franzkowiak, 1999; Greiner, 1998). Franzkowiak (1999, S. 24) vertritt deshalb die Auffassung, dass es nicht möglich sei, ein einheitliches Begriffsverständnis zu erzielen. So wird Gesundheit – in medizinischer Tradition – beispielsweise als Abgrenzungskonzept und damit durch die Abwesenheit von Krankheit beschrieben. Gesund ist folglich, wer nicht krank ist. Aus psychologischer Sicht kann der Begriff „Gesundheit" funktional betrachtet werden, indem er entweder für die Arbeits- und Leistungsfähigkeit eines Menschen steht oder für einen Zustand der körperlich-seelischen Balance bzw. der Möglichkeit zur flexiblen Anpassung von Geist und Seele an sich verändernde Umweltbedingungen. Gesund ist also, wer sich im Gleichgewicht befindet, widerstandsfähig ist und sich anpassen kann (Hurrelmann, 1991). Darüber hinaus kann Gesundheit auch als Wertaussage verstanden werden. Die Definition der WHO im Rahmen der 1986 verfassten Ottawa Charta – „Gesundheit wird von Menschen in ihrer alltäglichen Umwelt geschaffen und gelebt: dort wo sie spielen, lernen, arbeiten und lieben. Gesundheit entsteht dadurch, daß man sich um sich selbst und für andere sorgt, daß man in die Lage versetzt ist, selber Entscheidungen zu fällen und eine Kontrolle über die eigenen Lebensumstände auszuüben sowie dadurch, daß die Gesellschaft Gesundheit ermöglicht" –, ist ein einflussreiches Beispiel für den Begriff der Gesundheit als individueller und gesellschaftlicher Wert (siehe auch Kasten 2). Daraus erklärt sich auch die Legitimation des heutzutage kontinuierlich zunehmenden Drucks zu gesundheitsbewusstem bzw. -förderndem Verhalten. Da sich inzwischen viele Ausführungen und Forschungsarbeiten auf die Definition der WHO stützen, kann diese zwar nicht als konsensuelle und verbindliche Definition, aber – wie Greiner (1998, S. 43) dies formuliert – zumindest als ein Bezugsrahmen verstanden werden.

> Kasten 2: Gesundheit
>
> Gesundheit ist ein existentieller Lebenszustand. Wer nicht gesund ist, erfährt in der Regel Einschränkungen der Lebensqualität. Die Gesundheit eines Menschen ist abhängig von seiner Person, von den Rahmenbedingungen, in denen er aufwächst und lebt, und von seiner sozialen Lebenswelt. Gesundheitsvorstellungen und Krankheitsbilder sind soziokulturellen und historischen Einflüssen und Veränderungen unterworfen. Deshalb ist es nicht möglich, eine allgemeingültige Definition von Gesundheit zu erstellen.

2. Das Konzept der Salutogenese und seine Bedeutung für den Lehrberuf

Als ein Merkmal der kritischen und mehrperspektivischen Auseinandersetzung um den Gesundheitsbegriff bewährt sich die Unterscheidung in objektive und subjektive Gesundheitsfaktoren. Einen besonderen Impuls für die Betrachtung von Gesundheit als subjektives Konzept gab dabei der Ansatz der Salutogenese von Antonovsky (1987, 1997). Antonovsky leitete den Begriff vom lateinischen „Salus" = Unverletzlichkeit, Heil, Glück und vom griechischen „Genese" = Entstehung ab, als er den erstaunlichen Sachverhalt erkannte, dass Menschen in Kontexten, die gesundheitsschädigend wirken, unterschiedliche Beeinträchtigungen erfahren. Warum, fragte er sich, bleiben manche Menschen – trotz vieler potenziell gesundheitsgefährdender Einflüsse – gesund? Worin liegt das Besondere in Menschen, die trotz extremer Belastung nicht krank werden? Wie schaffen es Menschen, sich von Erkrankungen zu erholen? Nachfolgend wird dieses Konzept etwas genauer erläutert und auf seine Bedeutung für den Lehrberuf hinterfragt.

Die Entstehung von Unverletzlichkeit, Heil und Glück ist nach Antonovsky mehr als die Kehrseite einer „pathogenetisch" (d. h. auf die Entstehung von Krankheiten und Beeinträchtigungen) orientierten Sichtweise, denn er sieht Gesundheit nicht als einen absoluten Zustand an. Nach seinem Konzept der Salutogenese lassen sich alle Menschen als mehr oder weniger gesund und gleichzeitig mehr oder weniger krank bezeichnen. Gesundheit und Krankheit definiert er als zwei Pole des sogenannten

„Gesundheits-Krankheits-Kontinuums", in dem sich Individuen im Laufe ihres Lebens bewegen. Ob sich ein Individuum eher in der Nähe des Pols der „Gesundheit" oder jenes der „Krankheit" befindet, hängt zum einen von den biologischen, psychosozialen oder gesellschaftlichen Risiken ab, denen jemand ausgesetzt ist. Aus diesen Risiken resultieren Stressoren, also Belastungen, die Spannungszustände im Individuum auslösen und zu einer Beeinträchtigung der Gesundheit führen können. Andererseits sind personale und soziale Schutzfaktoren („Ressourcen"), über die ein Individuum verfügt, und seine Handlungsmöglichkeiten (äußere, situative Ressourcen) ausschlaggebend, denn sie können die Wirkung von Risiken mildern (sog. moderierender Effekt) und einen direkten Einfluss auf Gesundheit und Wohlbefinden ausüben (sog. direkter Effekt). Udris (2006) betont deshalb: Die Effekte von Belastungen sind geringer, wenn das Individuum über Ressourcen verfügt. Dabei gilt es explizit zu berücksichtigen, dass personale Ressourcen von organisationalen und sozialen Ressourcen abhängen (siehe Abb. 1).

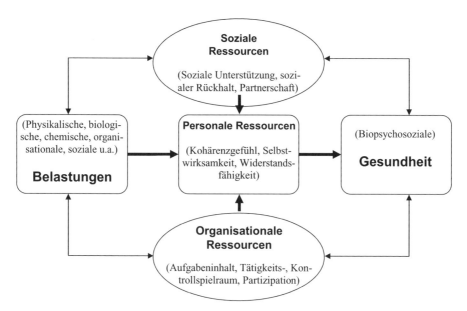

Abbildung 1: Vereinfachtes Belastungs-Ressourcen-Modell von Udris (2006, S.10)

Gesundheit ist demnach eine „dynamische Balance" und ein „Prozess zielgerichteter (präventiver und protektiver) Handlungen" bzw. ein „Prozess erfolgreicher Bewältigung von Anforderungen und Belastungen" (Udris, 2006, S. 6). Generelles Ziel von Gesundheitsprävention und -förderung ist es deshalb, sowohl Risiken zu reduzieren als auch Ressourcen aufzubauen, denn sobald Risiken und Belastungen zunehmen und/oder die Schutzfaktoren abnehmen, steigt die Wahrscheinlichkeit, dass ein Mensch erkrankt. Als eine zentrale Erkenntnis aus der arbeitspsychologischen Gesundheitsforschung kann das folgende Ergebnis aus einer Studie von Udris (2006, S. 8) gelten. „Ingesamt zeigen die Ergebnisse mit dem SALSA [ein von Udris entwickelter Fragebogen zur salutogenetischen subjektiven Arbeitsanalyse, Anmerkung

T. H. und J.B.], dass die Beurteilung von Belastungen und Ressourcen vorwiegend von der ausgeübten Tätigkeit bzw. den betrieblichen Arbeitsbedingungen abhängt. Einflüsse des Geschlechts oder des Alters der Befragten sind dagegen gering."
Antonovsky formuliert keine explizite Definition von Gesundheit. Vielmehr geht es ihm darum, Zusammenhänge und Vernetzungen verschiedener Konstrukte mit der Entstehung bzw. dem Erhalt von Gesundheit aufzuzeigen. Eine zentrale Rolle nimmt dabei das sogenannte Kohärenzgefühl ein. Darunter versteht er eine individuelle, psychologische Größe, in der sich kognitive und affektiv-motivationale Grundhaltungen gegenüber der Welt und dem Leben widerspiegeln: ein „feeling of confidence that one's internal and external environments are predictable and that there is a high probability that things will work out as well as can reasonably be expected" (Antonovsky 1979, S. 10). Antonovsky (1993, S. 972) bezeichnet das Kohärenzgefühl als die „Weltanschauung" eines Menschen und zugleich als seine Fähigkeit, die vorhandenen Ressourcen zum Erhalt der Gesundheit zu nutzen, denn – so seine These – je stärker das Kohärenzgefühl, desto gesünder ist ein Individuum und desto schneller wird es im Falle einer Krankheit gesund. Ein stark ausgeprägtes Kohärenzgefühl führt dazu, dass das Individuum Anforderungen flexibel begegnen und die für spezifische Situation angemessenen Ressourcen aktivieren kann. Menschen mit einem gering ausgeprägten Kohärenzgefühl hingegen reagieren auf Anforderungen eher rigide, da sie über zu wenige Ressourcen verfügen bzw. diese nicht wahrnehmen.

Entscheidende Faktoren für die Entstehung des Kohärenzgefühls in der Arbeit		
Verstehbarkeit von Arbeitsbedingungen und Situationen: • Transparenz • Informations- und Kommunikationsmöglichkeiten • Ganzheitlichkeit der Aufgaben	Einschätzung der Bewältigbarkeit von Arbeitsanforderungen: • Partizipationsmöglichkeiten • Spielräume in der Arbeit (Entscheidungs- und Gestaltungsmöglichkeiten) • Rückmeldung (Feedback) • Zeitliche Spielräume • Kooperationsmöglichkeiten • Soziale Unterstützung	Beurteilung der Sinnhaftigkeit der Arbeit als Lebensbereich: • Abwechslungsreichtum • Anforderungsvielfalt • Lernmöglichkeiten • Entwicklungsperspektiven

Abbildung 2: Entstehungsfaktoren des Kohärenzgefühls in der Arbeit
(nach Udris, 2006)

In der Betonung des Kohärenzgefühls bündelt Antonovsky mehrere Aspekte, die in der psychologischen Gesundheitsforschung (vgl. Schwarzer, 1997) schon seit vielen Jahren zentral sind (siehe Kasten 3).

Kasten 3: Zentrale Aspekte des Gesundheitskonzepts
- Gesundheit ist nicht als Zustand (statisch), sondern als Prozess (dynamisch) zu verstehen.
- Bedeutungsvoll ist das Verhältnis von Anforderungen bzw. Risiken und Ressourcen.
- Neben körperlichen Komponenten spielen auch psycho-soziale Aspekte eine wesentliche Rolle.
- Wege zur Gesundheit eines Menschen werden ebenso von seinen Fähigkeiten als auch von den Rahmenbedingungen wie Lebensumständen und Arbeitsbedingungen bestimmt.

Folgt man dem salutogenetischen Ansatz von Antonovsky, lässt sich fragen, was (Lehr-)Personen gesund hält. Exemplarisch werden dazu im Folgenden einige mögliche Antworten aus der Wohlbefindens-, der Motivations- und der Professionsforschung gegeben:
- Die Wohlbefindensforschung macht deutlich, dass sich Menschen prinzipiell unter vielen verschiedenen Lebensbedingungen wohl fühlen können (vgl. im Überblick Hascher, 2004). Wie positiv oder negativ eine Situation wahrgenommen wird, hängt mit kognitiven und emotionalen Prozesse zusammen, beispielsweise damit, womit man sein Leben vergleicht, wie die momentane Bedürfnislage ist, welche Ziele ein Person verfolgt, welche Bedeutung diese Situation für das Glücklichsein eines Menschen inne hat und welches Repertoire an Strategien zur Emotionsregulation zur Verfügung stehen. „The quality of life lies in the experience of life" formulierte Campbell (1976, S. 118) treffend. Wichtig ist dabei beispielsweise, sich bewusst zu werden, welche beruflichen Aufgaben Freude bereiten, Zufriedenheit spenden, und diese im Arbeitsalltag stärker zu gewichten.
- Untersuchungen zur Berufsmotivation zeigen, dass der Umgang mit Kindern und Jugendlichen ein wesentlicher Antrieb für die Wahl einer Ausbildung zur Lehrerin/zum Lehrer ist (z. B. Oesterreich, 1987). Die Arbeit mit und für Menschen macht den Lehrberuf reich, aber eben auch anforderungsreich, da in den täglichen Begegnungen mit Mitmenschen viele soziale Anforderungen (Förderungsnotwendigkeiten, Konflikte usw.) schlummern. Besteht beispielsweise eine Abhängigkeit von der Zuneigung der SchülerInnen und der Absenz von Problemen, ist eine Lehrperson ernsthaft gefährdet. Interpretiert sie Konflikte eher systemisch und betrachtet den Umgang mit ihnen als Herausforderung und Lernchance, kann sie an diesen Situationen sogar wachsen und trotz Belastungen gesund bleiben. Als bedeutungsvoll erweist sich dabei auch der Umgang mit den eigenen, vor allem negativen Emotionen: Angst und Aggression, Wut und Enttäuschung, die nicht mittels geeigneter Copingstrategien verarbeitet werden, können nicht nur die Freude an der Arbeit mindern, sondern die Gesundheit ernsthaft gefährden.
- Professionelle Entwicklung beinhaltet einen „Prozess (…), durch den ein Praktiker die für effektive professionelle Praxis notwendigen Kenntnisse und Fähigkeiten erwirbt oder verbessert" (Hoyle 1991, S. 135; Dossier Berufseinführung der EDK, 1996, S. 42). Professionelle Entwicklung bedeutet damit die lebenslange Entwicklung beruflicher Kompetenzen und der beruflichen Identität. Kontinuierliche und gezielte Weiterentwicklung kann die Gesundheit stärken. Dazu gehören

individuelle Fortbildungen genauso wie Peer-Coaching und gemeinsame Schulentwicklung. Freitag (1998) weist darauf hin, dass zudem die optimistische Erwartung eigener Kompetenzen einen protektiven Faktor darstellt. Es geht also nicht nur darum, Kompetenzen zu erwerben, sondern ein Vertrauen zu entwickeln, diese auch anwenden zu können.

3. Gesundheitsrisiko Lehrberuf?

Der Lehrberuf ist ein wertvoller Beruf. Er besitzt hohe gesellschaftliche Relevanz (wenn diese auch nicht durchgehend anerkannt wird), unterstützt die Bildung und Entwicklung junger Menschen und schafft wichtige Grundlagen für das so genannte Humankapital. Diese große gesellschaftliche Bedeutung darf aber nicht darüber hinweg täuschen, dass Lehrer/in zu sein ein hohes Engagement erfordert, anstrengend und Kraft raubend ist. Die Handlungsabläufe im Unterricht sind komplex und geprägt von einem hohen Interaktionstakt. Erschwerend kommt hinzu, dass sich die Legitimation der Unterrichtsthemen durch die Entfremdung der Lerninhalte vom Alltag stets in Frage stellen lässt. Pointiert formuliert versuchen Lehrpersonen Inhalte zu vermitteln, die die SchülerInnen gar nicht lernen wollen oder deren Bedeutung sich zumindest nicht von selbst erschließt. Es ist ein Merkmal schulischen Lehrens, dass es abstrakte Inhalte vermittelt und die praktische Erfahrung ergänzen soll (Scheunpflug, 2004). Guter Unterricht fordert überdies, dass alle SchülerInnen auf der Basis – und trotz – ihrer unterschiedlichen Lernvoraussetzungen optimal gefördert und gefordert werden. Dafür gibt es keine verbindlichen und Erfolg versprechenden Maßnahmen (Luhmann & Schorr haben dies 1982 mit dem „Technologiedefizit" der Pädagogik bezeichnet). Vielmehr sind die Lernumgebungen immer wieder neu zu gestalten und an den Lernprozess der Kinder und Jugendlichen zu adaptieren. Damit wird LehrerInnen nicht nur eine verantwortungsvolle, sondern je nach unterrichtlichen Rahmenbedingungen wie Klassenzusammensetzung, Lern- und Leistungsbedingungen der SchülerInnen, Lehrvorgaben, Elternzusammenarbeit eine nur annähernd optimal zu erfüllende bzw. sogar unlösbare Aufgabe zugemutet. Ein Aufgabe, der durch den nach oben offenen und inhaltlich unbestimmten Arbeitsauftrag (Freitag, 1998) überdies kein Grenzen gesetzt wird. Zu lösen versucht wird diese Aufgabe häufig im Einzelgängerdasein, da Kooperation im Lehrberuf wenig Tradition und noch weniger Möglichkeiten besitzt. Wesentliche Risiken liegen folglich in der Nicht-Durchschaubarkeit, Nicht-Vorhersehbarkeit und Nicht-Beeinflussbarkeit (Mohr & Udris, 1997) der beruflichen Tätigkeit als Lehrerin/als Lehrer. Sie führen dazu, dass sich Lehrerinnen und Lehrer belastet fühlen (siehe Kasten 4).

Erstaunlicherweise wurden Erkrankungen von Lehrerinnen und Lehrern viele Jahre lang nicht in Bezug zu ihrer Arbeit gesetzt (Hillert, 2004). Die PatientInnen wurden behandelt, ohne einen Bezug zu ihrem Berufsfeld und den damit verbundenen Krankheitsrisiken zu schaffen. Analog dazu wurde in Deutschland das Arbeitsschutzgesetz erst im Jahr 1996 so erweitert, dass eine rechtliche Grundlage für die Gesundheitsförderung im Lehrberuf geschaffen wurde (Rudow, 2001).

„Lehrer werden im Vergleich zu ähnlichen Berufsgruppen häufiger wegen Dienstunfähigkeit pensioniert, gleichzeitig spielen psychische Belastungen dabei eine bedeutsame Rolle". Mit diesem Zitat eröffnete Lehr (2004, S. 120) seine Ausführungen zur Untersuchung der Unterschiede zwischen psychosomatisch erkrankten und „gesunden" Lehrpersonen. Aus Lehrs Ausführungen ist zu entnehmen, dass psychosomatische Erkrankungen eine zentrale Problematik im Lehrberuf darstellten (siehe auch Hillert & Schmitz, 2004).

Aus weiteren aktuellen Statistiken und Studien ergeben sich die folgenden Hinweise zur Gesundheit im Lehrberuf:

- In Deutschland erreichen weniger als 10 % der Lehrpersonen den Altersruhestand (Hillert, 2004).
- Burnout ist zu einem zentralen Thema der Lehrergesundheit geworden (Kramis-Aebischer, 1998; Rudow, 2001).
- Mattigkeit stellt eine verbreitete Beschwerde dar (van Dick et al., 2004).
- Mehrfachbelastungen üben negative Auswirkungen auf Wohlbefinden und Zufriedenheit aus (Rudow, 2001).
- Unabhängig vom Schultyp stellen die unterschiedlichen Lernvoraussetzungen bei den SchülerInnen, Disziplinprobleme und zu große Klassen eine gravierende Belastungsquelle dar (z. B. Bieri, 2006; Lehr, 2004; van Dick, 1999a). Als zehrend erweisen sich aber auch administrative Pflichten und außerunterrichtliche Verpflichtungen (Ulich, Inversini & Wülser, 2002).
- Durch die vielen Tätigkeiten im Sitzen und Stehen, durch häufige Dreh- und Beugebewegungen sind Nacken- und Schulterschmerzen zahlreich (van Dick et al., 2004).

Aus dieser Aufzählung wird deutlich, dass Beeinträchtigungen von Lehrpersonen vor allem im psychischen bzw. psychosomatischen Bereich angesiedelt und eng mit den Arbeitsaufgaben, der Arbeitsorganisation und den sozialen Arbeitsbedingungen verbunden sind (Hascher & Paulus, 2007; Rudow, 2001).

Kasten 4: Belastungen im Lehrberuf

Mehrere Studien sind der Frage nach Belastungen im Lehrberuf nachgegangen. Je nach Studie und untersuchten Lehrpersonen variieren die Belastungsfaktoren und -maße, jedoch nicht erheblich. Generell scheinen die folgenden Belastungen besonders eng mit dem Lehrberuf verbunden bzw. spezifisch für diesen zu sein und zu subjektiven Beanspruchungen zu führen (siehe auch Paulus & Hascher, 2003):
- Destruktive SchülerInnen (verbal und in Taten)
- Schlechte strukturelle Rahmenbedingungen
- Unkooperative KollegInnen
- Behindernde und belastende Verwaltungsaufgaben
- Spannungsfeld Familie – Beruf
- Überforderung durch das Curriculum
- Akuter Stress durch schlechte Rahmenbedingungen
- Fehlende Zeit für Absprachen im Kollegium
- Schwierige Elternkontakte.

Trotz dieser typischen Belastungen wäre es verkürzt, den Lehrberuf ausschließlich vor dem Hintergrund seiner potenziellen Gesundheitsbeeinträchtigung zu betrachten. Schule und Unterricht können ebenso Quellen des Wohlbefindens darstellen. Auf die

Bedeutung der Arbeit für die Gesundheit eines Menschen haben arbeitspsychologische Ansätze mehrfach hingewiesen (z. B. Greif, Bamberg & Semmer, 1991; Zapf, 1994). Im Mittelpunkt der Betrachtung steht dabei die Gestaltung der Arbeitsbedingungen. Wie Büssing, Glaser und Höge (2004) in Anlehnung an Richter & Hacker (1998) darstellen, beinhaltet das Ziel gesundheitsgerechter Arbeit nicht nur die Vermeidung von physischen Schädigungen (Erkrankungen, Unfälle) und psychosozialen Beeinträchtigungen (Stress, Burnout usw.), sondern auch die Förderung und Entwicklung der Persönlichkeit der Arbeitnehmenden (durch das Angebot von Arbeitstätigkeiten mit großer Anforderungsvielfalt, Entscheidungs- und Lernmöglichkeiten usw.).

Wird Gesundheit als eine lebensgeschichtlich verankerte und täglich immer wieder neu und aktiv herzustellende Balance verstanden, liefert die Berufstätigkeit eines Individuums einen wesentlichen Beitrag: Zum einen setzt sie die Rahmenbedingungen und Unterstützungsmaßnahmen fest, in denen sich das Individuum entwickeln kann. Diese spiegeln sich bei Lehrpersonen beispielsweise in der Zusammensetzung des Kollegiums, in der Organisation des Lehrdeputats, im Schulklima, in der Durchführung schulinterner Fortbildung, in der Gestaltung des Arbeitsplatzes für Lehrpersonen, im Leitbild der Schule usw. wider. Zum anderen eröffnet sie dem Individuum gewisse Spielräume, die es ihm ermöglichen, aktiv Bedingungen zu schaffen, das Wohlbefinden zu fördern und schädliche Einflüsse gering zu halten. Dazu gehören z. B. die Gewährung individueller Fortbildungsmaßnahmen, die Gelegenheit für Team-Teaching, die Möglichkeit zur Umsetzung von Innovationen und neuen Unterrichtskonzepten, der Rückhalt bei Problemen in der Interaktion mit SchülerInnen und Eltern etc. Des Weiteren kann die Berufstätigkeit als LehrerIn selbst eine Quelle der Gesundheit darstellen, die Bedeutung und Sinn für das Leben stiftet, indem z. B. Entwicklungen und Erfolge der SchülerInnen sichtbar gemacht, vielfältige Möglichkeiten zu Kompetenzerwerb, -erleben und -einsatz eröffnet, Engagement und Leistungen der Lehrpersonen anerkannt und gewürdigt werden.

4. Gesundheitsförderung in der Schule als Managementaufgabe

Damit Initiativen im Bereich schulischer Gesundheitsförderung eine gewisse Nachhaltigkeit erlangen können, sind – wie bei anderen Formen von Organisations- und Personalentwicklung – verschiedene Voraussetzungen notwendig (vgl. z. B. BKK Berufsverband, 1999). Die absolut entscheidende Bedingung für einen nachhaltigen Erfolg besteht darin, Gesundheitsförderung in Schulen als Führungs- beziehungsweise Managementaufgabe zu erkennen und zu institutionalisieren. Die Bedeutung von Initiativen einzelner engagierter Individuen oder Gruppen soll damit nicht geschmälert werden. Sie sind insbesondere in der Anfangsphase oft notwendig, laufen ohne Übernahme in die bestehenden Strukturen und Prozesse allerdings Gefahr, vom Engagement dieser Einzelpersonen oder Gruppen abhängig zu werden und nach geraumer Zeit zu versanden.

Unsere Vorstellung von Gesundheitsförderung als Managementaufgabe impliziert in keiner Weise das Bild einer Delegation der Verantwortung an interne oder externe GesundheitsexpertInnen. Vielmehr ist für uns ein partizipativer Prozess mit allen Betroffenen und Beteiligten eine wichtige Voraussetzung für eine nachhaltige Entwicklung. Wir folgen Mohr & Udris (1997), die in ihren „Forderungen an eine integrierte betriebliche Gesundheitsförderung" die folgende Auffassung vertreten: Gesundheitsförderung „ist nicht nur eine Aufgabe von (externen) Gesundheitsexperten, sondern setzt die Bereitschaft aller Verantwortlichen im Betrieb voraus, ausgehend von erkannten Defiziten und ansetzend an Wertvorstellungen sowie Zielen der betrieblichen Akteure, Maßnahmen der Gesundheitsförderung als *partizipativen Prozess* zu begreifen und zu vollziehen" (S. 307, Hervorhebung im Original). In diesem Sinne steht in unserer Betrachtungsweise auch nicht das einzelne Individuum im Brennpunkt des Interesses, sondern das Zusammenspiel mehrerer Ebenen: Individuum, Kollegium, Einzelschule sowie Schule als System (vgl. auch Rudow, 1999, 2000).

Kasten 5: Gesundheitsförderung in der Schule als Führungs-/Managementaufgabe: Zentrale Umsetzungsaspekte

- Gesundheitsförderung ist im Schulleitbild integriert.
- Gesundheitsförderung wird durch die Schulbehörde und die Schulleitung ausdrücklich unterstützt. Sie initiieren und unterstützen entsprechende Projekte.
- Die zuständige Schulbehörde setzt in Absprache mit der Schulleitung ein Gremium (eine Projektgruppe) ein, das die Gesundheitsförderungsmaßnahmen plant, begleitet und auswertet.
- Die Schulleitung bietet allen interessierten Mitarbeitenden die Gelegenheit, sich in Fragen der Gesundheit am Arbeitsplatz aktiv zu beteiligen.
- Die zuständige Schulbehörde und die Schulleitung betrachten sich gleichermaßen verantwortlich für die belastungsgerechte und persönlichkeitsförderliche Gestaltung der Arbeitsbedingungen und Arbeitstätigkeiten des Lehrpersonals.
- Es werden genügend Ressourcen (Budget, Personal, Räume, Weiterbildung usw.) für die Durchführung von Projekten und Maßnahmen zur Verfügung gestellt.
- Die Schulbehörde überprüft gemeinsam mit der Schulleitung kontinuierlich den Fortschritt der Gesundheitsförderungsmaßnahmen und lässt kontinuierlich sorgfältige Analysen der gesundheitsrelevanten Daten durchführen (Gesundheitsindikatoren wie krankheitsbedingte Fehlzeiten, Arbeitsbelastungen usw.).
- Themen des Gesundheitsmanagements sind Bestandteil der Aus- und Weiterbildung (speziell der verantwortlichen Personen).
- Die Schulleitung stellt die angemessene Beteiligung von Lehrpersonen, unterstützenden Funktionen (Sekretariat, Abwarte usw.), SchülerInnen und Eltern am Gesundheitsmanagement-Prozess sicher.
- Schulbehörde und Schulleitung sorgen für eine transparente Informationspolitik über alle gesundheitsrelevanten Aspekte.

Die konkrete Umsetzung der Institutionalisierung von Gesundheitsmanagement in Schulen als Managementaufgabe auf der Ebene der Prozesse und Strukturen (nicht der Inhalte) wurde im oben stehenden Kasten (Kasten 5) veranschaulicht. Darin wird deutlich, dass Gesundheitsmanagement einerseits impliziert, dass die Verantwortung von allen an der Schule beteiligten AkteurInnen (Schulbehörde, Schulleitung, Lehrpersonen, SchülerInnen, Eltern) in angemessenem Maß (mit-)getragen wird. Andererseits wird sichtbar, dass Zuständigkeiten geklärt und Pflichten verbindlich festgelegt werden müssen. Mit der bloßen Verankerung der Gesundheitsförderung als eine Komponente des Schulleitbildes – im Sinne der häufig nachzulesenden und durchaus ernst gemeinten Formulierung „Unsere Schule ist eine Schule, in der sich alle wohl fühlen" – ist dies bei Weitem nicht erfüllt (Hascher, 2004). Es gilt deshalb zu überlegen, mit welchen konkreten Methoden Gesundheitsförderung implementiert werden kann. Ein aussichtsreiches Instrument zur Analyse der Situation, der Generierung von Maßnahmen und der Überprüfung von Interventionen stellen aus unserer Sicht die sog. Gesundheitszirkel dar (siehe Kasten 6).

> Kasten 6: Gesundheitszirkel in der Schule
>
> Ein Gesundheitszirkel ist eine spezifische Form des Qualitätszirkels. In ihm arbeitet eine Gruppe von max. 15 Lehrpersonen über einen längeren Zeitraum kontinuierlich, freiwillig und lösungsorientiert zusammen. Die TeilnehmerInnen vertreten verschiedene Interessensgruppen (Kriterien sind beispielsweise die Unterrichtsfächer, Hierarchien in der Schule, Verantwortlichkeiten, Erfahrungsstufen). In einem Gesundheitszirkel werden zunächst die Arbeitsbedingungen, die zu Belastungen führen und die Gesundheit der Lehrpersonen beeinträchtigen können, identifiziert. In einem zweiten Schritt werden Vorschläge zur Lösung der problematisierten Belastungsfaktoren und -strukturen erarbeitet. Die Lösungsvorschläge werden dann dem Kollegium präsentiert, danach umgesetzt und schließlich in Hinblick auf ihre Wirksamkeit evaluiert (siehe dazu Rudow, 1997).
>
> Die Dauer eines Gesundheitszirkels ist abhängig von dem Auftreten und der Schwere der zu lösenden Probleme sowie von der Lösungseffizienz der gewählten Maßnahmen.

5. Mögliche Inhalte schulischen Gesundheitsmanagements

Laut Ottawa-Charta der WHO dient die Gesundheitsförderung dazu, „allen Menschen ein höheres Maß an Selbstbestimmung über ihre Gesundheit zu ermöglichen und sie damit zur Stärkung der Gesundheit zu befähigen". Schulisches Gesundheitsmanagement kann dazu einen wesentlichen Beitrag liefern. Handbücher zum Gesundheitsmanagement machen allerdings deutlich, wie vielseitig die Zugänge zur Thematik sein können, eventuell auch sein müssen. So werden beispielsweise im Sammelband von Meifert & Kesting (2004) die folgenden Ansatzpunkte für betriebliches Gesundheitsmanagement angesprochen: Arbeitszeitgestaltung, Lohnpolitik, Arbeitsgestaltung, Bewegung, Selbstkompetenzen, Emotionen und Motivation, Einstellungen und Identifikation mit der Tätigkeit, Ernährung, Erholung und Freizeitverhalten, Belastungen. Diese Liste ließe sich um weitere psycho-soziale Faktoren wie beispielsweise Sinnstiftung, Anerkennung, Integration erweitern. In dieser Aufzählung wird erneut deutlich, dass sich Gesundheitsförderung nicht auf körperliche Phänomene beschränken kann. Gerade im Lehrerberuf steht sehr oft die Psyche des Menschen im Brennpunkt – sowohl als wichtige Quelle als auch als zentraler Teilbereich der Gesundheit.

Gesundheitsmanagement muss sowohl am Abbau von krankmachenden Belastungen als auch an der Erweiterung und dem Aufbau von Ressourcen und an der Schaffung persönlichkeitsförderlicher Bedingungen ansetzen (vgl. Mohr & Udris, 1997): „Es kommt (…) darauf an, auf der Grundlage der Gefährdungsbildung Schutzmaßnahmen in der Schule zu implementieren, welche nicht nur arbeitsbedingte Erkrankungen verhindern, sondern auch die Gesundheit und Leistungsfähigkeit der Lehrer fördern" (Rudow, 2001, S. 137). Zentral ist dabei, dass nicht nur der individuelle, sondern auch der kollektive Umgang mit Belastungen und Ressourcen gestärkt wird (im Team, als Schule, mit dem Berufsverband). Dazu müssen die besonderen Bedingungen des Settings Schule beachtet werden (Hascher, Suter & Kolip, 2001).

Dass dies geleistet werden kann, zeigen die zum Teil beträchtlichen Schwankungen, die zwischen Schulen hinsichtlich Fehlzeiten der Lehrpersonen, Pensionierungsabsichten und Frühpensionierungen – ebenso in Bezug auf das Fortbildungsverhalten und das Engagement für den Beruf (van Dick et al., 2004) – bestehen. Es ist anzunehmen, dass diese Unterschiede auf das Ausmaß der Realisierung arbeitsbezogener Werte zurückzuführen ist. Einer Studie von Ulich et al. (2002) zufolge erleben Lehrpersonen die größte Differenz zwischen Bedeutsamkeit und Zufriedenheit hinsichtlich der Kultur der Offenheit und Toleranz, der Führungsqualität und der Mitsprache bei wichtigen Dingen. Dabei bergen Handlungsspielräume, die es erlauben, Anforderungen und Leistungsfähigkeit aufeinander abzustimmen, und soziale Unterstützung, die im Rahmen der Berufstätigkeit entwickelt (allerdings auch verlernt) werden kann, wesentliche Ressourcen (Mohr & Udris, 1997). Wie wichtig die Schulkultur ist, zeigte sich auch in der Studie von Freitag (1998): Je besser die Beurteilung der Schulkultur aus der Sicht der Lehrpersonen ausfällt, desto besser wird der eigene Gesundheitszustand bezeichnet. Eine als negativ wahrgenommene Schulqualität geht sogar mit erhöhtem Konsum vom Alkohol und Medikamenten einher.

Die nächste Abbildung präsentiert eine Auswahl potenzieller Inhalte von schulbezogenem Gesundheitsmanagement, differenziert einerseits nach den Zielrichtungen „Belastungsabbau versus Ressourcenaufbau", andererseits nach dem Ansatzpunkt von Maßnahmen „Strukturorientiert versus Individuumsorientiert". Sie ist nicht als Pflichtprogramm oder als „Wunschkonzert" zu verstehen, sondern als Anregung und Hinweis auf die Vielzahl situationsspezifisch unterschiedlicher, möglicher Ansatzpunkte.

	Strukturorientiert (Organisation, Prozesse, Führung, Team)	Individuumsorientiert
Belastungsreduktion	<ul><li>Ergonomische Gestaltung der Klassenzimmer und der Arbeitsplätze (z. B. Stuhl- und Tischhöhen, Durchzug usw.)</li><li>Bedürfnisorientierte Gestaltung der Arbeitszeiten</li><li>Bereitstellung von Arbeitsplätzen für LehrerInnen in der Schule</li><li>Ressourcenangemessene Zuteilung von Klassen und Stunden</li><li>Institutionalisierte Unterstützung bei Klassen mit hohem Beanspruchungspotenzial/hoher Heterogenität</li><li>Unterstützung im Umgang mit neuen Medien (z. B. Super User)</li><li>Burnout-Beratungsstelle</li><li>Einschränkung und Präzisierung des Arbeitsauftrags von Lehrpersonen</li><li>Angebote für Intervision und Supervision</li></ul>	<ul><li>Raucherentwöhnung</li><li>Suchtprävention/Betreuung von Suchtkranken</li><li>Ernährungsberatung</li><li>Abbau von Risikoverhalten</li><li>Stressbewältigungstraining</li><li>Entspannungskurse</li><li>Rücken- und Haltungsschulung</li><li>Schaffung von Bewegungsangeboten während der Schulzeit</li><li>Schulung des Zeitmanagements</li></ul>

	Strukturorientiert (Organisation, Prozesse, Führung, Team)	Individuumsorientiert
Ressourcenaufbau	• Verankerung der Gesundheitsförderung in die Schulleitungsfunktion • Arbeitsgestaltung (z. B. Erweiterung der Entscheidungsbefugnisse und der Mitbestimmung) • Aufbau/Unterstützung eines Klimas des Vertrauens • Teamentwicklung (z. B. zur Förderung der sozialen Unterstützung) • Förderung der Führungskompetenzen im Kollegium • Betriebliche Sozialberatung • Gesundes Ernährungsangebot • Angebote für Job-Sharing • Stärkere Entlastung für Leitungsfunktionen • Stärkere Professionalisierung der Schulleitung • Bessere Vernetzung der Schulleitung • „Wir und unsere Schule" statt „Ich und meine Klasse(n)" • Möglichkeiten zu Hospitation, Team-Teaching, gezielter Unterrichtsunterstützung • Einführungsprogramme für neue KollegInnen • Springerpools bei kurzfristigen Ausfällen • Kooperative Vorbereitung von Elternabenden • Beratungsstelle für Unterrichtsfragen • Einsetzen von flexiblen Arbeitsgruppen zur Erarbeitung von Lösungsvorschlägen bei problematischen Ereignissen • Erweiterung der Qualifikationsmöglichkeiten der LehrerInnen • Rückkehrgespräche, Wiedereingliederungsmaßnahmen von Personen nach längerer Arbeitsunfähigkeit	• Fachliche Weiterbildung • Gesundheitsinformation • Emotionsmanagement • Stärkung der Selbstwirksamkeitsüberzeugungen • Soziale Unterstützung

Abbildung 3: Potenzielle Inhalte schulbezogenen Gesundheitsmanagements

6. Ausblick: Health Mainstreaming als Kernstück zukünftigen Gesundheitsmanagements in der Schule?

Die vorangegangenen Ausführungen sollten verdeutlicht haben: Die Bedeutung der Gesundheit und des Gesundheitsverhaltens von Lehrpersonen darf nicht auf die Vorbildfunktion gegenüber ihren SchülerInnen reduziert werden, sondern muss als ein eigener Wert von allen Akteursgruppen verbindlich erkannt werden. Darüber ließe sich inzwischen wohl durchaus Einigkeit erzielen. Dieser Wert kann aber nur dann in gesundheitsförderliches Handeln und in gesundheitsunterstützende Strukturen münden, wenn ein gezieltes Umsetzungsprogramm, das sowohl Verhalten als auch Verhältnisse berücksichtigt, vorliegt. Welche Schritte durchgeführt werden sollten und welche Inhalte angesprochen werden könnten, wurde in den oben dargestellten Ausführungen zum Gesundheitsmanagement aufgezeigt. Für jede Schule mag sich dies anders gestalten. Eine schulspezifische Akzentuierung der Gesundheitsförderung erachten wir deshalb als unabdingbar. Dabei gilt es zu klären, welche besondere Rahmenbedingungen, Faktoren und Prozesse den Schulalltag determinieren: Wodurch wird die Gesundheit der Lehrpersonen an unserer Schule gefährdet? Welche Ressourcen müssen entwickelt bzw. gestärkt werden?

Als einen viablen Weg zur Lösung dieser Fragen erachten wir einen konsequenten und kontinuierlichen Einbezug der Gesundheit von Lehrerinnen und Lehrern in den Auftrag der Schule. Analog zum Begriff des „Gender Mainstreaming" möchten wir dazu anregen, die Idee des „Health Mainstreaming" aufzugreifen. Diese impliziert, die Frage nach gesundheitlichen Risiko- und Schutzfaktoren bei jeglichen Veränderungen auf Schulsystemebene, sei dies nun ein Schulentwicklungsprozess, eine neue Schulleitung, die Veränderung der personellen Zusammensetzung des Kollegiums, eine Änderungsmaßnahme des Unterrichts, die Einführung eines neuen Lehrmittels etc., zu thematisieren.

Wir möchten mit einem Zitat von van Dick et al. (2004, S. 50) schließen, das unserer Meinung nach die gegenwärtige Situation gut charakterisiert: „Die Vorschläge liegen (also) seit längerer Zeit vor, alle am System Schule Beteiligten sollen endlich an die Umsetzung gehen".

Literatur

Antonovsky, A. (1979). Health, Stress and Coping. San Francisco: Jossey Bass.
Antonovsky, A. (1987). Unraveling the mystery of health. How people manage stress and stay well. San Francisco: Jossey-Bass.
Antonovsky, A. (1997). Salutogenese – Zur Entmystifizierung der Gesundheit. Dt. erweiterte Ausgabe von A. Franke. Tübingen: DGVT.
Baillod, J. (Hrsg.) (2002). Chance Teilzeitarbeit. Argumente und Materialien für Verantwortliche. Zürich: vdf Hochschulverlag.
Bamberg, E., Ducki, A. & Metz, A.-M. (1998). Handlungsbedingungen und Grundlagen der betrieblichen Gesundheitsförderung. In E. Bamberg, A. Ducki & A.-M. Metz (Hrsg.), Handbuch Betriebliche Gesundheitsförderung, (S. 17–36). Göttingen: Verlag für Angewandte Psychologie.
Bieri, T. (2006). Lehrpersonen: Hoch belastet und trotzdem zufrieden? Bern: Haupt.
BKK Berufsverband (Hrsg.) (1999). Gesunde Mitarbeiter in gesunden Unternehmen. Erfolgreiche Praxis betrieblicher Gesundheitsförderung in Europa. Qualitätskriterien für die betriebliche Gesundheitsförderung. Essen.
Bundeszentrale für gesundheitliche Aufklärung (Hrsg.) (1999^2). Leitbegriffe der Gesundheitsförderung: Glossare zu Konzepten. Strategien und Methoden der Gesundheitsförderung. Schwabenheim: Sabo.
Büssing, A., Glaser, J. & Höge, T. (2004). Gesundheitsförderliche Arbeitsgestaltung. In M. T. Meifert & M., Kesting (Hrsg.), Gesundheitsmanagement im Unternehmen. Konzepte – Praxis – Perspektiven, (S. 101–120). Berlin/Heidelberg: Springer.
Campbell, A. (1976). Subjective measures of well-being. American Psychologist, 31, 117–124.
EDK (1996). Dossier 40 A: Berufseinführung von Lehrerinnen und Lehrern. Bern: Sekretariat EDK.

Freitag, M. (1998). Was ist eine gesunde Schule? Einflüsse des Schulklimas auf Schüler- und Lehrergesundheit. Weinheim/München: Juventa.

Greif, S., Bamberg, E. & Semmer, N. (Hrsg.) (1991). Psychischer Stress am Arbeitsplatz. Göttingen: Hogrefe.

Greiner, B. A. (1998). Der Gesundheitsbegriff. In E. Bamberg, A. Ducki & A.-M. Metz (Hrsg.), Handbuch Betriebliche Gesundheitsförderung, (S. 39–55). Göttingen: Verlag für Angewandte Psychologie.

Hascher, T. (2004). Wohlbefinden in der Schule. Münster: Waxmann.

Hascher, T. & Paulus, P. (2007). Gesundheit und Studium. Journal für Lehrerinnen- und Lehrerbildung, 4, 4–7.

Hascher, T., Suter, T., & Kolip, P. (2001). Terminologie-Dossier zur Gesundheitsförderung unter besonderer Berücksichtigung des Themas „Bewegung" und des Settings „Schule". Universität Bern/Universität Bremen und Schweizerische Stiftung für Gesundheitsförderung.

Hillert, A. (2004). Psychosomatisch erkrankte Lehrkräfte: vom praktischen Problem zu wissenschaftlichen Konzepten und therapeutischen Konsequenzen. In A. Hillert & E. Schmitz (Hrsg.), Psychosomatische Erkrankungen bei Lehrerinnen und Lehrern, (S. 10–20). Stuttgart: Schattauer.

Hillert, A. & Schmitz, E. (Hrsg.). Psychosomatische Erkrankungen bei Lehrerinnen und Lehrern. Stuttgart: Schattauer.

Hurrelmann, K. (1991). Gesundheitswissenschaftliche Ansätze in der Sozialisationsforschung. In K. Hurrelmann & D. Ulich (Hrsg.), Neues Handbuch der Sozialisationsforschung, (S. 189–213). Weinheim: Beltz.

Hoyle, E. (1991). Die Professionalisierung des Lehrers: ein Paradox. In E. Terhart (Hrsg.), Unterrichten als Beruf. Neuere amerikanische und englische Arbeiten zur Berufskultur und Berufsbiografie von Lehrern und Lehrerinnen, (S. 135–144). Köln, Wien: Böhlau Verlag.

Lehr, D. (2004). Psychosomatisch erkrankte und „gesunde" Lehrkräfte: auf der Suche nach den entscheidenden Unterschieden. In A. Hillert & E. Schmitz (Hrsg.), Psychosomatische Erkrankungen bei Lehrerinnen und Lehrern, (S. 120–140). Stuttgart: Schattauer.

Luhmann, N. & Schorr, K. E. (1982). Das Technologiedefizit der Erziehung und die Pädagogik. In N. Luhmann & K. E. Schorr (Hrsg.), Zwischen Technologie und Selbstreferenz: Fragen an die Pädagogik, (S. 11–40). Frankfurt/M.: Suhrkamp

Meifert, M.T. & Kesting, M. (Hrsg.) (2004). Gesundheitsmanagement im Unternehmen. Konzepte – Praxis – Perspektiven. Berlin/Heidelberg: Springer.

Mohr, G. & Udris, I. (1997). Gesundheit und Gesundheitsförderung in der Arbeitswelt. In R. Schwarzer (Hrsg.), Gesundheitspsychologie – ein Lehrbuch, (S. 553–573). Göttingen: Hogrefe.

Oesterreich, D. (1987). Vorschläge von Berufsanfängern für Veränderungen in der Lehrerausbildung. In Zeitschrift für Pädagogik, 33, S. 771–786.

Paulus, P. & Hascher, T. (2003). Schule braucht Gesundheit – Lehrkräfte als Vermittelnde, Mitgestaltende und Betroffene. In Journal für Lehrerinnen- und Lehrerbildung, (1), S. 41–48.

Richter, P. & Hacker, W. (1998). Belastung und Beanspruchung – Streß, Ermüdung und Burnout im Arbeitsleben. Heidelberg: Asanger.

Rudow, B. (1997). Personalpflege im Lehrerberuf – Streßmanagementkurse und Gesundheitszirkel. In S. Buchen, U. Carle, P. Döbrich, H.-D. Hoyer & H.-G. Schönwälder (Hrsg.), Jahrbuch für Lehrerforschung, Band 1, (S. 301–323). Weinheim/München: Juventa.

Rudow, B. (1999). Der Arbeits- und Gesundheitsschutz im Lehrerberuf. Ludwigsburg: Süddeutscher Pädagogischer Verlag.

Rudow, B. (2001). Arbeits- und Gesundheitsschutz im Lehrerberuf – Grundlagen und Methoden. In B. Badura (Hrsg.), Fehlzeitenreport 2001. Gesundheitsmanagement im öffentlichen

Sektor. Zahlen, Daten, Analysen aus allen Branchen der Wirtschaft, (S. 137–149). Berlin u. a.: Springer.

Scheunpflug, A. (2004). Lernen als biologische Notwendigkeit. In L. Duncker, A. Scheunpflug & K. Schultheis (Hrsg.), Schulkindheit. Anthropologie des Lernens im Schulalter, (S. 172–230). Stuttgart: Kohlhammer.

Schwarzer, R. (1997). Ressourcen aufbauen und Prozesse steuern: Gesundheitsförderung aus psychologischer Sicht. In Unterrichtswissenschaft, Themenheft Gesundheitsförderung, 25/2, S. 99–112.

Udris, I. (2006). Salutogenese in der Arbeit – ein Paradigmenwechsel? In Wirtschaftspsychologie, 2/3, S. 4–13.

Ulich, E. (2001). Arbeitspsychologie. Zürich: vdf Hochschulverlag; Stuttgart: Schäffer-Poeschel.

Ulich, E., Inversini, S. & Wülser, P. (2002). Arbeitsbedingungen, Belastungen und Ressourcen der Lehrkräfte des Kantons Basel-Stadt. Basel: Erziehungsdepartement des Kantons Basel-Stadt.

Ulich, E. & Wülser, M. (2004). Gesundheitsmanagement in Unternehmen. Wiesbaden: Gabler.

Van Dick, R., Wagner, U. & Christ, O. (2004). Belastung und Gesundheit im Lehrberuf: Betrachtungsebenen und Forschungsergebnisse. In A. Hillert & E. Schmitz (Hrsg.), Psychosomatische Erkrankungen bei Lehrerinnen und Lehrern, (S. 39–50). Stuttgart: Schattauer.

Van Dick, R. (1999). Stress und Arbeitszufriedenheit im Lehrberuf. Marburg: Tectum.

Weinert, F.E. & Helmke, A. (1987). Die Münchner Studie: Schulleistungen – Leistungen der Schule oder der Kinder? In Bild der Wissenschaft, 1, S. 62–73.

Wiltzius, M. (2003). Gender Controlling – Eine Methode zur Umsetzung von Gender Mainstreaming in öffentlichen Verwaltungen. Unveröffentlichte Magistra-Arbeit. Berlin: Humboldt Universität.

Zapf, D. (1994). Arbeit und Wohlbefinden. In A. Abele & P. Becker (Hrsg.), Wohlbefinden, (S. 227–244). Weinheim/München: Juventa.

Change Management von Schulen – Erfolgsfaktoren und Handlungsstrategien aus Sicht der Schulleitung an beruflichen Schulen

JULIA WARWAS, JÜRGEN SEIFRIED UND MICHAEL MEIER

1. Problemstellung 103
2. Geplanter Wandel in Organisationen 103
   2.1 Begriffliche und konzeptionelle Grundlagen
       des Change Managements 103
   2.2 Zentrale Analysekategorien des Change Managements:
       Promotoren, Widerstände und Erfolgsfaktoren 105
3. Change Management aus Sicht von Schulleitung 107
   3.1 Konzeption der empirischen Untersuchung 107
   3.2 Empirische Befunde 108
       3.2.1 Gegenüberstellung erfolgreicher und
             weniger erfolgreicher Veränderungsprozesse 108
       3.2.2 Erfolgskritische Einflussfaktoren von
             Veränderungsprozessen 111
       3.2.3 Handlungsdimensionen der Schulleitung 113
4. Fazit 120

Literaturverzeichnis 122

1. Problemstellung

Seit den 1990er Jahren hat sich im deutschsprachigen Raum eine bildungspolitische Modernisierungsdiskussion etabliert, die im Wechsel wahlweise die Einzelschule als Motor der Entwicklung herausstellt oder das Veränderungspotenzial einer flächendeckenden Einführung zentral gesteuerter Maßnahmen (z. B. Bildungsstandards) in den Vordergrund rückt. Unabhängig vom jeweils favorisierten Reformmodell gelangt man zu der Erkenntnis, dass es wenig zielführend ist, schulische Veränderungsprozesse technokratisch anzuordnen.

Es ist mittlerweile unstrittig, dass die Schulleitung beim schulischen „Change Management" eine Schlüsselposition einnimmt. Damit einhergehend propagiert man einen Rollenwandel vom traditionell eher reaktiv-administrativen „Leiten" hin zum aktiv-gestaltenden „Führen" von Schulen (vgl. Bonsen 2003; Rosenbusch 2005). Um konkrete Empfehlungen für ein erfolgreiches Agieren von Schulleitungen zu gewinnen, werden zunehmend die internationale Schulinnovationsforschung sowie wirtschaftliche Managementkonzepte erschlossen (vgl. z. B. Altrichter & Wiesinger 2004; Seitz & Capaul 2005), wobei man im letzteren Fall der Frage nach der Übertragbarkeit auf schulischen Kontexte nachzugehen hat (vgl. Großmann 1997; Böttcher 2002). In der hier berichteten Studie greifen wir auf die der betriebswirtschaftlichen Literatur entnommenen Konzeption des Change Management als analytisches Raster zurück, um Veränderungen an beruflichen Schulen zu beleuchten. Dabei geht es um drei Fragekomplexe:
(1) Inwiefern hilft die Auseinandersetzung mit dem Change Management bei der Untersuchung von schulischen Veränderungsprozessen weiter?
(2) Welche Bedingungen fördern bzw. behindern schulische Veränderungsprozesse?
(3) Welche Aufgaben kommen der Schulleitung bei diesen Prozessen zu?

2. Geplanter Wandel in Organisationen

2.1 Begriffliche und konzeptionelle Grundlagen des Change Managements

Die Modellvorstellungen des Change Managements firmieren unter verschiedenen Begrifflichkeiten wie z. B. Innovations- bzw. Transformationsmanagement oder Organisationsentwicklung. Die zahlreichen hiermit verbundenen Definitionsversuche konvergieren jedoch in dem Punkt, dass mit Unternehmensführung weniger Steuerungsaktivitäten im Sinne einer Anpassungsleistung an von außen einwirkende Veränderungen gemeint sind. Vielmehr ist es Aufgabe des Managements, Neuerungen aktiv einzuleiten und zu realisieren. Damit steht der geplante, substanzielle Wandel in Organisationen im Zentrum, d. h. eine zielgerichtete Gestaltung von Veränderungen, zumindest aber die bewusste Wahrnehmung von Gestaltungsspielräumen auch im Falle extern initiierter Innovationen (vgl. Elke 1999; Al-Ani & Gattermeyer 2000; Krüger 2002). Die gewünschte Veränderung soll sich nachhaltig einstellen, wobei Führungskräften die Aufgabe zukommt, Erfolgschancen bei einer Vermeidung von negativen Neben- und Folgeeffekten zu realisieren und umfassende Verhaltensänderungen bei den Mitarbeitern zu unterstützen (vgl. Müller-Stewens & Lechner 2001; Steiger & Hug 1999; Bach 2002). Wirkungsvolles Veränderungsmanagement zeichnet sich deshalb durch einen langfristigen Zeithorizont und die Integration verschiedener Ebenen aus: „Verändert werden sollen *Praktiken*, das *Wissen und die Einstellungen*, die diesen Praktiken unterlegt sind, deren *materielle Aspekte*, sowie die *sozialen und organisationalen Strukturen*, in die diese Praktiken eingebettet sind und die ihrerseits wieder mit einem System von Ressourcen, Macht und Sanktionen/Gratifikationen assoziiert sind (Altrichter & Wiesinger 2005, 4, Kursivdruck im Original).

Der zeitliche Verlauf des Innovationsprozesses wird meist im Rückgriff auf das Modell von Lewin (1963) als Zyklus mit drei bis fünf Hauptphasen skizziert (vgl. Abbildung 1). Demnach durchläuft die Organisation eine Sequenz von Wandlungsphasen, die inhaltlich mit spezifischen Aktivitäten der Organisationsmitglieder korrespondieren (vgl. Müller-Stewens & Lechner 2001; Hall & Hord 2001; Seitz & Capaul 2005). Zu Beginn befindet sich die Organisation in einem Gleichgewicht veränderungshemmender und -fördernder Kräfte, das durch eine intern oder extern initiierte Neuerung destabilisiert wird. Um die so erzeugte Spannung produktiv für die Einleitung des organisationalen Wandels zu nutzen, müssen in dieser Phase Mitarbeiter für Problemlagen sensibilisiert, ihr Wandlungsbedürfnis geweckt und Lösungswege entworfen werden (Unfreeze).

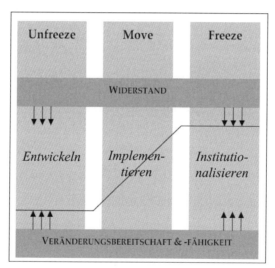

Abb. 1: Phasen von Innovationsprozessen
Quelle: in Anlehnung an Steinle 1985, 187

In der zweiten Phase (Move) steht der Entwurf konkreter Implementationsmaßnahmen im Mittelpunkt. Die Organisationsmitglieder müssen sich mit neuartigen Handlungsanforderungen vertraut machen und zur aktiven Mitwirkung motiviert werden, was zwangsläufig auch vermehrte Konflikte und Widerstände erzeugt. Die abschließende Freeze-Phase dient der Verfestigung veränderter Strukturen und Handlungsmuster, um die langfristige Wirkung der Innovation sicher zu stellen. Implementierte Neuerungen müssen nun optimiert und in den Arbeitsalltag integriert werden.

2.2 Zentrale Analysekategorien des Change Managements: Promotoren, Widerstände und Erfolgsfaktoren

Der oben skizzierte Prozessverlauf verweist darauf, dass Innovationsvorhaben ohne Förderung durch engagierte und kompetente Personen zum Scheitern verurteilt sind. Diese werden in der Literatur anhand typisierter Profile als Macht-, Fach-, Prozess- und Beziehungspromotoren beschrieben (vgl. Witte 1973; Hauschildt 1997; Hauschildt & Gemünden 1998; Gemünden & Walter 1998). Daneben stellen einstellungs- und verhaltensbezogene Blockaden auf Seiten der betroffenen Mitarbeiter eine Gefahrenquelle für Innovationsvorhaben dar. Führungskräfte müssen deshalb die emotionalen und motivationalen Auswirkungen organisationaler Veränderungen erkennen (vgl. Picot et al. 1999, 3; Gebert & Rosenstiel 1996, 203). Die Berücksichtigung der emotionalen Befindlichkeit von Individuen in Organisationen, die jeweils für sich nach Orientierungs- und Verhaltenssicherheit streben, kann sicherlich als zentraler Erfolgsfaktor entsprechender Prozesse gelten (vgl. Sembill 1992; 2003; Schumacher 2002; Seifried & Sembill 2005). Die Ursachen individueller Widerstände liegen dabei zumeist in den folgenden, analytisch nur schwer trennbaren Bereichen begründet (vgl. Reiß 1997; Steiger & Hug 1999):

Zum einen findet sich bei tief greifenden Veränderungen kaum eine Sachentscheidung, die nicht gleichzeitig Macht- und Einflussfragen tangiert. Parallel zur Neuverteilung von Ressourcen oder der Umgestaltung von Anforderungsprofilen werden auch die mit einer Position verknüpften Handlungsspielräume, materiellen Vorteile oder Prestigeobjekte neu verhandelt. Mögliche Reaktanzen stellen in diesem Fall eine mikropolitisch motivierte Verteidigung von *Eigeninteressen* dar. Zum anderen resultieren Abwehrhaltungen auch aus *Unkenntnis* (bspw. von Zielen oder Rahmenbedingungen). Darüber hinaus fühlen sich viele Mitarbeiter von anstehenden Neuerungen *überfordert*, da ihnen die nötige (subjektive) Handlungskompetenz für eine erfolgreiche Bewältigung neuer Aufgaben fehlt. Schließlich rührt die Unkontrollierbarkeit umfassender Veränderungen an psychologischen Grundfesten des einzelnen Mitarbeiters: Widerstände sind nicht zuletzt das Resultat einer tiefen Erschütterung der persönlichen *Orientierungs- und Verhaltenssicherheit*, die sich in Angst- und Bedrängungsempfinden, Identitäts- und Vertrauensverlusten niederschlägt (s. o.).

Angesichts der Konfliktträchtigkeit organisationalen Wandels wurden in der betriebswirtschaftlichen Literatur zahlreiche Erfolgsfaktorenmodelle für die Gestaltung von Innovationsprozessen entwickelt. Diese Modelle sind zwar aufgrund heterogener Datenbasen, Variablendefinitionen und Analysemethoden nur eingeschränkt vergleichbar und generalisierbar, aber zumindest geeignet, Führungskräfte für wesentliche erfolgsrelevante Aspekte zu sensibilisieren und beim Ergreifen von Maßnahmen zu unterstützen. Beispielhaft wird hier der Ansatz von Vahs & Leiser (2003) dargestellt, der als empirisch abgesichert gelten kann (vgl. Abbildung 2).

Die Dimension *Prozessqualität* vereint Faktoren, die eine effektive und effiziente Planung und Umsetzung von Veränderungsprozessen gewährleisten. Zentrale Bedeutung besitzt dabei die operationale und konsistente Formulierung realistischer Zielvorgaben, die als Entscheidungskriterium und Bewertungsmaßstab für Handlungsstrategien fungieren. Eine systematische Organisation und Koordination der Veränderungsschritte und -aktivitäten bei klarer Definition von Aufgaben und Verantwortlichkeiten sichert die Logik der Zielerreichung und vermeidet Fehlallokatio-

Erfolgskritische Einflussfaktoren in Veränderungsprozessen		
Prozessqualität	*Managementqualität*	*Mikropolitik*
• Zielausrichtung • Systematik • Flexibilität • Timing • Ressourcen • Training	• Individualität • Integration • Partizipation • Kommunikation • Führungsverhalten • Führungsinstrumente	• Machtverteilung • Commitment • Personalpolitik

Abb. 2: Erfolgsfaktorenmodell
Quelle: Vahs & Leiser 2003, 31

nen knapper Ressourcen. Gleichzeitig muss die Planung in ausreichendem Maße Freiräume vorsehen, um flexibel und schnell auf unvorhergesehene Ereignisse reagieren zu können. Als ein Kernproblem des Prozessmanagements gilt mangelhaftes Timing: Ohne eine angemessene und klare Zeitplanung, die z. B. zeitliche Horizonte für die Erreichung von Zwischenzielen vorgibt, drohen permanente Unruhe, Nachbesserungsversuche und unbefriedigende Endergebnisse (vgl. Picot et al. 1999, 95). Unabdingbar ist zudem die Bereitstellung ausreichender personeller, finanzieller und materieller Ressourcen sowie die anforderungsgerechte Qualifizierung der Mitarbeiter für deren neues oder erweitertes Aufgabenspektrum.

Im Bereich der *Managementqualität* – darunter fallen primär Aspekte der Mitarbeiterführung – bestehen weit reichende Gestaltungsfreiräume. Diese beziehen sich zum einen auf das Ausmaß der unternehmensbezogenen Individualisierung von Veränderungskonzeptionen, mit der (z. B. von externen Beratern angebotene) Standardlösungen den spezifischen Bedingungen der Organisation angepasst werden, zum anderen auf die integrative Verknüpfung verschiedener Handlungsfelder. Der Grad der Partizipation und die Qualität der Kommunikation entscheiden insbesondere darüber, inwieweit die Mitarbeiter an Entscheidungsfindungen beteiligt und mit relevanten Informationen versorgt werden. Der Einsatz bestimmter Führungspraktiken und -instrumente (bspw. Zielvereinbarungen, Anreiz- oder Kennzahlensysteme) dient der prozessbegleitenden Steuerung und Erfolgskontrolle.

In der Dimension *Mikropolitik* fassen Vahs & Leiser all jene Faktoren zusammen, die abgestützt auf eine verdeckte oder offene Machtausübung die Gestaltung des Innovationsprozesses im Sinne der Unternehmensleitung gewährleisten. Der angestrebte Veränderungserfolg dürfte dabei umso eher erreicht werden,

- je mehr Machtpromotoren das Vorhaben durch den Einfluss ihrer Persönlichkeit oder Amtsautorität, durch Zugriffsmöglichkeiten auf handlungsrelevante Informationen oder durch Belohnungs- und Sanktionsmechanismen vorantreiben;
- je mehr Befürworter der Innovation (allen voran die Führungskräfte) ihre Selbstverpflichtung gegenüber dem geplanten Wandel glaubhaft, offen und engagiert demonstrieren und
- je stärker sich die Personalpolitik an den Veränderungszielen orientiert, beispielsweise bei der Besetzung von Schlüsselpositionen oder der Planung von Fortbildungsmaßnahmen.

Es stellt sich nun die Frage, inwiefern diese Erkenntnisse für schulische Veränderungsprozesse nutzbar gemacht werden können. Die Gestaltung von Veränderungen stellt eine Daueraufgabe für pädagogische Führungskräfte dar. Dieses Feld ist von der einschlägigen Forschung bisher jedoch nur unzureichend erschlossen (vgl. z. B. Bonsen 2003). Im Folgenden werden daher die Befunde einer explorativen empirischen Untersuchung an beruflichen Schulen berichtet.

3. Change Management aus Sicht von Schulleitung

3.1 Konzeption der empirischen Untersuchung

Bei der hier berichteten Untersuchung handelt es sich um eine qualitative Erkundungsstudie, in der das Erfahrungswissen von Schulleitern bei der Realisierung verschiedener Innovationsvorhaben unter besonderer Berücksichtigung von erfolgskritischen Faktoren und den Handlungsstrategien der Leitungspersonen aufgearbeitet werden. Dabei griffen wir auf halbstandardisierte Interviews zurück, deren Einsatz überall dort angezeigt ist, wo sich die systematische Erschließung von Expertenwissen in komplexen, intransparenten Problemsituationen für Außenstehende schwierig gestaltet (vgl. Meuser & Nagel 1997; Gläser & Laudel 2004). Der Leitfaden ermöglicht einerseits die für eine Vergleichbarkeit der Aussagen erforderliche Strukturierung und Fokussierung und ist andererseits offen genug, um auf unberücksichtigte Aspekte einzugehen und spontane Nachfragen zuzulassen. Die Ursprungsversion des Leitfadens wurde in einem Testinterview erprobt und danach leicht modifiziert.

Bei den Interviewpartnern handelte es sich um zehn Schulleiter an öffentlichen Berufsschulen in verschiedenen Regierungsbezirken in Bayern (sechs gewerblich-technische und/oder kaufmännische Berufsschulen und vier berufliche Bildungszentren). Die Gespräche fanden jeweils im Büro der Schulleiter statt (einmal unter Beteiligung des stellvertretenden Schulleiters) und dauerten zwischen 60 und 90 Minuten. Das Interview gliederte sich in drei Hauptbereiche: Zunächst wurden die Schulleiter gebeten, tief greifende Veränderungen an ihren Schulen zu benennen und jene zu skizzieren, die aus ihrer Sicht erfolgreich bzw. weniger erfolgreich verliefen (Teil A). Danach wurde die Aufmerksamkeit auf unterrichtsbezogene Veränderungen gelenkt. Die Interviewpartner sollten sich nun umfassend und detailliert zu den hier stattgefundenen erfolgreichen (Teil B) und weniger erfolgreichen (Teil C) Innovationsprojekten äußern, wobei gezielte Nachfragen zu Planung und Durchführung, zu Prozessmerkmalen und Ursachen für den (Miss-)Erfolg sowie zur Rolle und zu Steuerungsaktivitäten der Führungskraft gestellt wurden. Die digital aufgezeichneten Gespräche wurden anschließend transkribiert und mit Hilfe eines Kategoriensystems, das theoriegeleitet entwickelt und während der Auswertungen schrittweise ausdifferenziert wurde, kodiert.

3.2 Empirische Befunde

3.2.1 Gegenüberstellung erfolgreicher und weniger erfolgreicher Veränderungsprozesse

Bedingt durch unterschiedliche Kontextfaktoren und Zielsetzungen weisen die Entwicklungen an den verschiedenen Berufsschulen erwartungsgemäß individuelle Merkmale und Verläufe auf. Bei der Suche nach generellen Musterläufigkeiten und Möglichkeiten der Klassifikation fällt zunächst auf, dass alle Schulleiter sehr schnell Veränderungen anführen konnten, die sie als erfolgreich einstufen. Bei der Benennung von weniger erfolgreichen Innovationsvorhaben überlegten die Schulleiter dagegen länger. Einerseits wurden konkrete einzelne Veränderungsaktivitäten herausgegriffen, andererseits problembehaftete Phasen beschrieben. Ein Interviewpartner wollte kein Innovationsprojekt explizit als „nicht erfolgreich" einstufen; vielmehr verwies er auf für Veränderungsprozesse jeweils konstitutive Durststrecken und Tiefschläge:

„Es ist ein sehr dynamischer Prozess und dabei begibt man sich auch auf Irrwege. (...) Wir mussten lernen, dass man nicht alles abgeschnitten, phasenweise bearbeiten kann, sondern vieles geschieht mehrgleisig und gleichzeitig. Das ist eigentlich eine völlig neue Erkenntnis gewesen" (SL5/51).

Die in der betriebswirtschaftlichen Literatur klassische Unterscheidung von Produkt- und Prozessinnovationen (vgl. Hauschildt 1997, 11) ist für den Bildungsbereich nur schwer aufrechtzuhalten. In Anlehnung an die Trias der Schulentwicklung (vgl. z. B. Rolff et al. 2000) lassen sich schulische Veränderungen vielmehr schwerpunktmäßig den Bereichen Unterricht, Personal oder Organisation zuordnen, wobei letztere Kategorie strategische, strukturelle und kulturelle Elemente umfasst (vgl. Rühli 1992, 10). Bei Zugrundelegung dieses Systematisierungskriteriums ergibt sich für erfolgreiche Veränderungsprozesse das in Abbildung 3 dargestellte Bild. Dabei gab in den meisten Fällen der Schulleiter (SL) selbst den Anstoß für den Wandel oder aber er nutzte bewusst und gezielt seinen Ermessensspielraum bei der Umsetzung behördlicher Vorgaben (vgl. hierzu auch Biewer 1994, 176).

Die Einordnung der von den Schulleitern als weniger erfolgreich gekennzeichneten Veränderungsprozesse ist dem Klassifikationsraster in Abbildung 4 zu entnehmen. Im Gegensatz zu den erfolgreichen Prozessen wirkte hier die Veränderungsenergie stärker von außen auf die Schule ein, namentlich von Seiten der Bildungsadministration:

„Damals gab es die Initiative bzw. die Vorgabe, dass jede Schule ein Leitbild benötigt" (SL8/32)."

„Wir haben jetzt eine Vorgabe von unserem Schulamt, dass wir einen Qualitätsmanagementzirkel einrichten sollen. Damit soll hier ein entsprechender Prozess in Gang gesetzt werden" (SL9/9).

Die beispielhaft herausgegriffenen Zitate unterstreichen die richtungsweisende Bedeutung des Faktors „Commitment". Solange die Verantwortlichen vor Ort nicht

Organisation	Innere Schulentwicklung mit dem Schwerpunkt struktureller Verbesserungen und/oder Aufbau einer Corporate Identity	Aufbau moderner Informations- und Kommunikationssysteme; Verständigung über Schulphilosophie bzw. schulinterne Umgangsqualität; Erarbeitung globaler Ziele bzw. eines Schulprogramms *(SL1; SL5)*
		Aufbau moderner Informations- und Kommunikationssysteme; Mediale Ausstattung der Klassenräume; Investition in Infrastruktur (insbes. Werkstätten) *(SL4)*
		Entwurf von „Corporate Design und Corporate Behaviour" zur Illustration gemeinsamer Werte und Normen und zur Stärkung der schulischen Gemeinschaft *(SL6)*
	Schaffung organisatorischer Rahmenbedingungen für handlungsorientierte Unterrichtsformen	Umgestaltung von Klassenräumen zu integrierten Klassenräumen bzw. Werkstätten *(SL2)*
	Einführung eines Umweltmanagementsystems	Implementierung des Managementsystems „EMAS" zur kontinuierlichen Optimierung eigenverantwortlicher schulinterner Umweltschutzmaßnahmen *(SL9)*
Unterricht	Etablierung von handlungsorientiertem Unterricht in einem Berufsfeld	Über drei Jahre hinweg werden alle Lerninhalte von den Schüler/innen anhand von Arbeitsaufträgen selbstständig erarbeitet und präsentiert *(SL7)*
	Maßnahmen zur gezielten Förderung von „Soft Skills"	Realisierung der Zielsetzung „Vermittlung von Soft Skills" durch die Einführung einer Methodenwoche im Rahmen der inneren Schulentwicklung *(SL3)*
	Projektorientierte und fächerübergreifende Unterrichtsformen	Umsetzung fächerübergreifender Unterrichtsformen als Modellschule; Intensivierung der Projektarbeit der Schüler, von Lehrpersonen z. T. im Rahmen von Team-Teaching betreut *(SL10)*
Personal	Teamentwicklung	Förderung der Zusammenarbeit von Lehrkräften, um Synergieeffekte zu erzielen *(SL10)*

Abb. 3: Thematische Schwerpunkte und Kennzeichen erfolgreicher Veränderungsprozesse

geschlossen und überzeugt hinter einem Innovationsprojekt stehen, fehlt wahrscheinlich bereits zum Einstiegszeitpunkt in den Prozess eine wesentliche Gelingensbedingung.

Organisation	Entwurf eines Leitbildes	Konflikte und Probleme bei der gemeinsamen Leitbildentwicklung *(SL3; SL8; SL10)*
	Schulkulturelle Konflikte	Allgemeine „ideologische Spaltung" des Lehrerkollegiums und daraus resultierende Reibungsverluste im Schulentwicklungsprozess *(SL7)*
	Arbeitshaltungen und interne Organisation schulischer Veränderungen	Schleppender Fortgang von Schulentwicklungsvorhaben, die mühsam durch freiwillige Aktivitäten einzelner Lehrkräfte bewerkstelligt werden *(SL6)*
Unterricht	Wissensmanagement	Im Gegensatz zur erfolgreichen schulübergreifende Erarbeitung von Unterrichtsinhalten scheitert die Implementierung an der Weitergabepraxis in der eigenen Schule *(SL1)*
	Maßnahmen zur Sicherung der Unterrichtsqualität und der unterrichtsbezogenen Selbstevaluation	Schwierigkeiten bei der Formulierung gemeinsamer Zielkriterien der Unterrichtsqualität und dem Entwurf von Maßnahmen zu deren Erreichung *(SL9)* Ängste und Widerstände im Kollegium gegenüber der systematischen Analyse von Schülerleistungen zur Identifikation von Verbesserungspotenzial im Unterricht *(Stv SL1)*
Personal	Kompetenzzentrum – Mitarbeiter	Probleme bei der Bildung von Kompetenzzentren; insbes. negative Folgen für die Lehrer *(SL4)*
	Schulklima – Raumverantwortliche	Personelle Probleme bei der Realisierung eines Raumkonzepts mit Raumverantwortlichen *(SL2)*

Abb. 4: Thematische Schwerpunkte und Kennzeichen weniger erfolgreicher Veränderungsprozesse

Gemessen an der Anzahl der Nennungen konzentrieren sich sowohl erfolgreiche als auch weniger erfolgreiche Prozesse im Bereich der Organisation. Dabei liegt der Schwerpunkt erfolgreicher Projekte tendenziell auf strukturellen bzw. strategischen Gestaltungsinhalten (insbesondere dem Aufbau von Informations- und Kommunikationssystemen), während die meisten weniger erfolgreichen Vorhaben direkt oder indirekt Merkmale der Schulkultur betreffen. Hier deutet sich ein Muster an, das auch in der betriebswirtschaftlichen Literatur bekannt ist: Im Unterschied zu eher technokratisch-strukturellen Aspekten lassen sich organisationskulturelle Aspekte i. S. kollektiver Orientierungen (handlungsleitende Überzeugungen, Einstellungen, Werte und Normen sowie eingeschliffene Routinen) nur mühsam und graduell verändern. Erfolgreiche Veränderungen im Unterrichtsbereich dagegen beinhalten mehrheitlich die gelungene Umsetzung schülerzentrierter und handlungsorientierter Unterrichtsformen. Probleme scheint den Lehrkräften indes die Öffnung des eigenen Unterrichts für Anregungen von außen oder für Zwecke der Evaluation zu bereiten (Einblicke gewähren, Überprüfungen und „Qualitätskontrollen" zulassen). Der Verdacht, dass es Lehrpersonen widerstrebt, ihre pädagogische Freiheit aufzugeben, verstärkt sich bei einer systematischen Analyse der von den Schulleitern identifizierten Erfolgs- und Misserfolgsgründe.

3.2.2 Erfolgskritische Einflussfaktoren von Veränderungsprozessen

Die zahlreichen oben skizzierten Stellgrößen wurden in einem ersten induktiven Analyseschritt fünf Kategorien zugeordnet (vgl. Abbildung 5).

Kritische Faktoren	Erfolgreiche Veränderungen	Weniger erfolgreiche Veränderungen
Engagement und Motivation der Mitarbeiter	• Motivierte, aufgeschlossene Lehrer/freiwillige Mitarbeit *(SL8; SL5)* • Freiwilliges Engagement von Meinungsführern *(SL3)* • Engagierte Fachbetreuer, die Führungsaufgaben übernehmen *(SL7)* • Mitarbeit und Unterstützung durch Hausmeister und Verwaltung *(SL9)*	• Hohe Arbeitsbelastung durch Mehrarbeit schränkt freiwillige Mitarbeit ein *(SL6)* • Geringe aktive Beteiligung von Lehrern *(SL7; SL2)* • Verlust der pädagogischen Freiheit als Motivationsbremse *(Stv SL1)*
Teamarbeit und Schulklima	• Teamarbeit *(SL5)* • Gruppendruck zwingt Opponenten zur Verhaltensänderung *(SL5)* • Risikobereitschaft *(SL8)* • Intaktes Klima im Lehrerzimmer/in der Schule *(SL1; SL6)* • Gemeinsame Überzeugungen vom Unterrichten *(SL7)*	• Lehrer fühlen sich nicht der Schule, sondern nur der Klasse verpflichtet *(SL10; SL1)* • Geringe Zusammenarbeit *(SL7)* • Lagerbildung im Kollegium *(SL7)* • Verharrungsvermögen *(SL7)*
Identifikation mit der Veränderung	• Einsicht in den Veränderungsbedarf/Problembewusstsein *(SL3; SL5)* • Zustimmung der Lehrer *(SL6)* • Verfolgen gemeinsamer Ziele *(SL1)* • Verständnis für Schulentwicklung *(SL1)* • Ideen aus dem Lehrerkollegium *(SL4)* • Veränderungsbereitschaft *(SL6)* • Identifikation mit der Schule *(SL4)* • Erkennen der Vorteile für die Lehrer *(SL5)*	• mangelnde Einsicht in den Veränderungsbedarf *(SL3)* • fehlendes Verständnis für Entwicklungsvorhaben/für Notwendigkeit der Zielformulierung und Überprüfung der Zielerreichung *(SL8; SL9)* • Kontrollen als Bedrohung empfunden *(Stv SL1)* • Kontraproduktive Einstellungen/mangelnde Akzeptanz auf Seiten der Lehrer *(SL1; SL2)* • Mehrwert für eigene Arbeit wird nicht erkannt *(SL2)*
Unterstützung durch die Führung und externe Institutionen	• Vorbild für die Lehrer/Authentizität der eigenen Person *(Stv SL1; SL3)* • konstruktiver Umgang mit Misserfolg *(SL8)* • Überzeugungskraft *(SL3)* • Glaubhaftes Vertreten der Veränderung gegenüber den Lehrern *(SL9)* • Beständigkeit *(SL9)* • Unterstützung durch ein Beratungsunternehmen *(SL5)*	• Personalwechsel im Schulleitungsteam *(SL5)* • Bevorstehende Pensionierung des Schulleiters *(SL2)* • Fehlende Unterstützung der Innungen/Handwerksbetriebe *(SL4)* • Druck von oben *(SL2)* • Bevormundung der Lehrer *(Stv SL1)*

Kritische Faktoren	Erfolgreiche Veränderungen	Weniger erfolgreiche Veränderungen
Projektmanagement und Rahmenbedingungen	• Steuergruppe, die mit Engagement den Prozess begleitet *(SL4)* • systematischer Erfahrungsaustausch *(SL10)* • Offene Kommunikation zwischen den Beteiligten *(SL5; SL2)*	• fehlende Unterstützungssysteme/ verspätete Adoption von Managementsystemen *(SL6)* • chaotischer Prozessverlauf/ unzureichende Planung *(SL6)* • mangelndes systemisches Denken *(SL6)* • ungenügendes Projektmanagement *(SL2)* • mangelnde Transparenz des Programms *(stvSL1)*

Abb 5: Kategorien erfolgskritischer Faktoren und exemplarische Erscheinungsformen

Trotz der Unterschiedlichkeit der Veränderungsprojekte weisen die Antworten der Schulleiter in eine gemeinsame Richtung: Steuerungsinstrumente und „Abwicklungsmodalitäten" schulischer Innovationen sind für deren Erfolg unverzichtbar, aber alleine noch nicht ausreichend. Die Mehrzahl der Angaben rückt die Bedeutung personenabhängiger und kulturbezogener Einflussgrößen in den Vordergrund. Die Gewinnung einer breiten Akzeptanz der Mitarbeiter sowie die umfassende Berücksichtigung der subjektiven Handlungsrelevanz und der emotionalen und motivationalen Voraussetzungen aller Beteiligten sind dabei Gelingensbedingungen, die sich nicht nur in der Change Management-Literatur wieder finden, sondern auch aus der Lehr-Lern-Forschung hinreichend bekannt sind (vgl. Sembill 1992).

So betonen die Interviewpartner immer wieder, dass schulische Veränderungen ohne die aktive Mitgestaltung der Lehrkräfte und auch des nicht-pädagogischen Personals zwangsläufig versanden. Gleichzeitig ist ihnen bewusst, dass diese engagierten Protagonisten des Wandels ihr freiwilliges und oft idealistisches Engagement für die Schule mit einem teilweise kaum zu bewältigenden Arbeitspensum bezahlen:

„*Diese Leistungsträger, die jetzt schon laufend beschäftigt sind, mit dem Wissensstand der Unternehmen mitzuhalten und sich weiterzuentwickeln, engagieren sich jetzt auch noch für die Schule. (...) Ihr Engagement geht schon an die Belastungsgrenze*" (SL7/53).

Die zweite Kategorie erfolgskritischer Faktoren lässt erkennen, dass Innovationsprozesse bestimmte Arbeitspraktiken sowie ein von gegenseitiger Wertschätzung, intensiver Kooperation und ausgeprägtem Zusammengehörigkeitsgefühl getragenes Schulklima voraussetzen (vgl. Rosenbusch 2005). Viele Veränderungen scheitern daran, dass das vorherrschende „Einzelkämpfertum" innerhalb des Kollegiums nicht einer Grund- und Arbeitshaltung weicht, die sich am Wohl der gesamten Schule ausrichtet. Auch in anderen Studien wurde das traditionelle „Autonomie-Paritätsmuster" bereits als große Hürde der Weiterentwicklung von Schule ausgemacht (vgl. z. B. Altrichter & Eder 2004). Einige Schulleiter setzen in diesem Zusammenhang auf gruppendynamische Prozesse, die oft effektiver und nachhaltiger als der Gebrauch der eigenen Weisungsbefugnis opponierendes Verhalten unter Veränderungsdruck setzen.

Aus der Sicht der meisten Befragten lässt sich die Veränderungsbereitschaft oder -resistenz der Lehrkräfte in hohem Maße mit deren (mangelnder) Identifikation mit der geplanten Veränderung erklären. Wird einem Innovationsvorhaben die Sinnhaftigkeit und ein Mehrwert für die eigene Arbeit aberkannt, kann auch kein Gefühl für die Dringlichkeit und Notwendigkeit des Wandels entstehen. Das oft tiefe Misstrauen des Kollegiums wurzelt dabei nicht selten in negativen Erfahrungen:

„Ein weiterer entscheidender Punkt ist, dass (...) es schon lernfeldorientierte Lehrpläne gab. Zwei oder drei Jahre vor der jetzigen Lernfeldeineinführung wurden diese besonderen Lehrpläne gekippt. Dies führte bei erneuter Einführung (...) innerhalb des Kollegiums nicht zur Bereitschaft. Auch wurde (...) eine Abwehrhaltung eingenommen. Ganz nach dem Motto, wenn die Lernfelder schon einmal gekippt wurden, warte ich lieber etwas ab, bevor ich Zeit und Mühe investiere" (Stv SL1).

Im Gegensatz zu früheren Forschungen zur Schulleiterrolle, die eine Verhaftung im Lehrerselbstbild und die Übernahme einer Primus-inter-pares-Funktion nahe legen (vgl. Wissinger 1996; Arnold & Griese 2004), nehmen die hier interviewten Berufschulleiter durchaus ihren Führungsanspruch wahr. Ihre zentrale Position im Veränderungsprozess wird nicht zuletzt dort offensichtlich, wo Projekte aufgrund eines Personalwechsels in der Schulleitung ins Stocken geraten und die Mitarbeiter tief verunsichern. Die größte Bedeutung wird dabei der orientierungsstiftenden Glaubwürdigkeit und Modellfunktion der Leitungsperson eingeräumt:

„Es darf eines nicht passieren. Nämlich, dass unser Handeln nicht deckungsgleich wäre mit den Forderungen an die Lehrerschaft. Hier möchte ich selbst schon sehr nahe sein an den Konzepten, die wir selbst initiiert haben. Das Vorbildhandeln ist in meiner Position an oberster Stelle" (Stv SL1/31).

Etliche der Befragten besitzen zudem ein ausgeprägtes Bewusstsein dafür, dass externe Bündnispartner (z. B. Beratungsunternehmen) einen wesentlichen Beitrag zur Realisierung schulischer Innovationen leisten können.

In der letzten Gruppe erfolgsrelevanter Faktoren finden sich Aspekte, die sich auf die Projektplanung und -durchführung im weitesten Sinne beziehen. Neben der koordinierenden Planung, Durchführung und Kontrolle der Veränderungsaktivitäten sind insbesondere die Erarbeitung von Handlungskonzepten durch schulinterne Steuergruppen oder der intensive Erfahrungsaustausch aller Beteiligten verantwortlich dafür, dass die Kontinuität des organisationalen Wandels aufrechterhalten und Zielvorgaben erreicht werden.

3.2.3 Handlungsdimensionen der Schulleitung

Um die Rolle der Schulleitung detaillierter aufzuschlüsseln, bietet sich eine Orientierung an den grundlegenden Dimensionen des Change Management-Modells von Vahs & Leiser an.

Schulleitung und Prozessqualität

Die Notwendigkeit einer klaren Fokussierung des geplanten organisationalen Wandels und die maßgebliche eigene Verantwortung hierfür wurden von den meisten Schulleitern deutlich wahrgenommen. Für fast alle Veränderungsvorhaben wurden explizite Zielvorstellungen formuliert (bspw. Verbesserung der Kommunikation zwischen den Schulangehörigen; Erhöhung der Effizienz interner Abläufe), wenn auch nur selten der in der Literatur geforderte Weg beschritten wurde, Maßnahmen sukzessive aus dem Leitbild der Schule abzuleiten (vgl. Seitz & Capaul 2005). Über die Zielformulierung hinaus legten die Schulleiter teilweise auch eindeutige Indikatoren für die Erfolgsmessung fest.

> *„Unser Ziel (...) ist es, dass wir immer besser sind als der Bayernschnitt. Das ist eine messbare Größe. Die Fachbetreuer kommen mit den Statistiken zu mir. Diese Daten werden dann ausgewertet (...). Oberstes Ziel ist es, dass wir immer besser als der Notendurchschnitt des Landes oder des Regierungsbezirkes sind. Erreichen wir dieses Ziel nicht, dann geht es in die Ursachenforschung" (SL8/93).*

Trotzdem scheitern Veränderungsprozesse oft am mangelnden Verständnis und der fehlenden Akzeptanz des Kollegiums, was die Vermutung nahe legt, dass Ziele zwar konkretisiert und operationalisiert, in manchen Fällen aber vielleicht nicht überzeugend argumentiert und kommuniziert werden:

> *„Die Lehrer erkennen zuerst einmal nicht, warum sie das Leitbild eigentlich machen sollen. Warum brauchen wir Ziele?(...) Zum Beispiel: Wir wollen uns den Schülern gegenüber öffnen, der Schüler steht bei uns im Mittelpunkt. (...). Das machen wir sowieso und das ist im Endeffekt eine Aufgabe, die man uns aufgedrückt hat" (SL10/32).*

Aus vielen Interviewpassagen geht zudem hervor, dass sich die Schulleiter bei der Steuerung von Veränderungsaktivitäten in einem spannungsreichen Feld zwischen Systematisierung und Flexibilisierung bewegen, das große Spielräume für individuelle Schwerpunkte lässt. Von einigen der Befragten wird erfolgreich eine streng methodische und konsequente Vorgehensweise forciert, in der Kompetenzbereiche und Verantwortlichkeiten abgegrenzt, Doppelarbeiten vermieden und ein formatives Controlling installiert werden:

> *„Es gab bei früheren Projektarbeiten ganz klar Defizite (...). Nun organisieren wir die Projektarbeit stringenter, konsequenter. Bestimmung von Verantwortlichen, Präsentation von Zwischenergebnissen, Ergebnissen mit Zeit, Vorstellung des Kollegiums mit der Maßgabe, dass das Kollegium dies auch umsetzen soll. Dann die Ergebnisse nach einem Schuljahr zu evaluieren und Verbesserungen zu ermöglichen" (stvSL1/18).*

Von Anderen wird ganz offensiv ein situativer Führungsstil gepflegt, der in höchstem Maße empfänglich für unvorhergesehene Entwicklungsrichtungen und neue Impulse ist:

> *„(...) Themen der Unterrichtsentwicklung bearbeite ich nicht nach einem festen Jahresplan. Dazu strömt zuviel Unkalkulierbares herein" (SL7/52).*

Ein Schulleiter passt die Veränderungsgeschwindigkeit ausdrücklich dem Lernrhythmus und der Belastungssituation der Lehrkräfte an:
> *„Die Arbeitsgruppe arbeitet intensiv daran. (...) Aber die Kollegen und Kolleginnen, die in dieser Arbeitsgruppe (...) mitarbeiten, machen das alles nebenher, neben ihrem normalen Unterricht. Daher kann man als Schulleiter nicht bestimmen, dass innerhalb von zwei Monaten fertige Ergebnisse auf dem Tisch liegen müssen"(SL6/26).*

Ein weiterer Interviewpartner hat die „Entschleunigung" von Innovationsprojekten in Form kreativer Pausen als eine Möglichkeit entdeckt, um so manches vom Scheitern bedrohte Vorhaben ohne aktive Intervention wieder in Gang zu bringen:
> *„Zunächst wurde dieser Gedanke des Leitbildes erst einmal abgelehnt. Das habe ich dann einfach hinnehmen müssen. Man muss über manche Dinge auch mal schlafen können und nicht alles über den Zaun brechen. Eines Tages kam aus dem Kollegium der Gedanke, dass unser Leitbild das ist, was wir alle Tage leben. Wir geben uns also nicht ein Leitbild (...), sondern wir bringen mit unserem Leitbild zum Ausdruck, was wir ohnehin aufgrund unseres Selbstverständnisses machen" (SL8/32).*

Obwohl die meisten Schulleiter großen Wert auf eine kontinuierliche fachliche Qualifizierung der Lehrkräfte legen, erachten viele die Verpflichtung zur regelmäßigen Teilnahme an Fortbildungsmaßnahmen als ausreichend. Die Aufmerksamkeit dieser Führungskräfte gilt dann primär der Genehmigung und Einhaltung der Fortbildungstage. Ihre Aussagen lassen jedoch nicht auf die Existenz eines am Schulprofil orientierten Personalentwicklungsplans schließen, der sowohl die Entwicklungsbedürfnisse der Lehrer als auch die Entwicklungspläne der Schule bzw. gegebene Qualifikationserfordernisse integriert.

Schulleitung und Managementqualität
Von den Möglichkeiten der partizipativen Einbindung des Kollegiums in die Gestaltung der Veränderungen machen die interviewten Schulleiter in differenzierter Weise Gebrauch. Der Umfang, in dem Meinungen und Vorschläge der Lehrkräfte berücksichtigt werden, variiert dabei in Abhängigkeit von deren persönlicher Betroffenheit und Kompetenz (vgl. hierzu Dubs 2005, 135), so dass ihre Mitwirkung vor allem bei solchen Neuerungen eingefordert wird, die (kooperative) Arbeitspraktiken zum Inhalt haben. Darüber hinaus lässt sich eine generelle Tendenz feststellen, Personen in hervorgehobener Position und Verantwortung (insbesondere Mitglieder der Schulleitung und des Personalrates sowie Fachbetreuer) intensiv in der Planungsphase einzubinden, während sich die übrigen Kollegiumsmitglieder vorrangig in der Implementierungsphase einbringen können:
> *„Dann gibt es bei uns die so genannte Viererbande. Das sind also der Schulleiter, die Stellvertreterin, die zwei Mitarbeiter in der Schulleitung. Wir haben unsere festen Sitzungsstunden, in denen wir alles austüfteln oder ausdiskutieren, was an größeren Entscheidungen hier an der Schule ansteht. (...).*
> *Als Schulleiter agiere ich wesentlich leichter, wenn ich die Viererbande und den Personalrat habe. Wenn wir Entscheidungen vorab in den Gremien treffen, dann tragen diese Personen die Entscheidungen auch mit. Wenn es Diskussionen im*

Lehrerzimmer geht, dann sind es diese Lehrerkollegen, die an vorderster Front stehen. Sie diskutieren damit den Kollegen auf der Kollegenebene. Auch nehmen wir in diesem Diskussionen weiterführende Ideen und Gedanken aus dem Kollegium gerne auf, sofern sie zielführend sind. Außerdem können sie vermittelnd eingreifen und Fakten/Tatsachen nochmals den skeptischen Kollegen aufzeigen" (SL8/45, 52).

Dabei sind sich die Schulleiter der ambivalenten Wirkungen einer umfassenden oder gar basisdemokratischen Mitgestaltung sehr bewusst. Den positiven Effekten einer erhöhen Zufriedenheit, Motivation und Akzeptanz wird oft der steigende Zeitbedarf für Abstimmungsprozesse, verstärkte interne Konflikte und die hierdurch bedingte Verwässerung der ursprünglichen Veränderungsziele (mit der Folge erneut sinkender Motivation) gegenübergestellt.

Delegation im Sinne einer dauerhaften und vollständigen Übertragung von Aufgaben mit allen hierzu notwendigen Handlungs- und Entscheidungsbefugnissen (vgl. Dubs 2005, 139) wird von den Schulleitern v. a. im Rahmen evaluativer und qualitätssichernder Prozesse praktiziert. Die Aufgabenempfänger sind dabei primär Fachbereichsbetreuer, denen großes Urteilsvermögen und hoher Einfluss bei der Unterrichtsentwicklung zugebilligt wird.

„Die Zielvorgaben sind nicht von oben gegeben, sondern werden von den einzelnen Bereichen benannt. Wenn sie die Ziele nicht erreicht haben, gehen sie schon in die Analyse und ändern die Maßnahmen. Wenn sie ein Ziel nicht erreichen, war entweder das Ziel nicht richtig gewählt oder die ergriffenen Maßnahmen waren nicht geeignet. Aber das ist die Entscheidung des Fachbereiches. Die Schulleitung greift da noch nicht ein. (...) Die Fachbereichsleiter haben im Qualitätsmanagement schon eine bestimmende Rolle aufgrund ihrer Funktion. Sie verantworten quasi die Ziele und die Erreichung der Ziele" (SL9/41).

Gleichzeitig wird immer wieder betont, dass die Gesamtverantwortung und die Kontrolle der übertragenen Aufgaben stets beim Schulleiter verbleibt. Als wirkungsvoller Koordinationsmechanismus zwischen den an Qualitätsverbesserungen beteiligten Akteuren gilt den Schulleitern gerade im Unterrichtsbereich gegenseitiges Vertrauen, das in zwei Ausprägungsformen thematisiert wird. Zum einen bringt der Schulleiter seinem Kollegium Vertrauen entgegen, indem er Impulse gibt, Wege aufzeigt und die Schaffenskraft der einzelnen Lehrkräfte unterstützt:

„Ich bin sehr froh, dass der Lehrer eine gewisse Autonomie hat. Ich vertraue darauf, dass er sie nutzt. Auch lege ich großen Wert darauf, dass er diese auch behält. (...) Als Lehrer hat man die Freiheit, sich einzubringen, und hat Freiheiten in der Gestaltung von Unterricht und Vorbereitung. Es ist eine weit größere Freiheit, als wenn man in einem Unternehmen angestellt ist" (SL4/54).

Zum anderen wird in der Offenheit und Kontinuität des Leitungshandelns eine wesentliche vertrauenbildende Maßnahme durch die Führungskraft erkannt:

„Es geht also für den Schulleiter auch darum, Vertrauen zu schaffen. Vertrauen ist eine ganz wichtige Komponente der Motivation. Vertrauen und Berechenbarkeit. Als Schulleiter muss man berechenbar sein und eine Transparenz an den Tag legen. Mit den Informationen, die man als Schulleiter hat, betreibe ich kein Herr-

schaftswissen, statt dessen lege ich die Informationen auf den Tisch. So können sich die Betroffenen ein Bild über die Lage machen und gemeinsam mit mir nach einer Lösung suchen" (SL8/46).

Die Interviews untermauern darüber hinaus die Vorstellung vom Schulleiter als einem Kommunikator (vgl. Rosenbusch 2005), der nicht nur zielgerichtet Informationen weiterleitet, sondern auch die Fähigkeit besitzt, aktiv zuzuhören und auf seine Gesprächspartner einzugehen. Für einige der Befragten sind Präsenz und jederzeitige Ansprechbarkeit wesentliche Bestandteile dieser Führungspraxis.

„Ich versuche, sehr nahe am Kollegium zu sein. Ich habe die Tür fast immer offen. Und dies führt dazu, dass die Kollegen herein geplatzt kommen (...). Dies beweist mir aber auch, dass es keine Distanz zwischen Schulleiter und Lehrer gibt. Statt dessen können die Lehrkräfte jederzeit zu mir kommen, um unbefangen mit mir zu sprechen" (SL2/44).

Besonderen Wert für einen fruchtbaren Austausch besitzen für viele Schulleiter auch spontane, informelle Kommunikationsprozesse:

„Im Gespräch können Streitpunkte, Mängel, Prozessbarrieren entdeckt werden. Das Gespräch ist im Wesentlichen noch wichtiger und effektiver, als in einer großen Konferenz zu diskutieren" (SL3/46).

Im Vergleich zu Unternehmensleitungen haben pädagogische Führungskräfte nur wenige Optionen, materielle und immaterielle Anreize zu setzen (vgl. Picot et al. 1999, 145). Um dennoch hohes Engagement und überdurchschnittliche Leistungen einzelner Lehrkräfte zu honorieren, nutzen einige der interviewten Schulleiter die begrenzten Möglichkeiten des öffentlichen Besoldungsrechts, Leistungszuschläge oder Prämien auszuschütten.

„Wir haben in den letzten Jahren immer einen Geldbetrag von mehreren tausend Euro zur Verfügung gehabt. Den schütte ich auch auf bestimmte Kollegen aus, um ihnen noch mal meine Anerkennung zu zeigen. Nach dem Motto: Klasse haste das gemacht. Diese Prämie ist allerdings nur eine Verstärkung der Anerkennung durch meine Person" (SL6/43).

Was sich in diesem Zitat bereits andeutet, wird durch andere Interviewpassagen bestätigt: Wichtigstes Führungsprinzip ist für die meisten Befragten die Signalisierung von Anerkennung und Wertschätzung gegenüber der Person und der Arbeit ihrer Mitarbeiter (vgl. Rosenbusch 2005). Das beinhaltet nicht zuletzt auch einen konstruktiven Umgang mit Fehlern:

„Allerdings muss man dann auch mit Fehlern umgehen können. Denn Neues wagen kann auch zum Misserfolg führen. Wer hat schon gerne Misserfolg? Die Lehrer müssen wissen, wenn sie neue Wege gehen, dass sie auch Fehler machen dürfen" (SL8/48).

Auch die Gewährung von Anrechnungsstunden dient als ein Medium, Anerkennung auszudrücken. Motivierend wirkt dieses Instrument auch dadurch, dass es eine Lehrkraft für ihren Mehraufwand bei der Mitwirkung an schulischen Innovationsprojekten an anderer Stelle zeitlich entlastet.

"Es geht einfach darum, den Leistungsträger nicht nur mit einem warmen Händedruck und warmen herzlichen Worten zu danken, sondern ihr auch eine kleine Entlastung für Engagement zu bieten. (...) Es ist es zumindest ein Symbol" (SL7/54).

Schulleitung und Mikropolitik
In der deutschsprachigen Schulforschung wurde das Thema Mikropolitik bislang eher ausgeblendet (vgl. als Beispiele der wenigen Ausnahmen Altrichter & Posch 1996; Büchter & Gramlinger 2003). Viele der hier interviewten Berufsschulleiter besitzen jedoch ein ausgeprägtes Gespür für konfligierende individuelle und schulische Interessen, für machtbasierte Taktiken bei deren Verfolgung und die resultierenden Lagerbildungen im Kollegium.

"Bei der Debatte, in welche Richtung Schulentwicklung geht, gab es zwei große Blöcke (...). Die einen wollten den Sachaufwandträger zu mehr Aktionen zwingen (...). Die andere Gruppe hat sich dann eigentlich durchgesetzt. Sie hat sich zum Ziel gemacht, die innere Kommunikation unter den Kollegen und die Schulentwicklung auf die Qualität des Unterrichts mehr zu fokussieren. (...)
Die Personengruppe, die den Neu- und Ausbau favorisierte, hat dann zum Rückzug geblasen. Sie haben (...) deutlich zum Ausdruck gebracht, dass sie in pädagogischer Hinsicht keinen Nachholbedarf hätten. (...) Nun muss man versuchen, diese Lehrer an den Gedanken der Qualitätsverbesserung des Unterrichts heranzuführen (SL7/44, 45).

In ihren eigenen Handlungsweisen setzten die Schulleiter nicht ausschließlich auf die Überzeugungskraft sachlicher Argumente. Vielmehr demonstrieren auch sie ein gewisses strategisches Geschick in dem Wissen, dass erfolgreiche Veränderungsprozesse auf ausreichende (Macht-)Promotion angewiesen sind.

"Daher ist es taktisch sinnvoll, ein persönliches Zweiergespräch zu suchen. (...). Was nützt es einem, wenn das Kollegium informiert ist und zustimmt, aber die vier oder fünf Meinungsführer, die das Kollegium indirekt führen, nicht auf meiner Seite sind, dann kann ich das Ganze gleich einstampfen" (SL3/46).

Trotzdem gehen die Interviewpartner mit der eigenen Macht verantwortungsbewusst um und stellen ihr Handeln in den Dienst des Gesamtwohls der Schulgemeinschaft. Wichtiger als das Ausspielen von Weisungsbefugnissen erscheint dabei erneut die eigene Vorbildfunktion:

"Du da an der Spitze sollst nützen und nicht herrschen. Wenn dieses als Schulleiter gelebt wird, verstehen die Lehrkräfte allesamt, wie der Schulleiter ist. Er nützt, er hilft in allen Dingen des täglichen Lebens, des Unterrichts, der Schule, des Schulbetriebs und auch den Schülerinnen und Schülern. Er ist kein Herrscher, sondern er ist ein Unterstützer" (SL8/44).

Nicht zuletzt sind konkrete Erfolge notwendig, um Lehrer von der Nützlichkeit einer Neuerung zu überzeugen und ihr Einsatzbereitschaft zu erhöhen:

"Wenn sich bei Lehrern, die Teams bilden, Erfolg einstellt, dann geraten die Personen, die in den alten Denkmustern verharren, ins Schwanken. Der Erfolg, die

Begeisterung, sie sich einstellt, ist der Grund für eine breite Umsetzung. Es gibt nichts Motivierenderes als den Erfolg" (SL10/24).

Einige Schulleiter betreiben eine aktive, veränderungsorientierte Personalpolitik, indem sie versuchen, Schlüsselstellen (z. B. in Steuergruppen) mit fachlich kompetenten und engagierten Mitarbeitern zu besetzen, die als Multiplikatoren den geplanten Wandel vorantreiben können.

„Es wäre ein gravierender Fehler, wenn man die Personen nicht gewinnen würde, von denen man (...) annehmen kann, dass sie die Bereitschaft dazu mitbringen würden. Selbstverständlich wird das vorher im Schulleitungsteam besprochen. In diesem Zirkel wird zunächst einmal darüber gesprochen, ob eine Neuerung eingeführt wird, ob man auch dahinter steht. Wenn das von allen Mitgliedern bejaht wird, dann wird auch überlegt, in welchen Bereichen man die Neuerung einführt, mit welchen Kollegen man den Start unternimmt und wie man das Ganze begleitet. Die Initiierung und Implementierung ist sehr stark personenbezogen. Das hängt von den Personen ab" (SL10/39).

Die Personalpolitik richtet sich indes auch an die Gegner des Wandels. Dabei erscheint es den meisten Schulleitern sinnvoll und praktikabel, offenem Widerstand nicht mit Gegenwehr, sondern mit einer Einladung zur Mitarbeit zu begegnen.

„Mit den Opponenten kann man eigentlich nur so umgehen, dass sie potenziell an dem Prozess teilnehmen können und man ihnen grundsätzlich eine offene Hand zukommen lässt. Es darf kein Zwang ausgeübt werden. Sie müssen allerdings sehr schnell bemerken, dass der Prozess nicht wieder im nächsten halben Jahr versandet. (...) Auch müssen sie erkennen, dass es Vorteile für sie gibt. Sie müssen sehen, dass andere Kollegen Vorteile für sich herausgearbeitet haben und dass die Aktivität in diesem Bereich von der Schulleitung anerkannt wird" (SL10/41).

Eine durchgängig positive Bewertung erfahren die gestiegenen Einflussmöglichkeiten von Berufsschulleitern auf die Personalauswahl. Auf diese Weise soll gewährleistet werden, dass sich zukünftige Kollegiumsmitglieder der Schulphilosophie und dem Qualitätsgedanken verpflichtet fühlen.

„In diesem Zusammenhang ist es vorteilhaft, dass der Schulleiter das Personal selber aussuchen kann, selber Bewerbungsgespräche führen kann. Diese Bewerbungsgespräche führe ich nicht alleine, sondern zusammen mit meiner Stellvertreterin (...). Natürlich haben wir versucht, die Kandidaten einzuschätzen, ob sie in das Schulprofil passen, ob sie in das Kollegium passen, ob sie bereit sind, im Team zu arbeiten, ob sie bereit sind zu hospitieren (...). Und nur, wer absolut Bereitschaft gezeigt hat, im Team zu arbeiten, wurde genommen" (SL8/82).

Daneben gehören Mitarbeitergespräche und Zielvereinbarungen für einige Schulleiter bereits zum selbstverständlichen Handlungsrepertoire, obwohl ihnen im Rahmen des öffentlichen Besoldungsrecht effektive Sanktionsmechanismen fehlen, um derartigen Führungsinstrumenten den nötigen Nachdruck zu verleihen.

„Zur Zeit kann man im Mitarbeitergespräch etliche Zielvereinbarungen machen. Die nicht erreichten Ziele werden bestimmt und in der Personalakte abgeheftet. Jedoch bekommt der Lehrer das 13. Gehalt immer noch (...). Einer Person mit

wenig Ehrgefühl können Sie mit dem Mitarbeitergespräch wenig anhaben" (SL7/28).

4. Fazit

Aus den Modellvorstellungen des Change Management-Konzepts lässt sich eine Reihe von Erkenntnissen für die erfolgreiche Gestaltung schulischer Veränderungsprozesse ableiten (vgl. hierzu auch Picot et al. 1999; Rosenstiel & Comelli 2003; Seitz & Capaul 2005; Altrichter & Wiesinger 2005; Krüger 2002): Organisationaler Wandel ist kein singuläres Ereignis, sondern ein kontinuierlich zu gestaltender Prozess. Im Gegensatz zu technischen Systemen können soziale Systeme dabei nicht dirigistisch gesteuert werden, sondern müssen auf Bewegung vorbereitet werden. Um eine Neuerung zudem dauerhaft in der Organisation zu verankern, muss sie von den Mitarbeitern internalisiert und in ihre Arbeitspraktiken integriert werden. Ausgangspunkt eines erfolgreichen Managements von Veränderungsprozessen muss deshalb ein umfassendes Verständnis der emotionalen, motivationalen und einstellungsbezogenen Voraussetzungen der Organisationsmitglieder sein. Gleichzeitig sollten die individuelle Akzeptanz und Nutzung von Innovationen elementare Evaluationskriterien bilden.

Daraus ergeben sich auch unterschiedliche Handlungserfordernisse für (pädagogische) Führungskräfte in der Planungs-, Implementierungs- und Institutionalisierungsphase. Weder in der schulischen noch in der unternehmerischen Praxis mangelt es an Beispielen für misslungene Innovationsvorhaben, in denen finanzielle, zeitliche und personelle Ressourcen einseitig in umfängliche Planungsarbeiten flossen, während die Erarbeitung und Durchführung konkreter Realisierungsschritte vernachlässigt wurde. Allzu häufig werden Organisationen und ihre Mitglieder auch durch ein Zuviel an gut gemeinten Innovationsprojekten überstrapaziert. Hierbei wird oft übersehen, dass häufige Systembrüche und Strategiewechsel, die keinen Raum mehr für Konsolidierung und Routinisierung lassen, ein soziales System existenzgefährdend destabilisieren können.

Die hier interviewten Schulleiter zeigen sich modernen Managementkonzepten gegenüber aufgeschlossen und erkennen ihre besondere Verantwortung für den Verlauf schulischer Veränderungen. Damit bilden die Ergebnisse dieser Studie durchaus einen gewissen Kontrast zu anderen Arbeiten der Schulleitungsforschung (vgl. z. B. Wissinger 1996). Ein Grund dafür mag sein, dass berufliche Schulen in Untersuchungen bisher weitgehend ausgeblendet blieben. Möglicherweise zeichnet sich hier ein Hinweis auf schulartspezifische Unterschiede in der Leitungspraxis ab, der weiterführende Untersuchungen sinnvoll erscheinen lässt. Die Aussagen der Berufsschulleiter lassen jedenfalls eine besondere Nähe zu den in der Betriebswirtschaftslehre diskutierten Erfolgsfaktorenmodellen erkennen:

- *Veränderungen brauchen Prozessqualität*: Erfolgreicher organisatorischer Wandel wird von einem gelungenen Projektmanagement begleitet, das Ziele und Realisierungsstrategien konkretisiert, verbindliche Zuständigkeiten und Terminierungen festlegt und Ergebniskontrollen durchführt, ohne die Beteiligten in ein starres Korsett zu pressen. Der Planbarkeit, Systematik und Detailsteuerung von Innovationen scheinen allerdings im schulischen Handlungskontext natürliche Grenzen in Form behördlicher Vorgaben sowie durch die pädagogische Freiheit der Lehrer gesetzt zu sein (vgl. auch Altrichter & Posch 1999, 202; Tenberg 2003, 57). Daher versuchen viele Schuleiter auf dem Wege direkter Kontakte informellen, beratenden Einfluss auf den Prozessverlauf zu nehmen. Bei einer Gesamtbetrachtung der Interviews fällt zudem auf, dass in etlichen Schulen zahlreiche Einzelmaßnahmen initiiert wurden, die jede für sich genommen einen wertvollen Beitrag zur Qualitätsverbesserung leisten, aber untereinander nur lose gekoppelt sind. Es fehlt vielfach ein über einzelne Veränderungsthemen hinausweisender, ganzheitlicher strategischer Rahmen, der bislang isolierte Aktivitäten integriert und koordiniert.

- *Veränderungen brauchen Managementqualität*: Partizipation an der Entscheidungsfindung und das Prinzip der Delegation haben sich insbesondere in den Implementierungsphasen bewährt, um Akzeptanz zu schaffen, alltagstaugliche Umsetzungsschritte zu entwerfen und dabei kreative Potentiale und Expertise im Kollegium zu nutzen. Eine herausragende Bedeutung kommt dabei nicht selten Fachbereichsleitern zu, die an den untersuchten Berufsschulen offensichtlich die Rolle des Fachpromotors übernehmen. In erfolgreichen Veränderungsprozessen scheint allgemein der intensive Austausch zwischen den Beteiligten geglückt. Als formelle Plattformen wurden dabei primär pädagogische Tage und Fachbereichssitzungen genutzt, aber auch das spontane Gespräch wurde von den Schulleitern immer wieder aktiv gesucht. Gelungene Kommunikation zeichnet sich nach den Erkenntnissen der Innovationsforschung dadurch aus, dass sie die Betroffenen über die Gründe der Veränderung (Wandlungsbedarf), die konkreten Inhalte (Programmziele), alle individuellen Konsequenzen (notwendige Wandlungsbereitschaft und -fähigkeit) sowie über alle Erfolge und relevanten Misserfolge inklusive ihrer Ursachen (Feedback) informiert.

- *Veränderungen brauchen mikropolitische Unterstützung im ethisch vertretbaren Rahmen:* Die genaue Analyse mikropolitischer Prozesse und ihre Beachtung bei Entscheidungen sind wesentliche Gelingensbedingungen tief greifender Wandlungsprozesse, denn bei der gemeinsamen Arbeit in der Schule werden stets (auch) persönliche Interessen verfolgt und Freiräume wahrgenommen, die jenseits offizieller Strukturen und Regeln bestehen. Eine wesentliche Aufgabe der Schulleitung ist es daher, individuelle Ziele und Ziele der Organisation einander anzunähern. Das persönliche Engagement der Lehrer für die Weiterentwicklung der Schule muss sich dabei auch aus ihrer Sicht lohnen. Imagegewinn, Karrieremöglichkeiten, spürbarer Nutzen für die eigene Unterrichtstätigkeit sind dabei ein mindestens ebenso wertvoller Ansporn wie das regelmäßige Gehalt (vgl. auch Rosenbusch 2005, 162 ff.).

Zusammenfassend ist festzuhalten: Substanzielle Qualitätssteigerungen in der (beruflichen) Bildung sind insbesondere dann möglich, wenn Lern- und Arbeitserfolge simultan auf der Ebene der Leitung der Bildungsinstitution, der Lehr- bzw. Ausbildungspersonen sowie der Lernenden angestrebt werden. Hierzu ist es notwendig, substanzielle Beschaffenheiten und Unterschiede sowie strukturelle Wirkmechanismen zwischen verschiedenen Ebenen zu identifizieren bzw. zu überprüfen. Mit Fend (2000, 61) gehen wir davon aus, dass entsprechende Fragen insbesondere „in einem mehrebenenanalytischen Design von Bildungssystemen und im Rahmen der Vorstellung […], dass das Bildungssystem von Personen ‚gemacht' wird, die auf verschienen Ebenen in einem gesetzlichen Rahmen gestaltend tätig sind", sinnvoll zu bearbeiten sind. Es geht also immer darum, Qualitätsentwicklungen auf der Makro-, Meso- und Mikroebene im Spannungsfeld von Organisations-, Personal- und Selbstentwicklung zu beobachten und ihre Wirkungen auf den angestrebten Erfolg hin zu überprüfen. Hierzu bedarf es geeigneter Forschungsprogramme (vgl. Seifried et al. 2005; Sembill 2005).

Literatur

Altrichter, H. & Wiesinger, C. (2005). Implementation von Schulinnovation – aktuelle Hoffnung und Forschungswissen. http://paedpsych.jk.uni-linz.ac.at/internet/ ORGANISATION-ORD/ALTRICHTERORD/IMPLse2 PlusLit.pdf, Stand: 20.04.2006.
Altrichter, H. & Eder, F. (2004). Das „Autonomie-Paritätsmuster" als Innovationsbarriere? In H G. Holtappels (Hrsg.), Schulprogramme – Instrumente der Schulentwicklung: Konzeptionen, Forschungsergebnisse, Praxisempfehlungen Schulprogramme. Weinheim, München: Juventa.
Altrichter, H. & Posch, P. (1999). Aufbauprozesse der Qualitätsentwicklung im Schulwesen. Vergleichende Analyse ihrer Merkmale und Bedingungen. In H. Altrichter & P. Posch (Hrsg.), Wege zur Schulqualität – Studien über den Aufbau von qualitätssichernden und qualitätsentwickelnden Systemen in berufsbildenden Schulen. Innsbruck, Wien: Studien Verlag.
Altrichter, H. & Posch, P. (1996): Mikropolitik der Schulentwicklung. Innsbruck: Studien Verlag.
Al-Ani, A. & Gattermeyer, W. (2000). Entwicklung und Umsetzung von Change Management-Programmen. In W. Gattermeyer & A. Al-Ani (Hrsg.), Change Management und Unternehmenserfolg (S. 13–40). Wiesbaden: Gabler.
Arnold, R. & Griese, C. (2004). Editorial. In R. Arnold & C. Griese (Hrsg.), Schulleitung und Schulentwicklung. Voraussetzungen, Bedingungen, Erfahrungen (S. 1–3). Hohengehren: Schneider.
Bach, N. (2002). Mitarbeiter als Betroffene des Unternehmungswandels. In W. Krüger (Hrsg.), Excellence in Change: Wege zur strategischen Erneuerung. 2. vollst. überarb. Aufl., Wiesbaden: Gabler Verlag, 165–192.
Bonsen, M. (2003). Schule, Führung, Organisation: eine empirische Studie zum Organisations- und Führungsverständnis von Schulleiterinnen und Schulleitern. Münster: Waxmann.
Biewer, W. (1994). Steuerung und Kontrolle öffentlicher Schulen. Neuwied, Kriftel, Berlin: Luchterhand.
Böttcher, W. (2002). Kann eine ökonomische Schule auch eine pädagogische sein? Schulentwicklung zwischen Neuer Steuerung, Organisation, Leistungsevaluation und Bildung. Weinheim: Juventa.
Büchter, K. & Gramlinger, F. (2003): Berufsschulische Kooperation als Analysekategorie: Beziehungen, Strukturen, Mikropolitik – und CULIK. http://www.bwpat.de/ausgabe3/buechter_gram_bwpat3.shtml. Stand: 30.05.2006
Büchter, K. & Gramlinger, F. (Hrsg.) (2004). Implementation und Verstetigung von Netzwerken in der Berufsbildung. Paderborn: Eusl.
Dubs, R. (2005). Die Führung einer Schule. Leadership und Management. 2. vollständig neu bearb. Aufl., Zürich: Verlag SKV.
Elke, G. (1999). Organisationsentwicklung: Diagnose, Intervention und Evaluation. In C. Graf Hoyos & D. Frey (Hrsg.), Arbeits- und Organisationspsychologie. Weinheim: Psychologie Verlags Union, S. 449–467.

Fend, H. (2000). Qualität und Qualitätssicherung im Bildungswesen: Wohlfahrtsstaatliche Modelle und Marktmodelle. In: A. Helmke, W. Hornstein & E. Terhart (Hrsg.), Qualität und Qualitätssicherung im Bildungsbereich. Schule, Sozialpädagogik, Hochschule. Zeitschrift für Pädagogik, 41. Beiheft, 55–72.

Gebert, D. & Rosenstiel, von L. (1996). Organisationspsychologie – Person und Organisation. 4. überarb., erw. Aufl. Stuttgart: Kohlhammer.

Gemünden, H-G. & Walter, A. (1998). Beziehungspromotoren – Schlüsselpersonen für zwischenbetriebliche Innovationsprozesse. In J. Hauschild & H.-G. Gemünden (Hrsg.), Promotoren – Champions der Innovation (S. 111–132). Wiesbaden: Gabler.

Gläser, J. & Laudel, G. (2004). Experteninterviews und qualitative Inhaltsanalyse. Wiesbaden: VS Verlag für Sozialwissenschaften.

Grossmann, R. (Hrsg.) (1997). Besser Billiger Mehr. Zur Reform der Expertenorganisationen Krankenhaus, Schule, Universität. Iff-Texte. Bd. 2. Wien/New York: Springer.

Hall, G. & Hord, S. (2001). Implementing change: patterns, principles, and potholes. Boston, London, Toronto: Allyn and Bacon.

Hauschildt, J. (1997). Innovationsmanagement. 2. überarb. Aufl., München: Vahlen.

Hauschildt, J. & Gemünden, H-G. (1998). Das Promotoren-Modell im Spannungsfeld von Erklärung und Gestaltung. In J. Hauschildt & H.-G. Gemünden (Hrsg.) Promotoren – Champions der Innovation (S. 1–8). Wiesbaden: Gabler.

Holtappels, H. G. (Hrsg.) (2004). Schulprogramme – Instrumente der Schulentwicklung. Konzeptionen, Forschungsergebnisse, Praxisempfehlungen. Weinheim und München: Juventa.

Kremer, H.-H. (2003). Implementation didaktischer Theorie – Innovationen gestalten. Paderborn: Eusl.

Krüger, W. (2002) (Hrsg.). Excellence in Change: Wege zur strategischen Erneuerung. 2., vollst. überarb. Aufl., Wiesbaden: Gabler.

Lewin, K. (1963). Feldtheorien in den Sozialwissenschaften: Ausgewählte theoretische Schriften. Bern: Huber.

Meier, M. (2006). Leadership in beruflichen Schulen – Zur Rolle des Schulleiters im Change Management. Unveröffentlichte Diplomarbeit. Lehrstuhl für Wirtschaftspädagogik, Universität Bamberg.

Meuser, M. & Nagel, U. (2005). Experteninterview – Wissenssoziologische Voraussetzungen und methodische Durchführung. In B. Friebertshäuser & A. Prengel (Hrsg.), Handbuch Qualitativer Forschungsmethoden in der Erziehungswissenschaft. Weinheim, München: Juventa.

Müller-Stewens, G. & Lechner, C. (2001). Strategisches Management: wie strategische Initiativen zum Wandel führen. Stuttgart: Schäffer-Poeschel.

Picot, A., Freudenberg, H. & Gassner, W. (1999): Management von Reorganisation: Maßschneidern als Konzept für den Wandel. Wiesbaden: Gabler.

Reiß, M. (1997). Change Management als Herausforderung. In M. Reiß, L. von Rosenstiel & A. Lanz (Hrsg.), Change Management – Programme, Projekt und Prozesse. Stuttgart: Schäffer-Poeschel.

Rolff, H.-G., Buhren, C., Lindau-Bank, D. & Müller, S. (2000). Manual Schulentwicklung: Handlungskonzept zur pädagogischen Schulentwicklungsberatung (SchuB). 3. Aufl., Weinheim, Basel: Beltz-Pädagogik.

Rosenbusch, H. (2005). Organisationspädagogik der Schule. Grundlagen pädagogischen Führungshandelns. München, Neuwied: Luchterhand.

Rosenstiel, L. von & Comelli, G. (2003). Führung zwischen Stabilität und Wandel. München:Vahlen Verlag.

Rühli, E. (1992). Gestaltungsmöglichkeiten der Unternehmensführung. Berlin, Stuttgart, Wien: Haupt Verlag.

Seitz, H. & Capaul, R. (2005). Schulführung und Schulentwicklung. Theoretische Grundlagen und Empfehlungen für die Praxis. Bern, Stuttgart, Wien: Haupt.

Schratz, M., Iby, M. & Radnitzky, E. (2000). Qualitätsentwicklung. Verfahren, Methoden, Instrumente. Weinheim und Basel: Beltz.

Schumacher, L. (2002). Emotionale Befindlichkeit und Motive in Lerngruppen. Hamburg: Dr. Kovač.

Seifried, J. & Sembill, D. (2005). Emotionale Befindlichkeit in Lehr-Lern-Prozessen in der beruflichen Bildung. Zeitschrift für Pädagogik, 51(5), 656–672.

Seifried, J., Sembill, D., Nickolaus, R. & Schelten, A. (2005). Analysen systemischer Wechselwirkungen beruflicher Bildungsprozesse – Forschungsstand und Forschungsperspektiven beruflicher Bildung. In: Zeitschrift für Berufs- und Wirtschaftspädagogik, 101(4), 229–245.

Sembill, D. (1992). Problemlösefähigkeit, Handlungskompetenz und Emotionale Befindlichkeit. Zielgrößen forschenden Lernens. Göttingen, Toronto & Zürich: Hogrefe.

Sembill, D. (2003). Emotionale Befindlichkeit als bestimmende und sinngebende Voraussetzung von Lern- und Lebenswirklichkeit. In van Buer, J. & Zlatkin-Troitschanskaia, O. (Hrsg.), Berufliche Bildung auf dem Prüfstand – Entwicklung zwischen systemischer Steuerung, Transformation durch Modellversuche und unterrichtlicher Innovation, Frankfurt a.M. u. a.: Lang, 181–205.

Sembill, D. (2005). Chancen und Grenzen von Selbststeuerungskonzepten. In Beek, H. & Jahn, K.-H. (Hrsg.), Personalentwicklung im Berufseinstieg, Frankfurt/a. M.: G.A.F.B.-Verlag, 125–152.

Steiger, T. & Hug, B. (1999). Psychologische Konsequenzen von Veränderungen. In T. Steiger & E. Lippmann (Hrsg.), Handbuch angewandte Psychologie für Führungskräfte (S. 257–273). Band 2. Berlin, Heidelberg, New York: Springer.

Tenberg, R. (2003). Abschlussbericht der wissenschaftlichen Begleitung des Modellversuchs QUABS durch den Lehrstuhl für Pädagogik der Technischen Universität München. http://www.lrz-muenchen.de/~tenbergpublikationen/pdf/abschlussbericht.pdf. Stand: 20.04.2006.

Wissinger, J. (1996). Perspektiven schulischen Führungshandelns: eine Untersuchung über das Selbstverständnis von SchulleiterInnen. Weinheim und München: Juventa.

Witte, B. (1973). Organisation für Innovationsentscheidungen: das Promotoren-Modell. Göttingen: Schwartz.

Vahs, D. & Leiser, W. (2003). Change Management in schwierigen Zeiten – Erfolgsfaktoren und Handlungsempfehlungen für die Gestaltung von Veränderungsprozessen. Wiesbaden: Deutscher Universitäts-Verlag.

Zukunftssicherung durch das Balanced Scorecard (BSC) orientierte Schulmanagement-Programm Kollux – Praxis-Beispiel der Hermann-Hedenus-Hauptschule, Erlangen

ROSEMARIE THIELE

1. Problemstellung 126

2. Kollux an der Hermann-Hedenus-Hauptschule in Erlangen 127

3. Grundlagen des Modells Kollux 127
   - 3.1 Prozess und Balanced Scorecard -Orientierung von Kollux 128
   - 3.2 Zielsetzung (Vision)/Leitbild(er) 128
   - 3.3 Strukturierung des Aufgabengebiets der Schule 129
     - 3.3.1 Entwicklung von Zufriedenheit und Kompetenz der Mitarbeiter 130
     - 3.3.2 Entwicklung von Unterricht 130
     - 3.3.3 Entwicklung von Erziehung und Sozialarbeit 130
     - 3.3.4 Entwicklung von Zufriedenheit und Mitwirkung von Schülern und Eltern 131
     - 3.3.5 Entwicklung von Öffentlichkeitsarbeit 131
     - 3.3.6 Entwicklung von Organisation und Ressourcen 131
   - 3.4 Zuordnung von Vorhaben am Beispiel der Hermann-Hedenus-Hauptschule 131
   - 3.5 Belegung mit Messzahlen 133
   - 3.6 Qualitätsentwicklung durch Selbstevaluation 134

4. Prozessablauf zur Ein- und Weiterführung 137

5. Managementaufgabe der Schulleitung 138

6. Resümee 139

1. Problemstellung

Wer kennt diese Situation nicht? Von Kolleginnen und Kollegen werden zusammen mit Schülerinnen und Schülern mit großem Aufwand Projekte/Vorhaben kreiert, mit Eifer aller Beteiligten recherchiert und über die gesamte Arbeit von der Idee bis zu ansehnlichen Ergebnissen professionelle Präsentationen angefertigt. Über die Jahre macht sich nach wiederholtem Vorgehen dieser Art eine gewisse Lustlosigkeit breit, da die mit viel Enthusiasmus angegangenen Projekte und deren liebevolle Aufbereitung meist sehr schnell in Vergessenheit geraten und somit verständlicherweise die Lust an der Kreativität leicht vergeht und in „zwanghaftes" Projektmanagement umschlägt. Abhilfe schafft eine kontinuierliche Projektarbeit, deren „Stationen" bei entsprechenden Veranstaltungen präsentiert werden.

Oft ist auch der Informationsfluss innerhalb der Kollegien „versiegt" bzw. man hat sich mit belastenden Gegebenheiten arrangiert. Bei einer gemeinsamen nachhaltigen Projektgestaltung (über ein Schuljahr oder mehrere Schuljahre hinweg) entdeckt manche Lehrkraft, dass sie mit ihren Problemen nicht alleine dasteht. Das entlastet, weil das Problem nicht mehr aus mangelnder eigener Kompetenz resultierend gesehen wird und motiviert, in der Gruppe Lösungen zu suchen.

Die Fülle sowie inhaltliche Vielfalt der Vorhaben macht es Schulleitungen schwer einen Überblick über entsprechende Projekte zu behalten. Eine Strukturierung der Projekte bzw. Zuordnung in schulische Aufgabenfelder ließe schnell eine Übersicht über die Aktivitäten an der Schule zu. Solch eine Zuordnung könnte helfen, eine Ausgewogenheit der Projekte zu erreichen und auch vor zu vielen Aktivitäten schützen, da beim näheren Hinsehen oft erst offenkundig wird, was alles geleistet wird.

Schließlich wird die Arbeitsökonomie bei zunehmenden Aufgaben für Kollegien und Schulleitungen ein immer wichtiger werdendes Thema. Die entscheidende Frage lautet: Wie können sich Schulen mit den vorhandenen Ressourcen den zusätzlichen „Anforderungen" Schulentwicklung, Qualitätsentwicklung oder Evaluation stellen bzw. wie kann Schulmanagement bei zunehmender Belastung Entlastung schaffen?

Um den vielfältigen Bedürfnissen von Schulen gerecht zu werden, wurde mit „Anleihen" aus der Wirtschaft das Schulmanagementsystem Kollux entwickelt, das hilft, o. g. Bedürfnissen gerecht zu werden. Im Wort Kollux (von lat. collis/der Hügel und lux/das Licht, also das Licht, das hinter dem Berg aufgeht) bildet sich auch der Begriff Kollegium ab, welches sich auf den Weg macht.

Um Schulmanagement qualitätsentwickelnd leisten zu können, brauchen Kollegien und Schulleitungen ein Instrument, das moderne Erfordernisse erfüllt und flexibel auf Veränderungen reagieren kann. Das in der Industrie verwendete Instrument der Balanced Scorecard (BSC) liefert dazu wichtige Bausteine für den Aufbau des Schulmanagement-Programms Kollux. Dazu ist eine ganzheitliche Betrachtung der Schule, ihrer Zielsetzung sowie der Strukturierung ihrer Aufgaben notwendig. Ein wesentlicher Anspruch ist die eigenverantwortliche Evaluation mit daraus resultierenden eingeleiteten Maßnahmen zur Qualitätssteigerung. Der Erfolg dieser Maßnahmen wird wiederum nachhaltig überprüft, so dass ein Regelkreis von interner Evaluation und entsprechenden Maßnahmen zur Qualitätssicherung entsteht.

2. Kollux an der Hermann-Hedenus-Hauptschule in Erlangen

2003 wurde an der Hermannn-Hedenus-Hauptschule Erlangen mit dem pragmatischen Ansatz der gleichzeitigen Entwicklung sowie Instrument-Weiterentwicklung das Schulmanagement-Programm Kollux eingeführt. Mit zwei weiteren Schulen (Schultypen), dem Emmy-Noether-Gymnasium Erlangen sowie der Wirtschaftsschule am Röthelheimpark W.i.R. konnte in dem von der Stiftung Bildungspakt Bayern geförderten Schulartübergreifenden Modellversuch (2003/04 bis 2005/06) die Übertragbarkeit von Kollux auf andere Schulen/Schultypen nachgewiesen werden.

Die Hermann-Hedenus-Hauptschule, im Stadtwesten von Erlangen gelegen, ist mit ca. 400 Schülerinnen und Schülern und 18 Klassen die zweitgrößte der drei Erlanger Hauptschulen. Zum Profil der Schule tragen z. B. auch der M-Zug und die kooperative Zusammenarbeit mit dem Jugendamt bzgl. der Schulsozialarbeit bei. Angebote wie das Schulcafe, Mittagsbetreuung, Mediatoren, Nachwuchspflege der Klassensprecher, SMV-Schulung oder die Schülerfirma runden das Bild ab. Um für die Schülerinnen und Schüler den Start in die Arbeitswelt gelingen zu lassen, sucht die Schule die Kooperation zu Firmen (auch für Betriebspraktika) und kümmert sich selbst darum, indem z. B. Berufsfindungswochen mit Bewerbungstraining (Berufswahl, professionelles Erstellen der Bewerbungsunterlagen, Vorstellungsgespräche mit Vertretern der Wirtschaft) durchgeführt werden. Besonders wichtig sind daher die Außenkontakte der Schule zu örtlichen Firmen, wie z. B. OBI, die großen Wert auf Qualitätsmanagement legen und die Schule in jeglicher Art unterstützen. Unterstützung besonderer Art erfährt die Schule auch von der in Erlangen ansässigen Firma Siemens AG, die immer ein Angebot von Praktikumsplätzen hat und auch mit Sachmitteln weiterhilft.

Seit dem Schuljahr 2004/2005 wird die Hermann-Hedenus-Hauptschule mit Kollux gemanagt. Die Lehrkräfte stellen ein Schulprogramm auf, das jährlich überprüft wird mit Kollux gesteuert und weiterentwickelt wird. Zum Profil der Hermann-Hedenus-Hauptschule gehört auch, dass die Aufgaben in der Schulleitung als gemeinsame Aufgabe gesehen wird und dass sich die Schulleitung besonders um die Entwicklung des Unterrichts, um modernes Schulmanagement durch innere Schulentwicklung und um Kooperation mit Eltern kümmert. Ein ständiges Bemühen um die Elternschaft zeigt Früchte. Der Elternbeirat ist hochmotiviert und vertritt die Interessen der Schule auch bei nächsthöheren Managementebenen.

3. Grundlagen des Modells Kollux

Vorreiter für Qualitätsentwicklung und Qualitätsinstrumente sind sicher Industrie und Wirtschaft. Insofern muss man sich kein neues System ausdenken. Bei näherer Beschäftigung mit den gängigen „Modellen" fällt allerdings auf, dass letztlich alle Qualitätsinstrumente auf Profit ausgerichtet sind, was in der Schule von der finanziellen Seite her gesehen nicht das Ziel sein kann und keine sinnvolle Entsprechung findet. Insofern ist es schwierig, ein System 1:1 umzusetzen, bzw. es gelingt nicht.

Die Balanced Scorecard (BSC) ist mit ihrem Kennzahlensystem ein Instrument, das nicht nur monetäre Aspekte (hard facts), sondern auch Kriterien wie Kundenzufriedenheit (soft facts) berücksichtigt und in hohem Maße auf Innovationen setzt.

Strategische Ziele werden heruntergebrochen auf Vorhaben, deren Erfolg gemessen wird. Innere Prozesse eines Unternehmens sowie die Finanzperspektive komplettieren die vier Original-Perspektiven einer Balanced Scorecard. Diese vier Perspektiven („Kunden", „Personalpotenzial", „interne Prozesse" und „Finanzen") der BSC 1:1 auf Schulen anzuwenden, führt also, wie oben bereits angeführt, nicht zum Erfolg.

Zum Erfolg führt in der Tat nur ein gedanklicher Perspektivenwechsel, indem man das Aufgabengebiet von Schulen von außen betrachtet und die Aufgabenfelder von Schulen an ihrem Handlungsspielraum definiert. Mit den beschriebenen Aufgabenfeldern (entsprechend der Perspektiven bei BSC) lässt sich dann die Methodik der BSC hervorragend auf Schulen anwenden.

3.1 Prozess und Balanced Scorecard -Orientierung von Kollux

Kollux ermöglicht durch vorgegebene Prozessschritte u. a. durch Orientierung an der Balanced Scorecard die Erarbeitung, Umsetzung und Steuerung eines Schulprogramms und wissenschaftlich abgesicherte Aussagen über die Qualität von Schulen. Falls bereits ein Schulprogramm besteht, lässt sich Kollux dafür als nachhaltiges Steuerungs- und Managementinstrument einsetzen. Mit dem Programm/den Prozessschritten werden

- die Zielsetzung/das Leitbild (die Leitbilder) der Schule definiert,
- das gesamte Aufgabengebiet der Schule in 6 Arbeitsfelder (vorgegeben s. u.) strukturiert,
- den 6 Arbeitsfeldern schulartspezifische/schulinterne Vorhaben (Projekte) ausgerichtet auf die Zielsetzung zugeordnet,
- die Einzel-Vorhaben im jeweiligen Projektteam mit Messzahlen belegt, die in festgelegten Zeitabständen erhoben und mit der Schulleitung diskutiert werden,
- darüber hinaus die Qualität der 6 Arbeitsfelder über eine Indiaktorenabfrage (für die Zielgruppen Schüler, Eltern, Lehrkräfte, Schulleitung) ermittelt
- und die Ergebnisse der Selbstevaluation sowohl der Einzel-Vorhaben als auch der 6 Arbeitsfelder in Maßnahmen umgesetzt, nach deren Durchführung erneut die Ergebnisse regelkreisartig diskutiert und evaluiert werden (siehe 4. Prozessablauf).

3.2 Zielsetzung (Vision)/Leitbild(er)

Erste Aufgabe wird sein zu ermitteln, welcher Zielsetzung (Vision) oder welchem Leitbild (welchen Leitbildern) die eigene Schule nach Absprache aller, die am Schulleben beteiligt sind, verpflichtet ist. Schulische Leitziele sind durch die Kultusministerien übergeordnet vorgegeben, doch besteht die Notwendigkeit, die Ziele für die eigene Schule so herunterzubrechen, dass sie die Schwerpunkte der Schule charakterisieren (Fokussierung). Auch das jeweilige Schulprofil muss sich in der Zielsetzung manifestieren. Insofern ist es möglich, dass sich in der eigenen Schulart unterschiedliche Leitbilder finden. Nach diesen Leitbildern richten sich alle Aktivitäten der Schule aus. So lautet z. B. das Leitbild der Hermann-Hedenus-Hauptschule:

"Wir unterstützen unsere Schülerinnen und Schüler in ihrer Persönlichkeitsentwicklung und kümmern uns um ihre Bildung sowie einen guten Berufsstart."

Die Hermann-Hedenus-Hauptschule hat sich neben der Persönlichkeitsentwicklung und Bildung als Schwerpunkt gesetzt, Sorge dafür zu tragen, dass jede Schülerin/jeder Schüler nach Beendigung der Schulzeit eine Perspektive für die weitere berufliche Laufbahn hat. Nicht alle werden einen Vertrag für einen Ausbildungsplatz in der Tasche haben, aber jeder sollte „untergekommen" sein, sei es in einer Fachschule oder auch in einer Maßnahme der Arbeitsagentur. Diese Vision ist maßgeblich für die Vorhaben der Schule, denn letztendlich müssen alle Aktivitäten zu einer möglichst hohen Erfolgsquote dieser Vision beitragen.

3.3 Strukturierung des Aufgabengebiets der Schule

Kollux strukturiert das Aufgabengebiet für Schulen in 6 Arbeitsfelder (siehe Abb. 1), die die tragenden Elemente zur Erreichung der Zielsetzung bzw. zur Erfüllung des Leitbildes sind und alle Bereiche der schulischen Arbeit beinhalten. Dies ermöglicht einen systematischen Überblick über die laufenden Aufgaben und Projekte und versetzt das Schulmanagement in die Lage, Strategien zu entwickeln, Schwerpunkte zu setzen und eine Ausgeglichenheit zwischen den Arbeitsfeldern zu erreichen, womit Ziele im Sinne von Balanced Scorecard verfolgt werden.

Abb. 1: Kollux-Arbeitsfelder
Quelle: eigene Darstellung

Die Entwicklungen von Zufriedenheit und Kompetenz der Mitarbeiter, Unterricht, Erziehung und Sozialarbeit, Zufriedenheit und Mitwirkung von Schülern und Eltern sind wichtige und tragende Säulen für das Leitbild. Öffentlichkeitsarbeit, Organisations- und Ressourcenentwicklung tangieren alle Gebiete und sind damit durchgehende Elemente, die die Zielsetzung mittragen. Jedes Aufgabenfeld hat zwar seine eigene Bedeutung in der Gesamtstruktur, steht aber zu jedem anderen in Beziehung.

3.3.1 Entwicklung von Zufriedenheit und Kompetenz der Mitarbeiter

Mit diesem Arbeitsfeld wird u. a. die Identifikation der Lehrkräfte sowohl mit ihrer Tätigkeit, als auch mit ihrer Schule gewährleistet. Kompetenzen wie kollegiales Agieren, Teamverhalten sowie Achten auf psychische Hygiene, werden damit erfasst und weiterentwickelt. Berücksichtigung findet auch der wichtige Aspekt der Fortbildung um z. B. neueste pädagogische und methodisch-didaktische Richtungen im Unterricht anwenden zu können.

3.3.2 Entwicklung von Unterricht

Die innovative Perspektive des Unterrichts garantiert, dass die neuesten wissenschaftlichen Erkenntnisse in die Arbeit einfließen und kein Stillstand in den Lehr- und Lernformen eintritt. Auch hier sind Flexibilität und ständiges Ringen um Verbesserung bei Lehrern und Schülern gefragt. Neue, den heutigen Verhältnissen angepasste Lernstrategien sind einzusetzen, um somit leichter zukünftige Standards erfüllen zu können. Denn Festhalten am Erreichten, fehlende Innovationen bedeuten nicht Sicherstellung des Status Quo, sondern Rückschritt.

3.3.3 Entwicklung von Erziehung und Sozialarbeit

Die Veränderungen des sozialen Umfeldes mit ihren Auswirkungen lösen Entwicklungen in der Erziehung und Sozialarbeit aus. Sich ändernde Strukturen verlangen eine schulische Antwort. Jugendliche leben oft in anderen als herkömmlich genormten sozialen Strukturen. Elternhäuser leisten oft nicht mehr die notwendige Erziehungsarbeit, verzichten auf konsequente Anleitung und bieten zu wenig unterstützende Ordnung.

So sind vor allem Lehrkräfte und ggf. Sozialarbeiter in enger Verflechtung mit der Schulleitung im Hinblick auf ihre sich ergänzenden Maßnahmen tätig und aufeinander angewiesen. Aber auch ein scheinbar intaktes Umfeld kann erforderliche Maßnahmen veranlassen. Wenn z. B. Schülerinnen oder Schüler schon in der Grundschule von ihren Eltern unter zu hohen Leistungsdruck gesetzt werden und von den Lehrkräften erwartet wird, dass sie Kinder, unabhängig von ihrer Leistungsfähigkeit oder ihrer Entwicklung für weiterführende Schulen, wie Gymnasien oder Realschulen, empfehlen.

3.3.4 Entwicklung von Zufriedenheit und Mitwirkung von Schülern und Eltern

Zufriedene Schüler lernen besser. Insofern ist es wichtig auf eine angstfreie Atmosphäre, abwechslungsreichen und nachhaltigen Unterricht zu achten. Aufgeklärte und informierte Eltern stehen mehr hinter ihrer Schule und ihren Lehrkräften, d. h. die Elternarbeit lässt sich dann wesentlich effizienter gestalten. Wenn Erziehungsberechtigte in wichtige Entscheidungen z. B. über das Schulforum einbezogen werden, fühlen sie sich nicht mehr reduziert auf die Zubereitung von Speisen bei Schulfesten und sind demzufolge oft bereit, sich auch sozial oder politisch für ihre Schule einzusetzen.

3.3.5 Entwicklung von Öffentlichkeitsarbeit

Auch die Öffentlichkeitsarbeit erfüllt mehrere Aufgaben und dient diversen Zwecken. Zum einen erfreut es die in der Schule tätigen Mitarbeiter sowie die Eltern, in der Öffentlichkeit von ihrer Schule zu hören, zu sehen und zu lesen. Dies erhöht ihre Motivation, das Schulleben mitzugestalten. Informationen über die jeweilige Schule erleichtern den Eltern und Jugendlichen die Wahl der Schullaufbahn. Andererseits wird die Entscheidung bei der Vergabe von Ausbildungsplätzen beim Arbeitgeber erleichtert, wenn er weiß, was eine bestimmte Schule zu bieten hat, wie das jeweilige Schulprofil aussieht und in welchen Bereichen sie ihre Schwerpunkte setzt. Außerdem besteht in diesem Arbeitsfeld die Möglichkeit die tatsächlichen Leistungen der Schule bzw. der Lehrkräfte darzustellen. Damit lässt sich auch ein Beitrag für die Wiederherstellung eines positiven Images für die Lehrkräfte leisten.

3.3.6 Entwicklung von Organisation und Ressourcen

Gerade in der heutigen Zeit, da Staatsfinanzen knapp sind, müssen finanzielle und personelle Ressourcen voll ausgeschöpft werden. Fördervereine, Sponsoren, Aktivitäten von Eltern und die Beschäftigung von Honorarkräften sollten heute mehr denn je zum schulischen Alltag gehören.

Die Organisations-Entwicklung ist im betriebswirtschaftlichen Sinn zu sehen und beinhaltet u. U. die Weiterentwicklung der Kommunikation und Optimierung von Prozessabläufen, geht damit von einer ganzheitlichen Perspektive aus.

3.4 Zuordnung von Vorhaben am Beispiel der Hermann-Hedenus-Hauptschule

Den 6 Arbeitsfeldern werden Vorhaben/Projekte zugeordnet, die auf die Zielsetzung der Schule ausgerichtet sind und deren Gelingen durch Messzahlen (siehe 3.5) verfolgt wird. Vorhaben können z. B. aus Ergebnissen der externen oder internen Evaluation (Kollux-Indikatoren-Abfrage, siehe 3.6) Brainstorming etc. generiert werden. Besteht bereits ein Schulprogramm, kann dieses übernommen und die einzelnen Projekte in die entsprechenden Arbeitsfelder eingetragen werden. Abb. 2 zeigt als Beispiel die Vorhaben der HHS.

Da Vorhaben in vielen Fällen nicht nur ein Arbeitsfeld betreffen, wird es dem Arbeitsfeld zugeordnet, das es schwerpunktmäßig betrifft, bzw. auf das es ausgerichtet sein soll. Die Auswirkungen auf andere Arbeitsfelder werden durch Selbst-

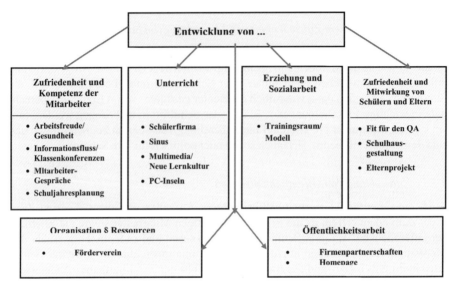

Abb. 2: Kollux-Vorhaben der Hermann-Hedenus-Hauptschule
Quelle: eigene Darstellung

evaluation, mittels Indikatoren, (siehe 3.6) erfasst. Im Dezember 2004 gründeten Schülerinnen und Schüler von der 8. bis zur 10. Jahrgangsstufe der Hermann-Hedenus-Hauptschule die Schülerfirma H³S. Die Hauptanliegen (Ziele) der Schülerfirma bezogen auf die Schülerinnen und Schüler sind:
– Erhöhung der Chancen bei der Bewerbung auf einen Ausbildungsplatz
– Gewinnung von Einsichten in wirtschaftliche Abläufe und wirtschaftliches Handeln durch praxisorientiertes Lernen
– Praktische Umsetzung der Lehrplaninhalte v. a. der 10. Jahrgangsstufe
– Erwerb von Kompetenzen für die zukünftige Berufstätigkeit
– Zielorientiertes Vorgehen bei Arbeitsabläufen
– Sicheres Auftreten

Die Schülerfirma H³S bietet folgende Dienstleistungen an:
– Nachhilfe (einzeln und in Gruppen)
– Etikettenentwurf und -druck
– Visitenkartenentwurf und -druck
– T-Shirt-Verkauf mit Logo-Design

Mögliche Zuordnungen des Vorhabens zu einem Arbeitsfeld sind:
• Entwicklung von Unterricht, sowie
• Entwicklung von Zufriedenheit und Mitwirkung von Schülern und Eltern

Da die Aktivitäten der Schülerfirma und das Erlernen wirtschaftlicher Prozesse (Bildung einer Geschäftsführung, Gruppenbildung für einzelne Dienstleistungen und daraus resultierende Teamarbeit, etc.) schwerpunktmäßig Kriterien des Unterrichts abbilden, wurde dieses Vorhaben dem Arbeitsfeld Entwicklung von Unterricht zugeordnet.

Der Erfolg wird sicher gestellt durch zweifache Evaluation:
- der Schülerfirma selbst (*)
- durch Indikatorenabfrage der Arbeitsfelder (siehe 3.6)

(*) Die Evaluation der Schülerfirma selbst erfolgte über folgende „Messzahlen" (siehe 3.5)
- Abfrage bei Firmen, inwieweit aussagekräftige Zertifikate die Vergabe eines Ausbildungsplatzes erleichtert haben
- Einhaltung der Terminpläne
- Fluktuation der Schülerfirma-Mitarbeiter

Das Vorhaben Schülerfirma wird an der Hermann-Hedenus-Hauptschule von einem Projektteam geleitet, das aus dem Sprecher, einer Lehrkraft, die Arbeit/Wirtschaft/Technik unterrichtet, einer Lehrkraft für das Fach Buchführung sowie einem externen Berater, Geschäftsführer eines Dienstleistungsunternehmens, besteht.

3.5   Belegung mit Messzahlen

Über die von den jeweiligen Projektteams zu entwickelnden Messzahlen (Überprüfung der Erreichung der Zieldefinitionen) können die Schulen ihre Vorhaben steuern und fortschreiben. Diese Messzahlen werden nicht, wie der Begriff vielleicht vermuten lässt, ausschließlich an einer Zahl festgemacht; sie dienen auch dazu, Kommunikationsanlässe zu schaffen, Teamarbeit zu intensivieren, die vorgesehenen Zielsetzungen zu erreichen und bieten damit Möglichkeiten der Fortentwicklung und zur Qualitätssteigerung.

Messzahlen können sowohl quantitativer als auch qualitativer Art sein, wobei oft einfache Maßstäbe schon sehr gute Ergebnisse liefern. Wird beispielsweise die Mitarbeit von Schülern an einer Schülerfirma zertifiziert und das Vorhaben Schülerfirma mit dem Ziel, mehr Schülern einen Ausbildungsplatz zu sichern, durchgeführt, lässt sich per Abfrage bei den Lehrherren nur durch eine Frage nachvollziehen, ob das Zertifikat Einfluss auf die Ausbildungsplatzvergabe hatte oder nicht. Hat das Zertifikat die Arbeitsplatzvergabe positiv beeinflusst, wird die Zielvorgabe des Vorhabens Schülerfirma erreicht. Andernfalls werden Gespräche – auch mit den Lehrherren – vonnöten sein um abzuklären, welche Maßnahmen bzgl. des Vorhabens Schülerfirma bei den Lehrherren zur erfolgreichen Arbeitsplatzvergabe führen können. Mit diesen „neuen Maßnahmen" wird dann analog verfahren. (Weitere Beispiele siehe www.kollux.info) Die Abfragen und Gespräche mit Arbeitgebern wirken sich auch auf das Arbeitsfeld Entwicklung von Öffentlichkeitsarbeit aus. Dieser Effekt wird durch die Indikatorenabfrage der Arbeitsfelder erfasst. (siehe 3.6)

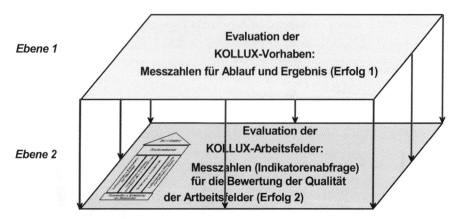

Abb. 3: Zwei-Ebenen-Modell der Kollux-Evaluation
Quelle: Darstellung von Prof. Dr. W. Sacher

3.6 Qualitätsentwicklung durch Selbstevaluation

„Auf der ersten und konkretesten Ebene wird der ordnungsgemäße Ablauf und das Ergebnis der einzelnen Vorhaben (Projekte) mit Hilfe geeigneter Messzahlen evaluiert (Erfolg 1). Diese interne Überprüfung der Zielerreichung führen die Projektteams in den einzelnen Schulen selbst durch, d. h. es erfolgt die unabhängige Festlegung der Messzahlen sowie deren interne Auswertung (s. o.).

Da die Kollux-Vorhaben über ihren unmittelbaren Erfolg hinaus auch zur Verbesserung der Schulqualität in den 6 Kollux-Arbeitsfeldern beitragen sollen, wird zusätzlich auf einer zweiten Ebene evaluiert.

Inwieweit die einzelnen Kollux-Vorhaben sich qualitätsverbessernd auf einzelne Arbeitsfelder auswirkten (Erfolg 2), wird anhand einer Indikatorenabfrage (der Zielgruppen Eltern, Schüler, Lehrkräfte sowie Schulleitung) überprüft, die im Schuljahr 2005/2006 von Prof. Dr. Sacher (Universität Erlangen- Nürnberg) zusammen mit den Kollegien der drei beteiligten Pilotschulen entwickelt wurde.

Die mit Fragebögen erfassten 102 Kollux-Qualitätsindikatoren lassen sich zu 27 von Prof. Dr. Sacher faktoren- und item-analytisch geprüften Skalen (Fragengruppen) zusammenfassen, die sich wie folgt auf die Kollux-Arbeitsfelder verteilen:" (Text und Ergebnisse im Rahmen der wissenschaftlichen Begleitung von Prof. Dr. W. Sacher)

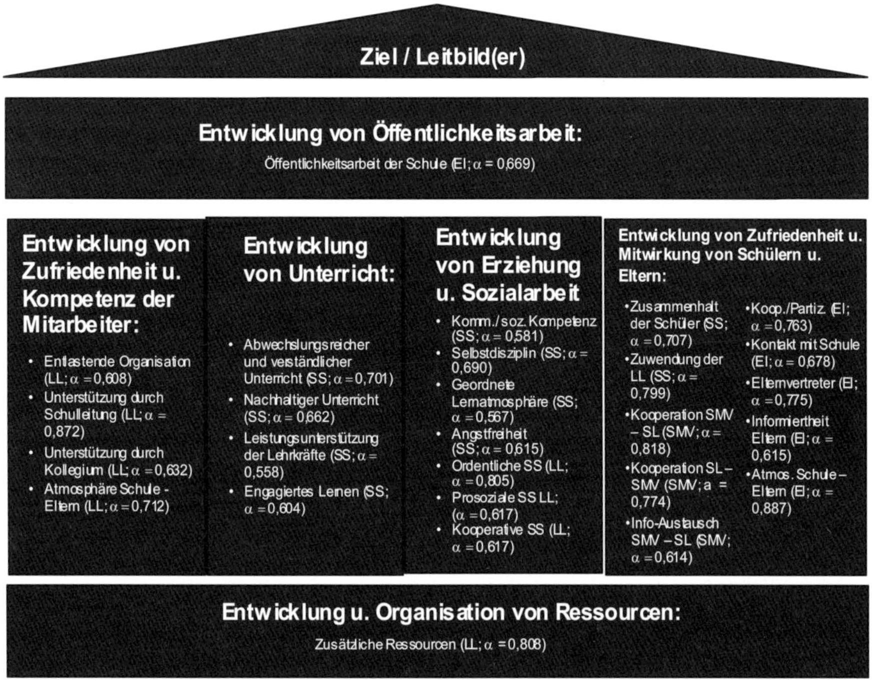

Ziel / Leitbild(er)

Entwicklung von Öffentlichkeitsarbeit:
Öffentlichkeitsarbeit der Schule (El; α = 0,669)

Entwicklung von Zufriedenheit u. Kompetenz der Mitarbeiter:
- Entlastende Organisation (LL; α = 0,608)
- Unterstützung durch Schulleitung (LL; α = 0,872)
- Unterstützung durch Kollegium (LL; α = 0,632)
- Atmosphäre Schule - Eltern (LL; α = 0,712)

Entwicklung von Unterricht:
- Abwechslungsreicher und verständlicher Unterricht (SS; α = 0,701)
- Nachhaltiger Unterricht (SS; α = 0,662)
- Leistungsunterstützung der Lehrkräfte (SS; α = 0,558)
- Engagiertes Lernen (SS; α = 0,604)

Entwicklung von Erziehung u. Sozialarbeit
- Komm./soz. Kompetenz (SS; α = 0,581)
- Selbstdisziplin (SS; α = 0,690)
- Geordnete Lernatmosphäre (SS; α = 0,567)
- Angstfreiheit (SS; α = 0,615)
- Ordentliche SS (LL; α = 0,805)
- Prosoziale SS LL; (α = 0,617)
- Kooperative SS (LL; α = 0,617)

Entwicklung von Zufriedenheit u. Mitwirkung von Schülern u. Eltern:
- Zusammenhalt der Schüler (SS; α = 0,707)
- Zuwendung der LL (SS; α = 0,799)
- Kooperation SMV – SL (SMV; α = 0,818)
- Kooperation SL – SMV (SMV; a = 0,774)
- Info-Austausch SMV – SL (SMV; α = 0,614)
- Koop./Partiz. (El; α = 0,763)
- Kontakt mit Schule (El; α = 0,678)
- Elternvertreter (El; α = 0,775)
- Informiertheit Eltern (El; α = 0,615)
- Atmos. Schule – Eltern (El; α = 0,887)

Entwicklung u. Organisation von Ressourcen:
Zusätzliche Ressourcen (LL; α = 0,808)

LL = aus Lehrersicht; SS = aus Schülersicht; SMV = aus Sicht der SMV; El = aus Elternsicht; α = Cronbach's Alpha/Maß für die interne Konsistenz der Skala (Die teilweise geringen Werte sind im Hinblick darauf akzeptabel, dass die Skalen möglichst kurz angelegt werden sollten und oft nur aus drei Items bestehen. Sie erreichen unter diesen Bedingungen ausnahmslos noch Werte etablierter Tests, wie z.B. des Linzer Fragebogens zum Schul- und Klassenklima für die 4. bis 8. Jahrgangsstufe von Ferdinand Eder und Johannes Mayr (Hogrefe Verlag für Psycholgogie, Göttingen u.a. 2000)

Abb. 4: Die 27 Skalen der Schulqualität in den Kollux-Arbeitsfeldern
Quelle: Darstellung von Prof. Dr. W. Sacher

Diese Indikatorenabfrage (jährlich oder alle 2 Jahre – möglichst zum gleichen Zeitpunkt im Schuljahresablauf) ist standardisiert und umfasst 102 Fragen für alle Zielgruppen zusammen. Die Auswertung kann auch mit sehr hoher Stichprobenzahl über eine Scannererfassung durch vorprogrammierte Excel-Sheets ohne großen Kosten-/Zeitaufwand vorgenommen werden und ist daher einfach in den Schulalltag zu integrieren (www.kollux.info). Die Darstellung der Ergebnisse erfolgt pro Arbeitsfeld in einem Spinnennetz über eine Bewertungsskala von 4 Items von +3 bis –3, wobei nach der 2. Messung eine Signifikanzprüfung erfolgt.

Skala		1. Messung	2. Messung	Veränderung
S-S6	Geordnete Lernatmosphäre	−0,92	−1,66	signifikant
S-S8	Selbstdisziplin	1,11	−1,51	signifikant
S-S9	Komm. u. soz. Kompetenz	−1,76	0,64	signifikant
S-S10	Angstfreiheit	0,48	−1,60	signifikant
S-L6	Ordentliche Schüler	0,72	0,92	nicht signifikant
S-L7	Prosoziale Schüler	0,26	−1,65	signifikant
S-L8	Kooperative Schüler	−1,61	0,73	signifikant

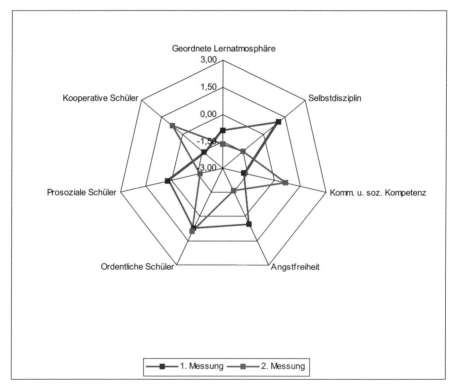

Abb. 5: Fiktives Beispiel einer Qualitätsaussage durch Indikatorenabfrage für das Arbeitsfeld
Entwicklung von Erziehung und Sozialarbeit (mit Signifikanzprüfung und Spinnennetz/Mittelwerte)
Quelle: Darstellung (nach Grundlagen von Prof. Dr. W. Sacher) von BR Matthias Thiem

4. Prozessablauf zur Ein- und Weiterführung

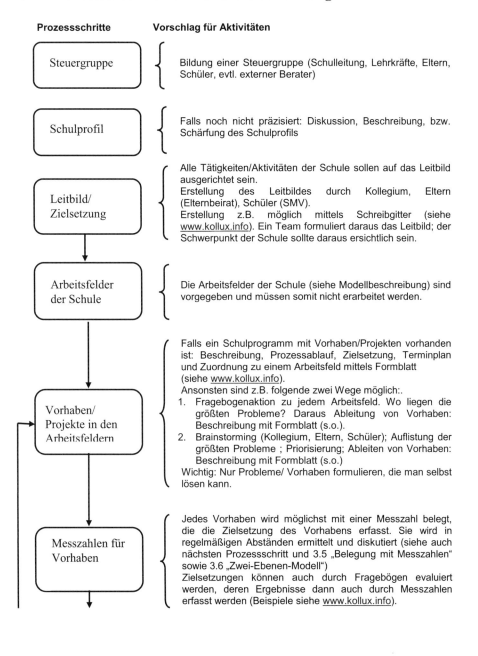

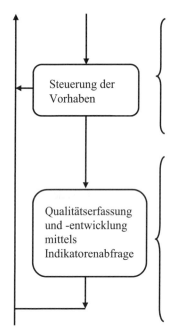

Abb. 5: Prozessablauf zur Ein- und Weiterführung
Quelle: Darstellung von Prof. Dr. R. Thiele

5. Managementaufgabe der Schulleitung

Neben der Einführung des Kollux-Programms (nach o.a. Prozessablauf) ist die Hauptaufgabe der Schulleitung auf die Ausgeglichenheit der Vorhaben bzgl. der Arbeitsfelder zu achten, in regelmäßigen Abständen oder nach Absprache mit den jeweiligen Projektteams die Ergebnisse ihrer Arbeit zu diskutieren und steuernd sowie helfend einzugreifen. (siehe auch Prozessablauf: Steuerung der Vorhaben) Hierdurch werden u. a. auch die Wichtigkeit der Projekte und die Teamarbeit gewürdigt. Zweimal im Jahr sollte eine Kollux-Konferenz angesetzt werden, in der die jeweiligen Teams den Stand ihrer Vorhaben vortragen. Selbstverständlich ist, dass die Schulleitung die Indikatorenabfrage und deren Auswertung initiiert und dafür sorgt, dass die Ergebnisse dem Kollegium vorgetragen und diskutiert werden.

Kollegien, die sich erstmalig mit innerer Schulentwicklung sowie der Erstellung eines Schulprogramms befassen, sollten für die Einführung von Kollux mit einem Zeitraum von 6 bis 12 Monaten rechnen. Für mit innerer Schulentwicklung erfahrene Kollegien, die schon laufende Projekte lediglich in das Kollux-Haus einordnen und evaluieren können, verkürzt sich der Prozess entsprechend.

Ist der Kollux-Prozess eingeführt und Bestandteil im Schuljahresablauf, reduziert sich der Arbeitsaufwand erheblich. Die Erhöhung des Zufriedenheitsindexes im Kollegium sowie der Systematisierungsvorteil im Arbeitsablauf lohnen den anfänglich investierten erhöhten Zeitaufwand.

6. Resümee

Die Arbeit mit Kollux an der Hermann-Hedenus-Hauptschule hat sich gelohnt. Zu Beginn des Jahres 2006 wurde die Schule mit dem 1. Platz des i.s.i. 2005 (Innere-Schulentwicklung-Innovationspreis), der von der Stiftung Bildungspakt Bayern schulartspezifisch ausgelobt wird, ausgezeichnet. Die Jury stellte in ihrer Laudatio fest:

„**1. Preis Kategorie Hauptschule/1. Platz Bayerischer Hauptschulpreis Laudatio**

‚Unser wichtigstes Ziel ist es, für jeden Schüler einen Ausbildungsplatz zu finden', so der Schulleiter dieser Schule. Um dies zu erreichen, wird neben bestens geplanten Berufsfindungswochen und der professionellen Vorbereitung von Vorstellungsgesprächen ständig an der Unterrichtsqualität gefeilt. Beispiele dafür sind: selbstentdeckendes, eigenständiges Lernen, ein spezielles Quali-Training sowie die Teilnahme am Projekt ‚Sinus-Transfer'. Durch das so genannte ‚Trainingsraumkonzept' wird ein störungsfreier Unterricht sichergestellt. Die Schüler fühlen sich an ‚ihrer' Schule sehr wohl, das liegt auch daran, dass sie sich intensiv einbringen können, sei es bei der Schulhausgestaltung, den Streitschlichtern oder der Schülerfirma. Ein von großem Vertrauen und gegenseitiger Anerkennung geprägtes ‚Wir-Gefühl' wird auf allen Ebenen gepflegt. Mit Begeisterung unterstützen zahlreiche Kooperationspartner diese Schule. Regelmäßige Kontakte zu den umliegenden Wirtschaftsbetrieben werden intensiv gepflegt. Im Zentrum steht das Streben nach einem ausgewogenen Verhältnis zwischen Fördern und Fordern. Die Sicherung dieses Anspruchs erfolgt durch ein systematisch angelegtes Schulentwicklungsprogramm, ‚Kollux' genannt. Die Jury war von dieser besonderen Art der Qualitätssicherung tief beeindruckt. Herzlichen Glückwunsch!" (vgl. http://www.bildungspakt-bayern.de/arbeit/isi_5.htm#)

Auch die externe Evaluation bescheinigte der Hermann-Hedenus-Hauptschule hervorragende Leistungen im Schulmanagement, u. a. resultierend aus der konsequenten Anwendung von Kollux.

Schulen, die sich auf den Weg machen wollen, sollten wissen, dass es bei der Ein- und Weiterführung von Kollux einer äußerst großen Affinität der Schulleitung – wie an der Hermann-Hedenus-Hauptschule in Erlangen durch den Schulleiter, Herrn Wolfgang Kneidl – mit dem Programm bedarf. Nur, wenn die Schulleitung es versteht, die Schulfamilie nachhaltig für Kollux zu motivieren, wird die Arbeit des Kollegiums von Erfolg gekrönt sein.

Qualitätsmanagement an Schulen: Konzepte und Analysen

HERMANN G. EBNER UND BIRGIT LEHMANN

1.	Einleitung	141
2.	Komponenten und ausgewählte Konzepte des Qualitätsmanagements .	141
3.	Der Aufbau eines Qualitätsmanagements an Schulen: Erfahrungen und Befunde	145
4.	Aufbau eines Qualitätsmanagements an Schulen als Management eines Innovationsprozesses	149
5.	Resümee und Ausblick	151
Literaturverzeichnis		154

1. Einleitung

Die Leistungen der Schulen stehen in vielen Ländern auf dem Prüfstand. Vor allem die Ergebnisse der international vergleichenden Studien lassen erkennen, dass sowohl hinsichtlich der Schülerleistungen als auch bezüglich der Höhe der für das Schulsystem aufgewendeten Finanzmittel erhebliche Unterschiede vorliegen. Das Interesse, die Effizienz des staatlichen Ressourceneinsatzes und die Effektivität der Schulen zu steigern, trug dazu bei, die überkommenen Mechanismen zur Steuerung des Schulwesens nicht mehr für selbstverständlich zu halten. Den in den letzten Jahren entwickelten Vorschlägen und den initiierten Maßnahmen ist gemein, dass die staatliche Feinsteuerung zurückgefahren wird und eine Steuerung mittels Rahmenvorgaben an deren Stelle tritt, dass die Input- zugunsten der Outputsteuerung vermindert wird. Im Kontext dieser Umstrukturierungsprozesse wird dem Qualitätsmanagement eine prominente Position zugewiesen: Ein größeres Ausmaß an Selbstständigkeit der Schulen – darin besteht weitgehend Konsens – erfordert die Installation von Verfahren, die Informationen sowohl für interne als auch für externe Gütekontrollen bereitstellen und damit zugleich Hinweise liefern, wie die Ergebnisse der Schulen weiter verbessert werden können.

Im Folgenden stellen wir zunächst dar, welche Komponenten ein umfassendes Qualitätsmanagement ausmachen und erörtern die Spezifika ausgewählter Qualitätsmanagementkonzepte. Im nächsten Schritt berichten wir von der Erprobung dieser Qualitätsmanagementkonzepte im Kontext von Bildungseinrichtungen und stellen – soweit verfügbar – Evaluationsergebnisse vor. Die Implementierung eines Qualitätsmanagements ist kein Selbstläufer – zu berücksichtigende Voraussetzungen werden im letzten Abschnitt dargestellt.

2. Komponenten und ausgewählte Konzepte des Qualitätsmanagements

Gemäß dem oben dargelegten Verständnis kommt dem Qualitätsmanagement die Aufgabe zu, Informationen über die Güte der Leistungserstellung zu generieren und auszuwerten sowie zu deren Sicherung und weiteren Steigerung beizutragen. Zur Erfüllung dieser Aufgabe wird ein Bündel von Maßnahmen eingesetzt, das sich – folgt man dem Vorschlag von Doherty (1994) – aus folgenden Komponenten zusammensetzt:

- Qualitätssicherung – hier geht es um Maßnahmen, über die versucht wird, sicherzustellen, dass Prozesse und Ergebnisse in der intendierten Weise realisiert bzw. erreicht werden können („feedforward"/Inputsteuerung).
- Qualitätskontrolle – meint ein permanentes, den Prozess der Leistungserstellung begleitendes Monitoring, das erfordert, dass ständig die für etwaige Korrekturen notwendige Information beschafft wird („feedback").
- Qualitätsaudit – steht für die Ermittlung bzw. Prüfung, ob die Organisation dokumentiert und hinreichend belegen kann, dass sie die Maßnahmen durchführt, zu denen sie sich aufgrund des von ihr vertretenen oder ihr vorgegebenen Qualitätsmanagementkonzepts verpflichtet hat bzw. ist.

- Qualitätsprüfung – hiermit ist die kriteriumsbasierte Beurteilung der erzielten Ergebnisse gemeint.
- Qualitätsverbesserung – umfasst alle Maßnahmen, die auf die zielgerichtete und ständige Verbesserung sämtlicher an der Leistungserstellung beteiligten Faktoren ausgerichtet sind.

Mittlerweile liegt eine Reihe von Qualitätsmanagementkonzepten vor, und damit stehen Schulen bzw. die Kultusverwaltungen vor der Frage, welches Qualitätsmanagementkonzept implementiert werden soll. Im Folgenden werden vier der im Schulkontext häufig genannten Qualitätsmanagementkonzepte kurz vorgestellt und hinsichtlich bestimmter Merkmale mit einander verglichen.

Die DIN ISO 9000:2000 Familie und das EFQM-Modell zählen zu den bekanntesten und am weitesten verbreiteten Qualitätsmanagementkonzepten. Sie wurden ursprünglich für den Unternehmenssektor konzipiert und können daher von Schulen – trotz der zwischenzeitlich erfolgten Anpassungen – nicht ohne weitere „Übersetzungen" übernommen werden,.

Bei DIN ISO 9000ff wird davon ausgegangen, dass eine gute Organisation der Arbeitsabläufe für eine hohe Qualität der Arbeitsergebnisse sorgt (Prozessorientierung). Die Kundenbedürfnisse bzw. -forderungen werden als Ausgangspunkt für jeden Leistungserstellungsprozess betrachtet, und die Kundenzufriedenheit wird als Prüfgröße zur Weiterentwicklung der Produkte und kontinuierlichen Verbesserung der Abläufe verwendet (Kundenorientierung). In einem Handbuch sind die wesentlichen Elemente (inkl. Verfahrensanweisungen und Arbeitsmaterialien) von DIN ISO 9000ff dokumentiert (http://www.quality-management.com; Fiala-Thier 2001).

Das von der European Foundation for Quality Management entwickelte Qualitätsmanagementkonzept (EFQM-Modell) ist darauf orientiert, als Werkzeug zur Diagnose des aktuellen Zustands einer Organisation eingesetzt zu werden. Voraussetzungen für die Implementierung des EFQM-Konzepts sehen dessen Entwickler in einem starken Engagement der Führungsverantwortlichen und in der Akzeptanz der folgenden acht Grundkonzepte: Ergebnisorientierung, Ausrichtung auf den Kunden, Führung & Zielkonsequenz, Management mittels Prozessen & Fakten, Mitarbeiterentwicklung & -beteiligung, kontinuierliches Lernen & Innovation & Verbesserung, Entwicklung von Partnerschaften, soziale Verantwortung.

Die Prüfung der Qualität einer Organisation erfolgt anhand von fünf „Befähigerkriterien" (Führung, Mitarbeiter, Politik & Strategie, Partnerschaften & Ressourcen, Prozesse) und vier „Ergebniskriterien" (mitarbeiter-, kunden-, gesellschaftsbezogene Ergebnisse sowie Ergebnisse der Bildungsarbeit), die nach einem festgelegten Schlüssel unterschiedlich stark gewichtet werden. Die insgesamt neun Kriterien umfassen jeweils mehrere Teilkriterien, für die wiederum Ansatzpunkte ausgewiesen werden – letztere liefern Hinweise bzw. Beispiele, welche Informationen im Zusammenhang mit der Prüfung des betreffenden Teilkriteriums benötigt werden.

Das Schweizerische Qualitätszertifikat für Weiterbildungsinstitutionen eduQua und das ebenfalls aus der Schweiz stammende Q2E-Modell sind von Institutionen des Aus- und Weiterbildungssektors entwickelt worden. Das eduQua-Konzept (eduQua-Handbuch) umfasst sechs Qualitätskriterien, wobei – wie bei DIN ISO 9000ff – der Kundenorientierung große Bedeutung zukommt. Für jedes Kriterium werden Indikatoren („Woran zeigt sich die Umsetzung […]?") angegeben und für diese jeweils Mindeststandards („In welchem Ausmaß […]?") festgelegt. Darüber hinaus werden der das Zertifikat anstrebenden Organisation Hinweise gegeben, anhand welcher Informationsquellen bzw. Belegstellen sie den Nachweis bezüglich der von ihr vorgenommenen Einschätzungen (Selbst-Bewertungen) führen kann.

Das im Rahmen des Projekts „Qualität durch Evaluation und Entwicklung" erarbeitete Q2E-Modell ist darauf orientiert, den Aufbau einer Feedbackkultur, die individuelle Qualitätsentwicklung und die systematische Selbstevaluation der Schule zu fördern. Die Schulleitung wird als zentrale Instanz betrachtet, die den Qualitätsprozess steuert und vorantreibt. Das Q2E-Modell weist für die Primärevaluation fünf Qualitätsbereiche (Inputqualitäten, Prozessqualitäten Schule, Prozessqualitäten Unterricht, Output- und Outcomequalitäten, Qualitätsevaluation und -entwicklung) auf, die sich wiederum in mehrere Qualitätsdimensionen und Qualitätsmerkmale untergliedern. Vom Basisinstrument ausgehend soll jede Schule in fünf Schritten zu ihrem schulspezifischen Evaluationsinstrument gelangen. Zusätzlich ist auf Grundlage der Selbstdeklaration zu den Standards des Qualitätsmanagements eine (externe) „Metaevaluation" vorgesehen.

Mit der unten stehenden Tabelle dokumentieren wir Einschätzungen, die zum einen aus der Analyse von Dokumenten gewonnen wurden, zum andern aus Projekten resultieren, in denen es um die Implementierung eines Qualitätsmanagementkonzepts an Schulen ging. Mit den Indikatoren eins bis fünf wird primär die Perspektive von Schulleitungen bzw. von Kultusverwaltungen eingenommen: Es geht letztlich um die Kontextangemessenheit und um den Aufwand, der mit der Implementierung und dem dauerhaften Einsatz eines Qualitätsmanagements verbunden ist. Der Tabelle ist zu entnehmen, dass u.E. die meisten der oben angeführten Qualitätsmanagementkonzepte eine mittlere Passung in Bezug auf die Merkmale, Aufgaben und Prozesse von Schulen aufweisen – i. d. R sind für eine sinnvolle und zweckmäßige Nutzung eines Konzepts eher umfangreiche Adaptionsleistungen zu erbringen. Lediglich im Falle von Q2E ist diese Passung – zumindest in formaler Hinsicht – deutlich erkennbar. Allerdings gilt auch für Q2E, dass die theoretisch-konzeptuelle Fundierung noch weitgehend aussteht. Die erforderlichen Adaptionen und die z. T. mangelnde Klarheit in den einschlägigen Materialien tragen mit dazu bei, dass der zeitliche Aufwand bei der Implementierung überwiegend als hoch einzuschätzen ist und es – nicht zuletzt mit Blick auf die Position neun – als zweckmäßig erscheint, externe Beratung in Anspruch zu nehmen.

Bei dem Indikator „Theoretische Fundierung" tritt eine der deutlichsten Schwächen der Qualitätsmanagementkonzepte hervor: Für keines der angeführten Konzepte ist bislang ein theoretisches Fundament entwickelt worden, in dem die Indikatoren, deren Beziehung untereinander und die Effekte auf die Leistungen bzw. deren Ergebnisse der Organisation dargestellt und erklärt werden. Diese Schwachstelle dürfte vor allem dem Umstand geschuldet sein, dass Qualitätsmanagement als eine Reaktion auf Probleme oder Herausforderungen der Organisation entstanden ist und in den vergangenen Jahren die Überarbeitung bestehender sowie die Entwicklung neuer Konzepte voran getrieben, deren systematische Prüfung und theoretische Fundierung jedoch vernachlässigt wurden.

Die Indikatoren der Positionen sieben bis zehn repräsentieren wesentliche Teile des Ansatzes der jeweiligen Qualitätsmanagementkonzepte. Während Kunden- bzw. Prozessorientierung in den Konzepten deutlich variieren, wird der Selbstevaluation

		DIN EN ISO 9001:2000	eduQua	Q2E	EFQM
(1)	Passung auf Schule als Organisation	mittel	mittel	hoch	mittel
(2)	Passung auf Unterricht als Kernprozess	gering	mittel	hoch	mittel
(3)	Klarheit der Prozeduren/ Materialien	mittel	mittel	mittel	mittel
(4)	zeitlicher Aufwand	hoch	mittel	hoch	hoch
(5)	Nutzung externer Beratung	sehr zu empfehlen	zu empfehlen	zu empfehlen	sehr zu empfehlen
(6)	Theoretische Fundierung	nicht explizit	nicht explizit	ansatzweise	nicht explizit
(7)	„Kunden"-orientierung	hoch	hoch	gering	mittel
(8)	Prozessorientierung	hoch	gering	gering	mittel
(9)	Bedeutung von Self-assessment	hoch	mittel	hoch	hoch
(10)	Externe Prüfung/ Audits	Dokumente	Dokumente	Dokumente & eigene Datenerhebung	Dokumente

Abb. 1: Qualitätsmanagementkonzepte im Vergleich
Quelle: eigene Darstellung

zumeist eine hohe Bedeutung beigemessen. Eine Besonderheit findet sich bei Q2E: Hier stützt man sich bei der externen Prüfung nicht ausschließlich auf die seitens der Organisation vorgelegten Dokumente, vielmehr werden seitens der prüfenden Instanz auch eigene Datenerhebungen durchgeführt.

Als vorläufiges Fazit lässt sich u.E. festhalten, dass keines der vorgestellten Qualitätsmanagementkonzepte als definitiv ungeeignet bezeichnet werden muss. Allerdings gilt ebenso, dass keines der Konzepte uneingeschränkt als geeignet erscheint: Ein – bezogen auf die Komponenten von Doherty – umfassendes Konzept, das an den speziellen Kontext „Schule" angepasst und mit den üblichen Ressourcen einer Schule realisierbar ist, findet sich nicht unter den vier Konzepten, die in der öffentlichen Diskussion und in den Versuchen, ein Qualitätsmanagement an Schulen zu installieren, prominent vertreten sind. Letztlich bedeutet dies, dass der Aufbau eines Qualitätsmanagements an Schulen sich nicht auf die Implementierung bestimmter Verfahren beschränkt, sondern eine grundständige – und damit eine passgenaue Re-Interpretation ermöglichende – Auseinandersetzung der Organisationsmitglieder mit dem betreffenden Qualitätsmanagementkonzept einschließt. Im nachfolgenden Abschnitt werden diese Überlegungen anhand von Erfahrungen, die im Zusammenhang mit Implementierungsinitiativen gewonnen wurden und anhand von Befunden aus Evaluationen weiter dargelegt.

3. Der Aufbau eines Qualitätsmanagements an Schulen: Erfahrungen und Befunde

In den letzten Jahren wurden in verschiedenen Projekten die oben skizzierten Qualitätsmanagementkonzepte – und auch andere – an beruflichen Schulen erprobt. Bei einigen wenigen dieser Vorhaben wurden der Implementierungsprozess analysiert und die Befunde publiziert. Im Folgenden werden Ergebnisse aus diesen Studien, die uns für die Ausgestaltung zukünftiger Initiativen als besonders bedeutsam erscheinen, referiert.

Im Rahmen eines Pilotprojektes wurde an vier beruflichen Schulen in Baden-Württemberg mit dem Aufbau eines Qualitätsmanagements auf der Basis des EFQM-Modells begonnen (Ebner & Hagmann 2002, Ebner & Hagmann 2003). Mit dem Vorhaben sollte dazu beigetragen werden,
(a) eine umfassende Qualitätsdiskussion an den beteiligten Schulen einzuleiten,
(b) Erfahrungen mit dem Aufbau eines Qualitätsmanagementsystems zu gewinnen und
(c) einen kontinuierlichen sowie nachhaltigen Prozess der Qualitätsentwicklung in Gang zu setzen.

Zu Beginn des Projekts wurden mit den Kollegien Informationsveranstaltungen und darüber hinaus mit ausgewählten Lehrpersonen (Multiplikatoren) Assesoren-Trainings durchgeführt, um die Akteure mit den zentralen Elementen des EFQM-Modells vertraut zu machen. An den Schulen wurden Bewertungsteams (bestehend aus Assessoren, Schulleitung und weiteren Lehrpersonen) gebildet, die für die Koordination des Implementierungsprozesses verantwortlich waren und die erforderlichen Konzeptadaptionen vornahmen (Operationalisierung der EFQM-Kriterien gemäß dem Anwendungskontext).

Nach Abschluss der Vorbereitungsphase wurde im nächsten Schritt in jeder Schule der Ist-Zustand unter Verwendung der EFQM-Standardformulare ermittelt. Die Ergebnisse wurden den Kollegien präsentiert und mit ihnen diskutiert. Jede Schule legte anschließend die von ihr angestrebten Ziele (inkl. Indikatoren und Kriterien) und die hierfür erforderlichen Maßnahmen fest, um die Fortschritte (Zielerreichungsgrad) messen und die Ergebnisse (ermittelte Stärken und Verbesserungsbereiche sowie den Erfolg der unternommenen Maßnahmen) nachvollziehbar kommunizieren zu können. In Zielvereinbarungen und Aktionsplänen wurden die Beschlüsse fixiert.

Zur Ermittlung der Effektivität, der Praktikabilität und der Übertragbarkeit des EFQM-Modells und des Vorgehens wurden verschiedene Erhebungen durchgeführt. So wurden u. a. sämtliche Funktionsgruppen (Assessoren, Schulleitung, Kollegium) zu mehreren Zeitpunkten gebeten, mit Hilfe einer vierstufigen Ratingskala anzugeben,
(a) für wie *wichtig* sie die einzelnen EFQM-Kriterien halten und
(b) in welchem Maße sie diese Kriterien an ihrer Schule (bereits) *berücksichtigt* sehen.

Den Ergebnissen ist zu entnehmen, dass die einzelnen EFQM-Kriterien von allen Funktionsgruppen eher für wichtig befunden werden, und dass im Verlauf des Projekts die Werte für vier der sieben Kriterien tendenziell ansteigen. Bei der Frage nach dem Ausmaß der Berücksichtigung finden sich insbesondere bei den Schulleitungen und bei den Assessoren unterschiedliche Trends. Generell ist zunächst zu konstatieren, dass der überwiegende Teil der Befragten aller Funktionsgruppen die Auffassung vertritt, dass die angeführten Kriterien bislang in ihren jeweiligen Schulen noch eher wenig Berücksichtigung finden. Darüber hinaus zeichnet sich jedoch ab, dass Schulleitungen im Verlauf des Projekts die Kriterien zunehmend in der schulischen Praxis berücksichtigt sehen, während die Werte bei den Assessoren im Laufe der Zeit eher abnehmen. Eine mögliche Erklärung für diese differente Entwicklung ist, dass Assessoren aufgrund der intensiven Beschäftigung mit dem Qualitätsmanagementkonzept und den Kriterien eine zunehmend differenzierte Vorstellung bezüglich des Ziel-Zustands ihrer Schule entwickeln und zugleich ihr diagnostischer Blick auf die eigene Organisation an Präzision gewinnt.

Insgesamt lassen sich die Ergebnisse dieser Erhebung dahingehend zusammenfassen, dass
(a) die seitens des EFQM-Modells bereitgestellten Kriterien für wichtig erachtet werden, kein Kriterium wird für unwichtig befunden – allerdings: Seitens des Kollegiums ist die Zustimmung zu den Kriterien geringer als die von Seiten der Schulleitungen oder der Assessoren.
(b) die Kriterien geeignet sind, um Vorstellungen über Soll-Zustände zu generieren und Ist-Zustände dazu in Beziehung zu setzen.

Die Lehrpersonen der am Pilotprojekt beteiligten Schulen wurden darüber hinaus um ihre Einschätzungen gebeten hinsichtlich der mit dem Projekt erzielten Wirkungen, der Nachhaltigkeit, der in Gang gesetzten Prozesse und der Eignung des EFQM-Modells für die Qualitätsentwicklung von Schulen. Während in Bezug auf den Indikator „Schulklima" eine knappe relative Mehrheit („ja" im Vergleich zu „keine Veränderung" oder zu „nein") der Befragten angibt, dass es sich im Laufe des Projekts verbessert habe, fallen die Voten bei den anderen Indikatoren deutlicher aus: So werden von klaren relativen Mehrheiten der Befragten positive Effekte registriert auf
- die Effektivität der Arbeitsprozesse
- die Optimierung der Arbeitsabläufe
- die aufgabenbezogene Kooperation und
- den persönlichen Umgang.

Diese günstigen Beurteilungen werden von Einschätzungen begleitet, die zunächst überraschen: Bei den Fragen zur Nachhaltigkeit, zur Umsetzbarkeit des EFQM-Konzept und zur inhaltlichen Passung des EFQM-Konzepts bringen die beteiligten Lehrpersonen ihre Skepsis zum Ausdruck: Während rund 20 Prozent der Befragten in Bezug auf die drei Indikatoren eher günstige Voten abgeben, melden immerhin gut zwei Fünftel Zweifel an, und eine ähnlich große Gruppe glaubt, dies zum gegebenen Zeitpunkt nicht beurteilen zu können. Werden diese Ergebnisse mit jenen in Beziehung gesetzt, die bei den Fragen nach dem Bedarf an externer Unterstützung (z. B. Datenauswertungen, Entwicklung von Erhebungsinstrumenten, Schulungen im Rahmen von Workshops) und der Schaffung geeigneter schulischer Rahmenbedingungen (z. B. zeitliche und finanzielle Ressourcen sowie schulorganisatorische Änderungen) ermittelt wurden, dann ist darin vermutlich weniger der Ausdruck grundsätzlicher Zweifel zu sehen, sondern viel eher ein Signal: Die Lehrpersonen machen darauf auf-

Qualitätsmanagement an Schulen: Konzepte und Analysen 147

merksam, dass sie sich kaum in der Lage sehen, die notwendigen Adaptionsleistungen und die spezifischen Leistungen, die im Zusammenhang mit dem Aufbau und dem kontinuierlichen Betreiben des Qualitätsmanagements verbunden sind, zu erbringen, wenn sie nicht auf externe Unterstützung bzw. Beratungsleistungen zugreifen können und wenn die schulischen Rahmenbedingungen nicht entsprechend angepasst werden.

Im zweiten Praxisbeispiel geht es um die Erfahrungen einer beruflichen Schule des gewerblich-technischen Bereichs in Schleswig-Holstein bei der Implementierung des Qualitätsmanagementkonzepts DIN ISO 9000 ff. Die Schule war an mehreren Modellversuchen (Qualitätsmanagement und berufliche Bildung (QMB), Qualitätsentwicklung in der Berufsschule (QUABS)) beteiligt und hat innerhalb der Modellversuchslaufzeit ihr Qualitätsmanagement aufgebaut (Schulz, Bader & Richter 2000, Tenberg 2002, Zöller 2003). Ende 2002 wurde die Schule zertifiziert. Nach Abschluss des letzten Modellversuchs sollte das Qualitätsmanagement auf der Basis des implementierten Konzepts (DIN ISO 9000ff) weiter betrieben werden – schließlich verfügt(e) die Schule über drei zu internen Auditoren ausgebildete Lehrkräfte und ein schulspezifisch ausgearbeitetes Handbuch zum praktizierten Qualitätsmanagementsystem.

Der Übergang in den „Normalbetrieb" wurde jedoch durch die erheblichen zeitlichen und finanziellen Ressourcen (z. B. Freistellung des Qualitätsmanagementbeauftragten) belastet, die für die Aufrechterhaltung und Weiterentwicklung des Qualitätsmanagementsystems sowie für die anstehenden Audits und Zertifizierungen aufgewendet werden müssen. Die in der Dokumentation fixierten Elemente des Qualitätsmanagementsystems waren daher aus Sicht der Schule auf ein praktikables Maß herunter zu fahren. Das vom Schulleiter 2005 gezogene Fazit lautet: DIN ISO 9000ff bietet einen „Werkzeugkasten", der sehr wohl geeignet ist, kontinuierliche Verbesserungsprozesse zu organisieren. Was allerdings die Fortführung der Arbeit mit dem Qualitätsmanagementsystem nach DIN ISO kritisch begleiten wird, ist die Frage nach dem hohen finanziellen Aufwand der Audits und der Zertifizierung. Zur Zeit kann nicht von einem akzeptablen Verhältnis von Aufwand und Nutzen (Ertrag) für die am Qualitätsprozess orientierte Arbeit in der Schule ausgegangen werden (Marwede 2005).

Seitens der wissenschaftlichen Begleitung werden die Erfahrungen in folgenden Punkten zusammengefasst (Tenberg 2002):

- Wirtschaftliche QM-Instrumente können an beruflichen Schulen zu individuellen Verbesserungen der internen Kooperation, Struktur und Verwaltung führen.
- Sowohl die Einführung als auch der Unterhalt eines schulischen QM erfordert erhebliche Ressourcen in Form von Lehrerarbeitszeit und Geld. Steht dies nicht zur Verfügung, können sich kontraproduktive Prozesse einstellen.
- Neben der Motivation von Schulleitung und Kollegium sowie den genannten Ressourcen ist eine für schulisches QM spezialisierte Beratung dringend erforderlich.
- Der Gesamtprozess sollte mit einer Einstiegsphase mit explizitem Change-Management beginnen und nach einer Umsetzungsphase mit intensiver Beratung in einen Endzustand, in dem das QM sich als interner Prozess verfestigt hat, führen.
- Schulisches QM fordert und fördert kollegiale Teamarbeit. Je weiter diese Form der Arbeitsorganisation in die zentrale Unterrichtsarbeit von LehrerInnen vordringt, desto konsequenter können die Instrumente auch auf diesen Bereich wirken.

- Die Frage, ob wirtschaftliche QM-Instrumente helfen können, berufsschulischen Unterricht zu verbessern, kann aus dem Versuch QUABS nicht beantwortet werden.

Das Qualitätsmanagementkonzept Q2E wurde im Rahmen eines mehrjährigen Projekts (1996–2002) mit 16 Schulen der Sekundarstufe II in der Nordwestschweiz entwickelt. Zum Projektbeginn wurden Prämissen formuliert, vier erkenntnis- und handlungsleitende Funktionsfelder bestimmt und bereits erprobte Qualitätsmanagementkonzepte (u. a. DIN ISO 9000ff und EFQM) analysiert. Im weiteren Projektverlauf wurden darauf aufbauend die Komponenten des neuen Qualitätsmanagementkonzepts festgelegt und ein Instrumentarium (Verfahren und Instrumente) erarbeitet, mit denen das gesetzte Ziel erreicht werden konnte, „den Schulen ein Qualitätssystem zur Verfügung zu stellen, das in besonderem Masse auf die Eigenschaften von Bildungsinstitutionen und von pädagogischen Praxisfeldern Rücksicht nimmt" (Landwehr 2004). Am Ende des Projekts konnten letztlich auf Grundlage der Erfahrungen der beteiligten Schulen zehn Gelingensbedingungen identifiziert werden, die von den Akteuren für den erfolgreichen Aufbau eines (schulinternen) Qualitätsmanagements für wesentlich erachtet werden (Landwehr 2004):

(1) Überzeugtes Engagement der Schulleitung
(2) Partizipative Projektentwicklung
(3) Funktionsfähige Steuergruppe mit integrativer Wirkung
(4) Etappierte Aufbauarbeit mit Pilotgruppen und Pilotprojekten
(5) Individuelle und institutionelle Lernbereitschaft
(6) Stellenwert der gesamtschulischen Perspektive und der kollegialen Zusammenarbeit
(7) Herstellung von Verbindlichkeiten und Kontinuität
(8) Spürbare Auswirkungen auf den Schul- und Unterrichtsalltag
(9) Unterstützung der Schulleitung und der Steuergruppe durch kompetente Beratung, Schulung und Erfahrungsnetzwerke
(10) Hinreichende Ressourcen für den Aufbau und den Betrieb des Qualitätsmanagements.

Durch die Einbeziehung der späteren Anwender bei der Entwicklung sollte sichergestellt werden, dass das Qualitätsmanagementkonzept praxistauglich ist und eine breite Akzeptanz erfährt. In Deutschland haben Schulverwaltungen einzelner Bundesländer und auch einzelne Schulen Q2E aufgegriffen – inwieweit sich daraus an den betreffenden Orten ein kontinuierlich betriebenes Qualitätsmanagement entwickeln wird, lässt sich nicht abschätzen, weil zu den jeweiligen Initiativen keine verlässlichen Daten verfügbar sind. Systematisch durchgeführte empirische Studien zur Effektivität von Q2E liegen (noch) nicht vor.

Zum vierten der oben vorgestellten Qualitätsmanagementkonzepte wurden bislang keine Berichte veröffentlicht, aus denen entnommen werden kann, inwiefern eduQua sich in der Praxis bewährt hat und an welchen Stellen Defizite bestehen. Allerdings konnte per Abfrage (Dezember 2006) auf der eduQua-Homepage ermittelt werden, dass in der Schweiz nunmehr fast 800 Weiterbildungsinstitutionen und einige weitere im deutschsprachigen Raum über ein eduQua-Zertifikat verfügen.

Diese Zahlen können als Indiz gewertet werden, dass eduQua für diese Bildungssparte eine attraktive Option darstellt.

4. Aufbau eines Qualitätsmanagements an Schulen als Management eines Innovationsprozesses

Die hier berichteten Erfahrungen lenken die Aufmerksamkeit auf einen Aspekt des Innovationsmanagements, den Kriegesmann & Kerka (2001) als *Kompetenz zur Handlung* bezeichnen. Dieses Konstrukt umfasst für die beiden Autoren drei Dimensionen:
(1) *Handlungsfähigkeit* als kognitive Basis: Welches Wissen und welches Können sind erforderlich, um die mit der Innovation verbundenen Aufgaben wahrnehmen zu können?
(2) *Handlungsbereitschaft* als motivationale Basis: Welcher Nutzen ist aus den Innovationsprozessen zu erwarten?
(3) *Zuständigkeit* als organisatorische Legitimation und Einbindung in den Organisationskontext: Besitzen die Akteure die Legitimation zu handeln, und stehen ihnen die erforderlichen Ressourcen zur Verfügung?

In einer Reihe von Studien wird darauf hingewiesen, dass eine zentrale Aufgabe des Managements von Innovationsprozessen darin zu sehen ist, den Trägern des Implementierungsprozesses eine fundierte und systematische Auseinandersetzung mit der zu implementierenden Neuerung zu ermöglichen. So kommen Redemer & Nourie (1999, S. 125) im Rahmen ihrer Studie zur Einführung des Konzepts der Professional Development Schools (PDS) zu folgender Empfehlung:

„Teachers need to deal cognitively with the PDS innovation before they can act on it. To facilitate teacher learning, teachers need to understand the PDS and why the PDS change is an improvement."

Diese Voraussetzung – nicht mit der gängigen Forderung „über die Innovation informieren" gleich zu setzen – wird bei der Umsetzung von Innovationsvorhaben häufig nicht erfüllt. Noch bevor die Beteiligten hinreichend Klarheit über den Gegenstand – sei es ein neues curriculares Konzept, das Design einer Lernumgebung oder ein Qualitätsmanagementsystem – erlangt, bevor ein zum Handeln befähigendes Wissen und Können aufgebaut werden konnte, werden bereits erste Schritte zur Gestaltung der Praxis unternommen. Dabei wird i. d. R. darauf verwiesen, dass es darauf ankomme, „ergebnisorientiert" vorzugehen und früh sichtbare Ergebnisse hervor zu bringen. So richtig die Orientierung auf ausweis- und vorzeigbare Ergebnisse ist, so sicher ist auch – bei Vernachlässigung der kognitiven Basis – die Enttäuschung über den im Verlauf der Implementierung zunehmend hervortretenden Mangel an konzeptioneller Klarheit: Weder das Überkommene noch das Neue konnten hinreichend präzise konturiert werden, um die Differenz bestimmen und konzeptkongruente Ziele definieren zu können. Damit verlieren sich auch die Ergebnisse im Unbestimmten: Es kann nicht genau angegeben werden, in welcher Beziehung die Veränderungen zu der intendierten Innovation stehen, und im ungünstigsten Fall bleibt überhaupt offen, welche Phänomene der Kategorie „Ergebnisse" zu subsumieren sind.

Von den in den letzten Jahren initiierten Innovationen – handlungsorientierte Lernumgebungen, lernfeldbasierte Curricula, Qualitätsmanagement in Schulen, erweiterte Eigenständigkeit von Schulen – dürften einige analog zu dem verlaufen (sein), was Creemers (1986, S. 106) an anfänglichen Fehlentwicklungen in den Niederlanden beschreibt:

> „In some instances schools made new curricula and put them on ice, whilst the school continued happily with the old system. (...) Alternatively, other aspects of educational innovation are taken up, such as organization of the school structure, with the same pattern: A blueprint is drawn up for a new structure, but the old one continues in use."

Neben weiteren Faktoren, die zu ineffektiven und ineffizienten Innovationsprozessen beitragen, lassen sich diese Probleme zu großen Teilen als Folge der wenig entwickelten Wissensbasis begreifen: Weder bei der Kreation der Innovation noch bei deren Implementierung ist sichergestellt, dass die jeweilige professionelle Expertise durch die Entwickler bzw. beim Aufbau der Wissensbasis bei den „Change Agents" genutzt wird. Da Mechanismen des systematischen Wissenstransfers zwischen Kultusadministration, ihr angegliederten Institutionen und der Schulebene auf der einen Seite und den auf Forschung und Entwicklung spezialisierten Einrichtungen auf der anderen weitgehend fehlen, sind Vorhaben der Veränderung eher administrativ konnotiert und werden wohl weniger begriffen als Adaption und Implementierung von Innovationen, die auf der Basis neuen Wissens generiert worden sind – auch dann nicht, wenn sie tatsächlich einen solchen Hintergrund aufweisen. Der Aufbau von Wissen als Voraussetzung der Handlungsfähigkeit gerät somit nicht in den Blick.

Mit ihrer zweiten Dimension *Handlungsbereitschaft als motivationale Basis* machen Kriegesmann & Kerka (2001) darauf aufmerksam, dass die Bereitschaft, das erworbene Wissen und Können bei der Implementierung der Innovation einzusetzen, wesentlich davon bestimmt wird, ob der Nutzen aus dem Innovationsprozess darstellbar ist. Die Darstellbarkeit des Nutzens ist eng mit der Güte des aufgebauten Wissens verknüpft, denn dieses Wissen befähigt die Akteure, den gegebenen Zustand differenziert zu erfassen und an dem über die Implementierung der Innovation potentiell erreichbaren Zustand zu spiegeln. Die daraus resultierende Differenz und deren Bewertung ermöglichen eine Darstellung des erwarteten Nutzens. Für die Ausprägung und Stabilität der individuellen Handlungsbereitschaft dürfte es dabei darauf ankommen, dass der erwartete Nutzen möglichst konkret und ebenen- bzw. adressatenspezifisch ermittelt wird. So wird der Aufbau eines Qualitätsmanagementsystems in einer Schule kaum erfolgreich verlaufen, wenn ihm im Wesentlichen die Funktion zugeschrieben wird, nach außen als Werbemaßnahme oder als Dokument der Pflichterfüllung gegenüber der Schulaufsicht zu dienen und nach innen für die einzelnen Lehrpersonen als individuelle Erfahrung letztlich nur die Mehrbelastung zu verbuchen ist.

Die dritte Dimension *Zuständigkeit als organisatorische Legitimation und Einbindung in den Organisationskontext* berührt sowohl das Binnen- als auch das Außenverhältnis der Organisation „Schule". Im Zusammenhang mit der Implementierung von Innovationen in Schulen wird durchgängig darauf hingewiesen, dass der

Schulleitung eine zentrale Funktion zukommt: Für den Implementierungsprozess ist die volle Unterstützung der Schulleitung erforderlich. Mit der von den beiden Autoren angeführten Dimension wird darüber hinaus eine Bedingung formuliert, die insbesondere in der Organisation „Schule" nicht von vornherein als gegeben anzunehmen ist. Schulen verfügen i. d. R. über eine formal wenig gegliederte und aufgabenspezifisch wenig differenzierte Organisationsstruktur, die Leitungsspanne ist groß und die Hierarchie ist flach. Die Aufgabe, einen Innovationsprozess zu steuern, wird zumeist nicht formal in der Organisation verankert. Die Lehrpersonen, die mit dieser Aufgabe betraut werden bzw. sich ihrer annehmen, bewegen sich in einem – in Bezug auf explizit formulierte Pflichten und Rechte – wenig definierten Raum. Dem entsprechend schwach ist ihre Legitimation zu handeln.

Diese Einschränkungen hinsichtlich der formalen Legitimation im Binnenverhältnis werden in analoger Form im Außenverhältnis repliziert. Dabei dokumentieren die – im günstigen Fall – bereitgestellten und auf die „Versuchslaufzeit" begrenzten Ressourcen zwar den offiziellen Status des Innovationsvorhabens, eine präzise Definition des Handlungsspielraums unterbleibt jedoch zumeist. Da darüber hinaus i. d. R. unbestimmt bleibt, wie nach der Erprobungszeit verfahren wird, aufgrund welcher Kriterien entschieden wird, ob die implementierte Neuerung weitergeführt werden kann oder nicht, ist die Legitimation zu handeln reduziert.

5. Resümee und Ausblick

In den Befunden empirischer Studien finden sich Hinweise, dass die Umsetzung einer TQM-Strategie (Haller 2004)
- für Unternehmen eine attraktive Investition darstellt,
- mit finanziellen Erfolgen verbunden ist (diese stellen sich allerdings erst langfristig ein),
- zu einer stärkeren Einbindung der Mitarbeiter und Mitarbeiterinnen und
- zu einer höheren Zufriedenheit der Kunden führt,
- die erzielten Effekte sehr nachhaltig sind.

Und Zertifizierungseinrichtungen behaupten, dass durch die Einführung eines Qualitätsmanagement-Systems
(a) das *Vertrauen* der Kunden und Mitarbeiter in die Qualität der Leistungen und Produkte des Unternehmens nachhaltig gefestigt wird.
(b) die *Leistungsfähigkeit* im Unternehmen erhöht wird, indem
  - Verbesserungsprozesse beschleunigt werden,
  - Reibungsverluste abgebaut und
  - die Mitarbeitermotivation durch klare Strukturen und transparente Anweisungen erhöht werden.

Selbstverständlich erscheint ein Steuerungsinstrument, mit dessen Einsatz diese Effekte erzielt werden können, als hoch attraktiv. Es liegt daher nahe, dieses Instrument, das vor ca. einem halben Jahrhundert für die Belange von Wirtschaftsunternehmen entwickelt worden ist (Deming 1986), auch zur Steuerung von Schulen nutzen zu wollen. Gegenwärtig – und das wird in den oben angeführten Beispielen deutlich –

werden dazu offenbar zwei Wege beschritten: Zum einen werden vorhandene Qualitätsmanagementkonzepte, die in Unternehmen Verwendung finden, vom Bildungsbereich übernommen, wobei mehr oder weniger umfangreiche Adaptionen vorgenommen werden. Zum anderen werden im Bildungsbereich selbst spezielle Instrumente entwickelt, um auf diese Weise von vornherein den Belangen z. B. von Schulen besser zu entsprechen.

Die sich in den letzten Jahren manifestierenden Probleme – Unklarheit bezüglich der Effekte, begrenzte Akzeptanz seitens des Schulpersonals, Ungewissheit in Bezug auf mögliche Konsequenzen, Einstellung begonnener Implementierungsinitiativen – sind u.E. weniger dem Umstand geschuldet, dass bezüglich des Qualitätsmanagementkonzepts mal die Eigenentwicklung und mal Adaption präferiert wird, vielmehr sehen wir dafür vor allem drei Gründe:

(a) Qualitätsmanagement und Standards werden nicht systematisch miteinander verknüpft.

Während mit Standards festgelegt wird, welche Eigenschaften gefordert bzw. akzeptiert werden, sind die oben angeführten Maßnahmen des Qualitätsmanagements (von der Qualitätssicherung bis zur Qualitätsverbesserung) als Vorgaben zu verstehen, welche Information sich eine Organisation beschaffen muss, wenn sie wissen möchte bzw. wenn sie gefordert ist, darzustellen, welche Güte sie aktuell bei den Ressourcen, Prozessen und Ergebnissen der Leistungserstellung erreicht und wenn sie daran interessiert ist, dieses Güteniveau weiter zu steigern. Das Maßnahmenbündel des Qualitätsmanagements ist inhaltsneutral und frei von Bewertungsmaßstäben. Mit den Standards werden diese beiden Leerstellen ausgefüllt (Ebner 2006). Die zu konstatierenden Probleme bei der Implementierung eines Qualitätsmanagements in Einrichtungen des Bildungs- und Ausbildungsbereichs hängen u.E. nicht zuletzt damit zusammen, dass aufgrund der fehlenden Verknüpfung mit Standards, Bemühungen des Qualitätsmanagements vielen Beteiligten als orientierungsloser Formalismus erscheinen. Die Beliebigkeit, mit der Änderungen in einzelnen Arbeitsfeldern der Organisation „Schule" häufig zu Qualitätsprojekten deklariert werden, mindert die Chancen dieser Initiativen, ein effektives und effizientes Qualitätsmanagement aufbauen zu können.

(b) Die Kompetenz zur Handlung ist nicht hinreichend entfaltet.

In Bezug auf alle drei der oben dargestellten Dimensionen dieses Konstrukts sind die Entwicklungspotenziale nicht ausgeschöpft. Ohne die Auseinandersetzung mit Qualitätsmanagementkonzepten und die Aneignung eines konzeptuellen und prozeduralen Basiswissens ist der professionelle Aufbau eines Qualitätsmanagement nicht denkbar. Neben der häufig vernachlässigten Schaffung der kognitiven und der damit auch unterlassenen Sicherung bzw. Stärkung der motivationalen Voraussetzungen wird ebenso der formalen innerorganisatorischen Verankerung des Qualitätsmanagements oftmals zu wenig Beachtung geschenkt.

(c) Einen dritten Grund für die Schwierigkeiten, an Schulen ein systematisches Qualitätsmanagement zu installieren, sehen wir darin, dass in unserem Bildungsbereich noch keine tragfähige und breit akzeptierte Vorstellung von Evaluation entwickelt werden konnte.

Die Ergebnisse der vom Institut der deutschen Wirtschaft durchgeführten Erhebung (vgl. Abb. 2) können als Indiz für die Skepsis gegenüber bestimmten Formen von

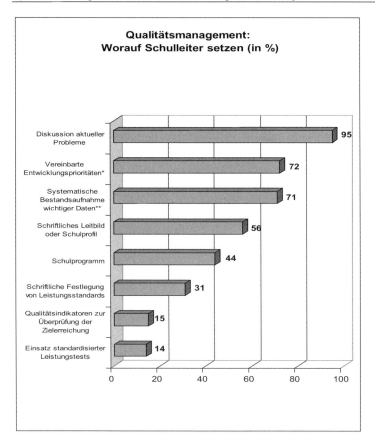

* z. B. Ganztagesunterricht
** z. B. über Stundenausfälle oder Schulabgänger ohne Abschluss

Abb. 2: Qualitätsmanagement aus Sicht von Schulleitern
Quelle: iwd Informationsdienst des Instituts der deutschen Wirtschaft; Nr. 21; Mai 2002

Evaluation gewertet werden: Im Vergleich insbesondere zu Ländern im anglophonen Sprachraum finden wir innerhalb des deutschen Bildungswesens eine deutliche Distanz zu „härteren" Verfahren des Rechenschaft-Ablegens (die unteren drei Indikatoren in der Abbildung). Qualitätsmanagement benötigt jedoch Daten, ist geprägt von der Evaluation der durchgeführten Maßnahmen, hat die Prüfung der Leistungserstellung auf Effektivität und Effizienz zum Kern (Ebner 2007).

Trotz der offenkundigen Schwierigkeiten auf dem Weg zu einem systematischen Qualitätsmanagement und obwohl nicht zu übersehen ist, dass die „Qualitätsrhetorik" die Anstrengungen um eine theoretisch fundierte Konzeptualisierung sowie um eine konsistente und konsequente praktische Erprobung von Qualitätsmanagementkonzepten deutlich übertrifft, so wird dennoch – legt man der Prognose die Entwicklungen in anderen europäischen Staaten, in Nordamerika und in Australien zu Grunde – das Thema „Qualität" in den Schulen weiter an Bedeutung gewinnen. Die an die Qualitätsfrage gekoppelten Interessen sind massiv genug, damit Schulqualität auf der Tagesordnung fixiert bleiben wird: Die staatliche Seite ist an der effizienten Verwendung der öffentlichen Gelder interessiert, die Lernenden, die Eltern und die Unternehmen haben Interesse an Signalen, die ihnen die Identifizierung guter und weniger guter Ausbildungsangebote ermöglichen, und nicht zuletzt sind große Teile der Organisationsmitglieder selbst daran interessiert, den hohen Leistungsstand ihrer Schule dokumentieren und damit auch belegbar kommunizieren zu können.

Literatur

Creemers, B. P. M. (1986): Relationships between Research on Teaching, Educational Innovation, and Teaching: The Case of the Netherlands. Teaching & Teacher Education 2 (2), 105–113

Deming, W. E. (1986): Out of the Crisis. Cambridge, Mass., 6. Aufl.

Doherty, G. D. (1994): The concern for quality. In Doherty, G. D. (ed.): Developing quality systems in education. London, New York, 3–34

Ebner, H. G. (2006): Standards als Instrumente des Qualitätsmanagement im Bildungsbereich. Berufsbildung in Wissenschaft und Praxis. 35, 6, 5–10

Ebner, H. G. (2007): Konzeptuelle Grundlagen des Managements beruflicher Schulen. In Nickolaus, R., Pätzold, G., Reinisch, H. & Tramm, T. (Hrsg.): Handbuch Berufs- und Wirtschaftspädagogik. Bad Heilbrunn (in Druck)

Ebner, H. G. & Hagmann, S. (2002): Qualitätskonzepte auf dem Weg in die beruflichen Schulen – erste Ergebnisse einer Evaluationsstudie. In Eckert, M., Horlebein, M., Lisop, I., Reinisch, H. & Tramm, T. (Hrsg.): Bilanzierungen – Schulentwicklung, Lehrerbildung und Wirtschaftsgeschichte im Feld der Wirtschafts- und Berufspädagogik. Frankfurt a.M., 233–243

Ebner, H. G. & Hagmann, S. (2003): Berufliche Schulen wollen hoch hinaus. Pilotstudie zur Einführung des EFQM-Modells. QZ – Qualität und Zuverlässigkeit 48(2003)8, 784–788

eduQua-Handbuch: Informationen über das Verfahren, Anleitung zur Zertifizierung (Version 2004). Schweizerisches Qualitätszertifikat für Weiterbildungsinstitutionen. (http://www.eduqua.ch)

Fiala-Thier, I.(2001): Qualität – Die Chance für Schulen. Wien

Haller, S. (2004): Gewinnen durch TQM? Die Betriebswirtschaft 64, 1, 5–27

Kriegesmann, B. & Kerka, F. (2001): Kompetenzentwicklung: Neue Aufgaben für die Gestaltung und Umsetzung von Innovationsprozessen. In Bellmann, L., Minssen, H. & Wagner, P. (Hrsg.): Personalwirtschaft und Organisationskonzepte moderner Betriebe. Beiträge zur Arbeitsmarkt- und Berufsforschung. Nürnberg, 133–162

Landwehr, N. (2004): Q2E – Qualität durch Evaluation und Entwicklung. Das Q2E-Modell. In Buchen, H., Horster, L. Pantel, G. & Rolff, H.-G. (Hrsg.): Schulleitung und Schulentwicklung. Stuttgart & Berlin (www.weiterbildung.ph-ag.ch/Q2E.cfm)

Marwede, M. (2005): Qualitätsmanagement – Zwei Jahre Erfahrungen mit DIN ISO. (http://www.dgbv.de/veranstaltungen/Ergebnisse/ft_26April2006/beitragmanfredmarwede1.pdf)

Redemer, J. D. & Nourie, B. L. (1999): Concerns of Professionals Involved in Implementing Professional Development Schools. In Byrd, D. M. & McIntyre, D. J. (Eds.): Research on Professional Development Schools. Teacher Education Yearbook VII. Thousand Oaks, CA, 115–130

Schulz, R., Bader, R. & Richter, A. (2000): Qualitätsmanagement und berufliche Bildung. o.O. (ISBN 3-8237-4796-7)

Tenberg, R. (2002): Abschlussbericht der wissenschaftlichen Begleitung des Modellversuchs QUABS durch den Lehrstuhl für Pädagogik der Technischen Universität München. (http://www.lrz-muenchen.de/~tenbergpublikationen/pdf/abschlussbericht.pdf)

Zöller, A. & Gerds, P. (Hrsg.) (2003): Qualität sichern und steigern. Personal- und Organisationsentwicklung als Herausforderung für berufliche Schulen. Bielefeld

Nachhaltigkeit von Medienprojekten – Nachhaltigkeitsfaktoren und deren Veranschaulichung am Beispiel Notebook-Klassen

Gabi Reinmann, Eva Häuptle und Susannah Brown

1. Problemstellung 157
2. Innovation, Nachhaltigkeit und die Rolle der neuen Medien 157
   2.1 Innovationspotenzial der neuen Medien 157
   2.2 Nachhaltigkeit und neue Medien 158
3. Nachhaltigkeit von Notebook-Projekten 160
   3.1 Notebook-Projekte und empirische Befunde 160
   3.2 Vertikale und horizontale Nachhaltigkeit 162
4. Fallbeispiel: Notebook-Klassen an der Hauptschule 164
   4.1 Kontext, Ziele und Methoden 164
   4.2 Ergebnisse aus der Notebook-Studie 165
   4.3 Folgerungen für die vertikale Nachhaltigkeit
       des Notebook-Einsatzes 167
   4.4 Überlegungen zur horizontalen Nachhaltigkeit
       des Notebook-Einsatzes 170
5. Schlussbemerkung: Die Rolle der Forschung
   in der Nachhaltigkeitsdiskussion 171

Literaturverzeichnis 172

1. Problemstellung

Medien – speziell die jeweils neuen Medien einer Zeit – sind fast immer Bestandteil von Diskussionen und Projekten, die Innovationen in unserem Bildungssystem zum Gegenstand haben. Schule als *eine* wesentliche Komponente unseres Bildungssystems ist ein Ort, der gerade in den letzten Jahren wieder vermehrt zum Zankapfel in der Frage geworden ist, ob die neuen Informations- und Kommunikationstechnologien (kurz: neue Medien) Bildungsinnovationen sind oder zu diesen beitragen. In diesem Beitrag vertreten (und begründen) wir die These, dass Medienprojekte Bildungsinnovationen hervorbringen können – vorausgesetzt sie erweisen sich als nachhaltig. Was mit Nachhaltigkeit von Medienprojekten gemeint ist, welche Faktoren die Nachhaltigkeit von Medienprojekten fördern und welche Formen von Nachhaltigkeit es gibt, sind Fragen, die im Folgenden behandelt werden. Konkretisiert werden diese Ausführungen mit dem Thema Notebook-Klassen, da der Einsatz von Notebooks im Unterricht zum einen ein besonderes Innovationspotenzial besitzt und zum anderen weitreichende Bedingungen für eine nachhaltige Entwicklung erfordert. Zur Veranschaulichung stellen wir ein Fallbeispiel aus dem Hauptschulbereich vor.

2. Innovation, Nachhaltigkeit und die Rolle der neuen Medien

2.1 Innovationspotenzial der neuen Medien

Innovationen. Der gemeinsame Kern verschiedener Definitionen von Innovation besteht darin, dass eine neuartige Idee nicht ausreichend ist, um von einer Innovation sprechen zu können; sie muss auch umgesetzt bzw. zielgerichtet durchgesetzt werden und damit (sichtbar) etwas verändern (z. B. Hauschildt, 1997). Ein weiteres Merkmal ist die prinzipielle Unsicherheit in Bezug auf Kosten, Ergebnis und Nützlichkeit; das heißt: Innovationen sind in ihrem Weg und Ausgang nicht im Detail planbar: „Im Gegensatz zu Routineprozessen zeichnen sich Innovationsprozesse durch Komplexität, Unsicherheit, Neuigkeitsgrad und Konfliktgehalt aus" (Schmid, 1999, S. 103). Bildungsinnovationen sind eine Sonderform von Innovationen: Entsprechend der obigen Definition handelt es sich um (komplexe) Neuerungen beim Lernen und Lehren, und diese können sich auf die *Organisation* von Bildung, deren *Inhalte* und/oder *Methoden*, auf Lehr-Lern*medien* sowie auf Kombinationen solcher Neuerungen beziehen (vgl. Reinmann-Rothmeier, 2003). Sie müssen einen merklichen Wandel in der Bildungspraxis anstoßen und Verbreitung finden. All das gilt auch für die Organisation Schule.

Bildungsinnovationen. Vom Ergebnis her handelt es sich bei einer Bildungsinnovation in bzw. für Schule auf den ersten Blick um eine *Sozialinnovation*, denn (Schul-)Bildung ist schließlich kein „Ding", sondern eine soziokulturelle Errungenschaft. Bei genauerem Hinsehen lassen sich Bildungsinnovationen auch anderen Innovationsarten zuordnen: So sind sie z. B. nur sinnvoll, wenn Lehrende, Lernende und deren Handeln erreicht und beeinflusst werden. Es müssen also die im Lehr-Lerngeschehen ablaufenden Prozesse nachhaltig beeinflusst werden; man kann somit von einer *Prozessinnovation* sprechen. Allgemein bekannt ist, dass dauerhafte Veränderungen etwa in Abläufen und Gewohnheiten wahrscheinlicher sind, wenn die Strukturen den neuen Prozessen angepasst werden; Bildungsinnovationen sollten also durchaus auch den Charakter von *Strukturinnovationen* haben. Basiert eine Bildungsinnovation zu einem erheblichen Teil auf neuen Entwicklungen z. B. im Bereich von Curricula oder neuen Medien, ist selbst eine Zuordnung zur *Produktinnovation* nicht ausgeschlossen.

Innovationspotenzial der neuen Medien. Den neuen Medien kann – das zeigen zahlreiche Modellversuche, Projekte und empirische Untersuchungen – ein Innovations*potenzial* zugeschrieben werden; das heißt: Der Einsatz von technischen Werkzeugen zur Dokumentation und Strukturierung von Information (z. B. Content Management-Systeme), zur Organisation und Verwaltung von Bildungsprozessen (z. B. Learning Management Systeme), zur Exploration von Information (z. B. Simulationen), zur Kommunikation (z. B. E-Mail, Chats, Foren), zur Kooperation (z. B. Wikis) und zum persönlichen Wissensmanagement (z. B. Weblogs, E-Portfolios) – um nur die gängigsten Beispiele zu nennen – kann Innovationen in der Schule anregen: Sie können zu neuen Lehr-Lerngewohnheiten der Schüler/innen sowie zu neuen Formen der Fortbildung von Lehrer/innen führen (*Prozesse*), sie können neue technische Infrastrukturen, fächerübergreifenden Unterricht oder Veränderungen im 45-Minuten-Takt des Unterrichts anstoßen (*Strukturen*), und sie können bewirken, dass neue Hardwareangebote, neue Lernsoftware oder neue Materialien entstehen, die sich für den Bildungsauftrag der Schule eignen (*Produkte*). Wann aber sind diese (Bildungs-)Innovationen nachhaltig?

2.2 Nachhaltigkeit und neue Medien

Nachhaltigkeit. Ursprung des Nachhaltigkeitsbegriffs ist die Forstwirtschaft (Kruppa, Mandl & Hense, 2002), in der Nachhaltigkeit bedeutet, nur so viel Holz zu schlagen wie auch wieder nachwächst. In den 1970er Jahren wurde der Begriff auf die natürlichen Ressourcen der Umwelt insgesamt ausgeweitet; Ende der 1980er Jahre fand er Eingang in die politische und ökonomische Diskussion. Erst relativ spät wurden auch soziale Ziele (Stichwort: soziale Nachhaltigkeit) thematisiert (Spangenberg, 2001); Nachhaltigkeit kann hier nur mehr im übertragenen Sinne verstanden werden. Zu dieser eher späten Entwicklung gehört auch die Einführung des Nachhaltigkeitsbegriffs in die Diskussion um Bildungsinnovationen im Bereich Schule. Dort wird der Begriff Nachhaltigkeit seit einigen Jahren (meist ohne genau definiert zu sein) dazu verwendet, den *Grad einer gelungenen Umsetzung oder Einführung* z. B. neuer Lehr-Lernmodelle, neuer Fortbildungskonzepte, neuer Materialien und/oder neuer Medien zu beschreiben. Dabei geht es vor allem um die Frage, ob sich das Neue etabliert und verstetigt, ob es fortgeführt wird, zu anerkannten Standards führt und damit letztlich auch seinen Neuigkeitsgrad (wieder) verliert (Seufert & Euler, 2004).

Nachhaltigkeit im Innovationsprozess. Verwirrend ist der Nachhaltigkeitsbegriff in diesem Kontext insofern, da die Umsetzung und Etablierung als Bestandteil des heutigen Innovationsverständnisses gilt (vgl. Blättel-Mink, 2006): Nur wenn sich eine Neuerung auch etablieren kann, wenn sie sich verbreitet und merkliche Veränderungen nach sich zieht (s. o.), kann man tatsächlich von einer Innovation sprechen. Dies zeigt sich vor allem in Phasenmodellen der Innovation (vgl. Sherry, 2002): Die *erste Phase* ist die der Ideengenerierung (auch Invention genannt), in der das Neue als Differenz zum Alten entsteht. Findet das Neue zumindest bei einer kleinen Gruppe Akzeptanz, wird es meist in Form von Pilotprojekten umgesetzt bzw. es folgt als *zweite Phase* eine Implementierung. Die *dritte Phase* schließlich hat viele Namen: Hier geht es darum, dass aus einem Pilotprojekt viele Projekte werden, dass diese in den „Regelbetrieb" (einer Bildungsinstitution) überführt werden, sich schließlich neue Routinen etablieren und auch auf andere Kontexte ausbreiten – eine Phase also der Institutionalisierung, Diffusion und Skalierbarkeit. Diese dritte Phase ist unserer Ansicht nach diejenige Phase, in der sich entscheidet, ob eine Neuerung und damit auch eine Bildungsinnovation eine „echte", weil *nachhaltige* Innovation ist.

Nachhaltigkeit von Medienprojekten. Probleme in genau dieser dritten Phase des Innovationsprozesses werden gerade in Medienprojekten in hohem Maße beklagt: Die Erfahrung zeigt, dass die Einführung technisch motivierter oder technisch begleiteter Neuerungen in der Schule häufig an der Institutionalisierung und Diffusion scheitern (z. B. Bruck, Stocker, Geser & Pointner, 1998). Wie lässt sich das erklären? Viele Medienprojekte, vor allem die hier im Zentrum stehenden Notebook-Projekte (siehe Abschnitt 3) erfordern nicht nur eine bestimmte Technik, sondern auch neue Unterrichtsmethoden und Lernformen, sie machen Kompetenzentwicklung bei allen Beteiligten notwendig, stellen eingespielte Gewohnheiten in Frage und verbrauchen zeitliche und personelle Ressourcen, ohne dass der Ausgang gewiss ist. Mit solchen Merkmalen haben Medienprojekte besondere Probleme, wenn es um Faktoren geht, die die dritte Phase des Innovationsprozesses beeinflussen. Laut Rogers (2003) verbreitet und verstetigt sich eine Neuerung nämlich um so wahrscheinlicher und schneller, je höher der damit verbundene subjektive Nutzen ist, je weniger komplex sie ist, je genauer sie mit gegebenen Bedingungen vereinbar ist, je leichter sie erprobt werden kann und je besser deren Ergebnisse beobachtet werden können. Genau das ist bei Medienprojekten häufig nicht der Fall.

Defizitäre Nachhaltigkeitsfaktoren in Medienprojekten. Medienprojekte in der Schule sind nicht zwangsläufig, aber häufig mit folgender Situation konfrontiert:
(a) Vielen Lehrern ist der persönliche Nutzen neuer Medien im Unterricht nicht unmittelbar einsichtig.
(b) Projekte mit neuen Medien sind komplex und eben nicht leicht verständlich.
(c) Neue Medien im Unterricht stellen Anforderungen, die mit den Gegebenheiten vieler Schulen nicht kompatibel sind.
(d) Vor allem Projekte mit höherem Investitionsvolumen lassen sich nicht einfach mal für kurze Zeit und ohne größere Hürden testen.
(e) Mögliche Erfolge teilen sich in den seltensten Fällen selbst mit: Vielen Schulen aber fehlt es an Strategien, positive Ergebnisse zu kommunizieren.

Kurz: Alle von Rogers (2003) postulierten Faktoren, die sich in ähnlicher Form in vielen Modellen finden (vgl. Sherry, 2002), sind in Medienprojekten nicht automatisch vorzufinden und in vielen Fällen schwer zu erreichen. Inwiefern dies vor allem für Notebook-Projekte gilt, soll im Folgenden genauer gezeigt werden.

3. Nachhaltigkeit von Notebook-Projekten

3.1 Notebook-Projekte und empirische Befunde

Notebooks in der Schule. Notebooks sind tragbare Computer, die durch Netzverbindung (per Netzkabel oder drahtlos) einen Zugriff auf das Internet erlauben. Es gibt verschiedene Formen, wie Notebooks im Unterricht eingesetzt werden können:

(a) Im *1-zu-1-Modell* (Apple Computers, 2005) oder *konzentrierten Modell* (Döring & Kleeberg, 2006) werden reine Notebook-Klassen eingerichtet, in denen jeder Schüler mit seinem eigenen Notebook arbeitet. Damit haben Schüler permanent Zugriff auf das Gerät und können es auch zu Hause zum Arbeiten und Lernen heranziehen.

(b) Im *1-zu-n-Modell* (z. B. „1-zu-5-Modell", vgl. Ross, Lowther & Morrison, 2001) hat nur ein Teil der Schüler einer Klasse ein Notebook bzw. es teilen sich mehrere Schüler ein Notebook.

(c) Im *Klassensatz-Modell* (Schaumburg, 2002) oder *Pool-Modell* (Horstmann & Vorndran, 2003) wird mit einem festen Satz an „fahrbaren" Notebooks gearbeitet, die Lehrer ausleihen und punktuell im Unterricht einsetzen.

Am erfolgreichsten gilt der Notebook-Einsatz nach dem 1-zu-1-Modell (Ross et al., 2001; Horstmann & Vorndran, 2003). Nach Anfrage bei „Schulen ans Netz e. V." gibt es in Deutschland nur knapp 90 Schulen, in denen Notebook-Klassen nach dem erfolgreichen 1-zu-1-Modell vertreten sind (Stand: Juli 2006). Begleituntersuchungen zu Notebook-Klassen in Deutschland liegen nur vereinzelt vor – meist im Rahmen größerer Pilotprojekte, bei denen auch eine dazugehörige Forschung finanziert wird (Schaumburg & Issing, 2002; Vallendor, 2003; Vorndran & Schnoor, 2003). In den USA ist die Anzahl der wissenschaftlich begleiteten Notebook-Projekte größer. Einen Überblick über Notebook-Projekte nach dem 1-zu-1-Modell in den einzelnen Bundesstaaten der USA gibt das „Ubiquitous Computing Evaluation Consortium". Dort finden sich auch zahlreiche Studien, deren Ergebnisse online zugänglich sind (zu Details siehe: Brown, 2006; Häuptle, 2007). Die folgenden Ausführungen beziehen sich ausschließlich auf das 1-zu-1-Modell von Notebook-Projekten.

Modellkonforme Nachhaltigkeitsfaktoren. Die meisten empirischen Untersuchungen von Notebook-Projekten haben explizit kein Innovations- oder Nachhaltigkeitsmodell im Hinterrund. Dennoch lassen sich vor allem die übereinstimmenden Befunde relativ gut zwei der fünf Nachhaltigkeitsfaktoren von Rogers (2003) zuordnen (vgl. Abschnitt 2.2) – nämlich den Nachhaltigkeitsfaktoren „Nutzen" und „Kompatibilität":

(a) Wenn Schüler und Lehrer den Nutzen und Mehrwert des Notebook-Einsatzes im Unterricht im Vergleich zum traditionellen Unterricht erkennen, ist auch ihre Akzeptanz größer: Dabei ist es *Schülern* wichtig, dass sie durch das Notebook Vorteile beim Schreiben haben, dass sie eigene Leistungen damit erbringen und Fertigkeiten einüben können, dass sie damit Dokumente erstellen, im Internet recherchieren und sich in einem Fach besser organisieren können (Abrams, 1999). Für den *Lehrer* besteht der Mehrwert des Notebook-Einsatzes vor allem darin, dass sich ihm neue Möglichkeiten zur Unterrichtsgestaltung eröffnen: Veranschaulichung, Einbindung aktueller, authentischer Materialien, Gestaltung kontextbezogener Aufgabenstellungen, Mitgestaltung der Schüler durch selbstorganisierte, kooperative Arbeitsformen etc. (Hill & Reeves, 2004). Umgekehrt gilt, dass Notebook-Projekte darunter leiden, dass viele Lehrer, sogar Notebook-Lehrer selbst, Schwierigkeiten haben, den Vorteil des Notebook-Einsatzes zu erkennen, was verschiedene Ursachen haben kann (Lehrerpersönlichkeit, Lehrstil, Innovationsbereitschaft, Belastungsfaktoren u. a.; Bruck et al., 1998; Schaumburg, 2002; Vallendor, 2003).

(b) Zu einer Veränderung des gesamten Unterrichts kommt es dann, wenn die schulischen Rahmenbedingungen mit den Zielen und Anforderungen der Notebook-Projekte zusammenpassen und mit diesen kompatibel sind, wenn es also geeignete Unterrichtsmaterialien für den Notebook-Einsatz gibt, diese zum Lehrplan und zur verfügbaren Zeit passen und – was besonders wichtig ist – auch die Kriterien zur Leistungsbewertung an den Notebook-Unterricht angepasst werden (Bruck et al., 1998). Die meisten Studien zeigen schließlich, dass Fortbildungs- und Materialmangel für Notebook-Unterricht, strenge Fächergrenzen und der 45-Minuten-Takt sowie Verantwortungsdiffusion in Lizenz- und Urheberrechtsfragen Bedingungen darstellen, die mit gutem Notebook-Unterricht (der das Innovationspotenzial ausschöpft) nicht vereinbar sind (vgl. Häuptle, in Druck). Dass umgekehrt Bemühungen in genau diesen hier angesprochenen Punkten die Nachhaltigkeit fördern können, zeigt beispielsweise die österreichische Initiative „eFit Austria" (vgl. http://www.efit.at/) mit ihrer explizit bildungspolitischen Verankerung.

Schulspezifische Nachhaltigkeitsfaktoren. Eine ganze Reihe anderer empirischer Erkenntnisse zu Notebook-Projekten machen allerdings deutlich, dass klassische Innovationsmodelle, die vor allem für hierarchische Organisationen (in der Wirtschaft) entwickelt wurden, den Besonderheiten der Organisation Schule nicht vollständig gerecht werden. Erfolgreiche Notebook-Projekte zeichnen sich etwa dadurch aus, dass Lehrende ihren Lehrstil bzw. ihre Auffassung von Lernen und Lehren reflektieren (Schaumburg, 2002; Windschitl & Sahl, 2002). In vielen Projekten haben sich Fortbildungsmaßnahmen (vor und während Notebook-Projekten) als zentraler Erfolgsfaktor herausgestellt (Light, McDermott & Honey, 2002; Spiel & Popper, 2003; Mitchell Institute, 2004). Dabei favorisieren Lehrer vor allem schulinterne, kurze, individualisierte Formen der Fortbildung (Bienengräber & Vorndran, 2003). Diese wiederum erfordern eine Veränderung schulischer Organisationsstrukturen, denn nur dann werden Kooperation und persönlicher Austausch möglich. Hilfreich sind schließlich auch Maßnahmen, die dazu beitragen, Frustration bei Schülern, Eltern und Lehrern zu verhindern bzw. zu minimieren – was im Falle von Notebook-Projekten vor allem Managementmaßnahmen für technische und organisatorische Belange sind (Bruck et al., 1998; Stevenson, 1999; Ross et al. 2001; Schaumburg & Issing, 2002; Silvernail & Lane, 2004). Als problematisch hat sich die große öffentliche Aufmerksamkeit herausgestellt, die Notebook-Projekten entgegen gebracht wird (Schaumburg & Issing, 2002): Sie kann den Mut und die Experimentierfreudigkeit hemmen. Schulspezifische Faktoren dieser Art haben weniger Ähnlichkeit mit klassischen Innovationsmodellen als vielmehr mit Konzepten zur systemischen Veränderung und lernenden Organisation (Fullan, 1996; Senge, 1999).

3.2 Vertikale und horizontale Nachhaltigkeit

Zwei Perspektiven auf die Nachhaltigkeit. Bei der Reflexion um die Nachhaltigkeit von Medienprojekten im Allgemeinen und Notebook-Projekten im Besonderen wird selten reflektiert, dass das, was man unter Nachhaltigkeit verstehen kann, von der Perspektive abhängig ist, die man einnimmt. So macht es einen großen Unterschied, ob man die *Perspektive der Einzelschule* einnimmt und die Diffusion und Entwicklung neuer Routinen innerhalb einer Schule betrachtet, oder ob man aus der Perspektive des Schulsystems (z. B. eines Landes) der Frage nachgeht, wie gut sich Erfolge und Erfahrungen von einer oder weniger Schulen auf möglichst viele Schulen übertragen lassen. Das Verhältnis von Nachhaltigkeit aus der Perspektive der Einzelschule und aus der Perspektive des Schulsystems kann man sich *analog* zum Verhältnis von Betriebswirtschaftslehre und Volkswirtschaftslehre vorstellen: Während die Betriebswirtschaftslehre zwar auch allgemeine wirtschaftliche Rahmenbedingungen berücksichtigt, ihren Fokus aber auf die ökonomischen Belange und Ziele der einzelnen Organisation richtet, beschäftigt sich die Volkswirtschaftslehre mit den ökonomischen Strukturen und Prozessen einer Gesellschaft, in der Einzelorganisationen zwar Teile, aber nicht Mittelpunkt des Interesses sind.

Nachhaltigkeit aus der Sicht der Einzelschule. Aus der Sicht der Einzelschule beschreibt die Nachhaltigkeit eines Notebook-Projektes den Grad, mit dem der Notebook-Einsatz einen umfassenden Wandel vor Ort bewirkt. Da hier die *Tiefe* und weniger die Breite der Diffusion einer Neuerung im Zentrum des Interesses steht, kann man diese Form der Nachhaltigkeit aus unserer Sicht als *vertikal* bezeichnen. Ein Notebook-Projekt ist aus der Sicht der Einzelschule also dann vertikal nachhaltig,
(a) wenn es infolge der Einführung neuer Medien zu neuen Formen des Lernens und Lehrens im Unterricht sowie zu einem neuen Arbeitsverhalten der Schüler kommt,
(b) wenn Lehrer Einstellungen und Ziele neu ausrichten, neues Wissen und Können aufbauen und den Umgang mit Erfahrungen, Wissen und Kompetenzen ändern und
(c) wenn sich die Organisation Schule (in Bezug auf ihre Ziele, Prinzipien, Verwaltung, Kontakte mit dem Umfeld etc.) erneuert. Änderungen dieser Art decken die drei Säulen der Schulentwicklung ab, nämlich die Unterrichts-, Personal- und Organisationsentwicklung (vgl. Altrichter & Rolff, 2000; Wiater, 2002; Grunder, 2004).

Ergänzend kommt selbstverständlich auch ein quantitatives Kriterium (im Sinne von *Breite*) hinzu, indem nachhaltige Notebook-Projekte an einer Einzelschule ihren Pilotstatus verlassen und weitere, neue Klassen die erprobten Konzepte übernehmen bzw. an ihre Bedürfnisse anpassen. Dieses einzelschulbezogene quantitative Kriterium ist im Zuge einer pädagogischen Schulentwicklung notwendiger Bestandteil. Die wichtigsten *Akteure* in der vertikalen Nachhaltigkeit sind die Mitglieder der Einzelschule (einschließlich der Eltern und des unmittelbaren Umfeldes), auch wenn ökonomische, politische und andere Rahmenbedingungen selbstverständlich ebenfalls eine (fördernde oder begrenzende) Rolle spielen.

Nachhaltigkeit aus der Sicht des Schulsystems. Aus der Sicht des Schul- oder Bildungssystems beschreibt Nachhaltigkeit von Notebook-Projekten das Ausmaß, in dem erfolgreiche Konzepte an verschiedenen Schulen einer Region oder eines Landes übernommen und langfristig fortgeführt (eventuell auch weiterentwickelt) werden. Da hier die *Breite* und weniger die Tiefe der Diffusion einer Neuerung im Zentrum des Interesses steht, kann man diese Form der Nachhaltigkeit als *horizontal* bezeichnen. Ein Notebook-Projekt ist aus der Sicht des Schulsystems also dann horizontal nachhaltig,

(a) wenn dessen Konzept von vielen Schulen verändert oder unverändert übernommen wird, also ein klassischer *Konzepttransfer* stattfindet,

(b) wenn die Erfahrungen aus der Erprobung an vielen weiteren Orten rezipiert und bei der eigenen Einführung von Notebooks im Sinne von Lessons Learned berücksichtigt und mit den eigenen Gegebenheiten in Form eines *Erfahrungstransfers* verknüpft werden, und

(c) wenn sich über eine große Zahl von Schulen mit Notebook-Klassen *Standards* für die Nutzung neuer Medien im Unterricht flächendeckend etablieren.

Ergänzend kommt (reziprok zur vertikalen Nachhaltigkeit) ein qualitatives Kriterium (im Sinne von *Tiefe*) hinzu, indem nachhaltige Notebook-Projekte in einem Schulsystem auch die Lehr-Lernkultur verändern. Die wichtigsten *Akteure* in der horizontalen Nachhaltigkeit sind die Schuladministration eines Landes, die Schulpolitik sowie diejenigen wissenschaftlichen Disziplinen, die sich mit innovativen (Medien-)Konzepten für die Schule beschäftigen (siehe Abschnitt 5). Die folgende Abbildung gibt einen Überblick über die beiden Perspektiven von Nachhaltigkeit und deren reziproken Anteilen von Breite (quantitative Kriterien) und Tiefe (qualitative Kriterien).

Einzelschule	Schulsystem
Vertikale Nachhaltigkeit	**Horizontale Nachhaltigkeit**
Tiefe der Diffusion: • Unterrichtsentwicklung • Personalentwicklung • Organisationsentwicklung *Breite der Diffusion*	*Tiefe der Diffusion* Breite der Diffusion: • Konzepttransfer • Erfahrungstransfer • Etablierung von Standards
Hauptakteure: Mitglieder der Einzelschule (mit Umfeld)	**Hauptakteure**: Schuladministration, Schulpolitik, Wissenschaft

Abb. 1: Vertikale und horizontale Diffusion; Quelle: eigene Darstellung.

4. Fallbeispiel: Notebook-Klassen an der Hauptschule

Das folgende Beispiel dient zum einen als Ergänzung und Veranschaulichung der oben behandelten Ausführungen zur Nachhaltigkeit von Notebook-Projekten und zum anderen als Aufhänger für weiterreichende Überlegungen zur Rolle der Wissenschaft für Fragen der Nachhaltigkeit. Zur besseren Verständlichkeit werden zunächst die wichtigsten Eckdaten des Fallbeispiels und dessen Untersuchung skizziert. Es folgen Auszüge aus den Ergebnissen, die Hinweise auf Fragen zur Nachhaltigkeit ergeben.

4.1 Kontext, Ziele und Methoden

Das Fallbeispiel. Bei unserem Fallbeispiel handelt es sich um eine Hauptschule im ländlichen Raum, die im Schuljahr 2003/2004 eine Notebook-Klasse nach dem 1-zu-1-Modell in einer 9. Klasse eingeführt hat. Im darauf folgenden Schuljahr (2004/2005) wurden zwei weitere Notebook-Klassen (eine 7. und 9. Klasse) eingeführt; die 10. Notebook-Klasse aus dem Vorjahr wurde fortgesetzt und befand sich damit im zweiten Notebook-Jahr. In diesem Jahr mit insgesamt drei Notebook-Klassen wurde eine einjährige Studie durchgeführt, deren Ergebnisse diesem Abschnitt zugrunde liegen. Im Jahr nach der Studie (2005/2006) wurden zusätzlich zu den beiden Notebook-Klassen 8 und 10 wiederum neu eine Notebook-Klasse 7 begonnen. Alle Notebook-Klassen befinden sich im Mittlere-Reife-Zug. Hervorzuheben ist, dass unser Fallbeispiel nicht in ein breit angelegtes Medienprojekt integriert ist, sondern ohne externe Unterstützung aus eigener Initiative und Anstrengung heraus Notebook-Klassen einrichtet.

Notebook-Einsatz im Rahmen der Studie. Während der wissenschaftlichen Begleitung der Notebook-Klassen im Schuljahr 2004/2005 wurde das Notebook vorrangig im Unterricht der Klassenleiter eingesetzt. Diese unterrichten in ihrer Klasse die Fächer Mathematik, Deutsch sowie ein bis zwei Nebenfächer und verbringen damit ca. 15 Unterrichtsstunden in ihrer Klasse, die sie frei einteilen können (Klassenleiterprinzip). Bei den Nebenfächern handelt es sich um die Fächerkombinationen Physik-Chemie-Biologie (PCB) sowie Geschichte-Sozialkunde-Erdkunde (GSE), die fächerübergreifenden Unterricht ermöglichen. Die Klassenleiter entscheiden selbst, in welchem Fach und wie häufig das Notebook im Unterricht zum Arbeiten herangezogen wird. Der Notebook-Einsatz im Unterricht wurde über die Studie nicht mit expliziten Maßnahmen beeinflusst; implizit kann ein intervenierender Einfluss selbstverständlich nicht ausgeschlossen werden.

Ziele und Zielgruppe der Studie. Die Untersuchung stellt eine Einzelfallstudie dar. Sie sollte klären, unter welchen Bedingungen der Notebook-Einsatz in der Hauptschule zu Veränderungen in der Schule, im Unterricht und beim Lernen führt und zur Kompetenzsteigerung der Schüler beiträgt (Häuptle und Reinmann, 2006 a und b). Die Studie hatte keinen intervenierenden, sondern evaluierenden Charakter; Ziel war auch nicht allein eine Untersuchung der Nachhaltigkeit, sondern eine reichhaltige Beschreibung der Bedingungen und Wirkungen des Notebook-Einsatzes (zu den Zielen siehe Kasten 1). Die Zielgruppe umfasste 67 Schüler aus drei Notebook-Klassen und deren Eltern, 74 Schüler aus drei Parallelklassen (ohne Notebooks) und deren Eltern, das Kollegium (ca. 30 Lehrer), sechs Klassenleiter (drei Notebook- und drei Nicht-Notebook-Klassenleiter), sechs Fachlehrer (die sowohl in der Notebook- als auch der Parallelklasse das gleiche Fach unterrichten) sowie den Schulleiter.

> Kasten 1: Ziele der Evaluation des Notebook-Einsatzes
> - *Deskription* der Kontextbedingungen: Beschreibung der Ausgangssituation und der Unterrichtsbedingungen.
> - *Wirkungsanalyse*: Untersuchung der Wirkungen des Notebook-Einsatzes auf die Bereiche Unterricht, Lehr-Lernkultur, fachliche und überfachliche Kompetenzen, häusliche Nutzung und Lern- und Arbeitsverhalten zu Hause sowie die Organisation Schule.
> - *Identifikation von Nachhaltigkeitsfaktoren*: Zusammenführung von Bedingungen und Wirkungen als Basis für Folgerungen und Empfehlungen für die Schule.
> - *Transferanalyse*: Folgestudie zu überfachlichen Kompetenzen ehemaliger Notebook-Schüler in der Aus- und Weiterbildung.

Design und Methodik der Studie. Die Studie zeichnet sich methodisch durch ein *Vorher-Nachher-Design* (Methodeneinsatz zu Beginn und am Ende des Schuljahrs) sowie durch ein *quasi-experimentelles Design* aus. Letzteres war möglich, weil zu jeder der drei Notebook-Klassen je eine Parallelklasse existierte, deren Bedingungen nicht in allen, aber in einigen wichtigen Aspekten vergleichbar waren. Es wurden sowohl quantitative als auch qualitative Erhebungsmethoden eingesetzt (siehe Kasten 2).

> Kasten 2: Erhebungsmethoden und Zielgruppe:
> - *Schriftliche Befragungen*: Schulleiter und Lehrerschaft sowie Klassenleiter, Schüler, Eltern aus Notebook- und Nicht-Notebook-Klassen,
> - *Interviews* mit Notebook- und Nicht-Notebook-Klassenleitern und Schulleiter,
> - *Gruppendiskussionen* mit Fachlehrern und einem Teil der Notebook-Schüler,
> - *Deutschtest* in Klassenstufe 7 und 9 und *Notenverläufe* dieser Stufen in Deutsch und GSE,
> - *Unterrichtsbeobachtungen* in Notebook-Klassen 7, 9 und 10 (insgesamt 63),
> - *Selbstbeobachtungsprotokolle* zu einzelnen Unterrichtsstunden bei Notebook- und Nicht-Notebook-Klassenleitern (insgesamt ca. 100),
> - Materialsammlung und Memos.

4.2 Ergebnisse aus der Notebook-Studie

Im Folgenden werden einige wesentliche Ergebnisse aus der Notebook-Studie an der Hauptschule (Häuptle & Reinmann, 2006 a und b) zusammengestellt, die Auskunft über Nachhaltigkeitsfaktoren aus der Perspektive der Einzelschule geben können.

Dabei handelt es sich *nicht* um alle Untersuchungsergebnisse, sondern nur um Ergebnisse, die für das Thema dieses Beitrags relevant sind. Wir haben die Ergebnisse nach den drei Bereichen der Schulentwicklung gegliedert, die sich auch in unserer Studie als besonders wichtig für (vertikale) Nachhaltigkeit erwiesen haben (vgl. Abschnitt 3.2).

Ergebnisse im Bereich Unterrichtsentwicklung. Der Unterricht in den Notebook-Klassen der untersuchten Hauptschule hat sich definitiv verändert; es liegen also deutliche Ergebnisse im Bereich der Unterrichtsentwicklung vor. Zwar erwies sich auch im Notebook-Unterricht der Lehrstil des Lehrenden als entscheidend, insgesamt betrachtet aber zeigten sich – selbst ohne flankierende Maßnahmen beim Notebook-Einsatz – folgende Veränderungen:

(a) Es wurden mehr offene und schülerzentrierte Unterrichtsformen umgesetzt, wodurch sich tendenziell auch das Lehrer-Schüler-Verhältnis änderte und Schüler in Projekten und bei Präsentationen mehr Mitgestaltungsmöglichkeiten erhielten.

(b) Der Unterricht wurde im Großen und Ganzen abwechslungsreicher gestaltet, indem z. B. weitere Medien und Materialien eingebunden wurden.

(c) Selbstorganisierte Arbeitsphasen seitens der Schüler waren häufiger, wodurch mehr Individualisierung möglich, aber nicht automatisch, z. B. durch gezieltes Feedback vom Lehrer, gefördert wurde.

(d) Infolge der veränderten Unterrichtsgestaltung kam es häufiger zu kooperativen Situationen, in denen sich Schüler gegenseitig halfen und unterstützten.

(e) Vor allem jüngere Schüler (7. Klasse) empfanden den Notebook-Unterricht als besser, weniger langweilig und motivierender als den herkömmlichen Unterricht, während Einschätzungen älterer Schüler (9. und 10. Klasse) diesbezüglich verhaltener waren.

(f) Eine gleichförmige Gestaltung von selbstorgansiertem Arbeiten mit dem Notebook, ein gehäufter Notebook-Einsatz sowie die zeitliche Nähe zu Abschlussprüfungen, Unterrichtsausfälle und technische Probleme waren Bedingungen, unter denen der Notebook-Unterricht neben allen Vorteilen von den Schülern (situativ) auch negativ bewertet wurde.

Ergebnisse im Bereich Personalentwicklung. Die Wirkungen der Notebook-Klassen in der untersuchten Hauptschule auf die Personalentwicklung waren im Vergleich zum Einfluss auf die Unterrichtsentwicklung weniger ausgeprägt und lassen sich knapp wie folgt zusammenfassen:

(a) Das Klima im Kollegium hatte sich durch den Notebook-Einsatz kaum verändert: Die Notebook-Klassen wurden als eigenes Projekt akzeptiert, von denen sich nicht einbezogene Lehrer auch nicht weiter tangiert fühlten.

(b) Es waren – neben den Notebook-Klassenleitern – vor allem diejenigen Lehrenden positiver gegenüber dem Notebook-Einsatz eingestellt, die als Fachlehrer in den Notebook-Klassen unterrichteten. Diese griffen im Laufe der Zeit vermehrt auf die Notebooks im eigenen Unterricht zurück.

(c) Im Kollegium wurden Kooperation und Kommunikation generell als gut beurteilt; in erhöhtem Maße aber tauschten sich die Notebook-Lehrer untereinander aus und unterstützten sich gegenseitig. Auch die Notebook-aktiven Fachlehrer wurden in diesen Austausch mit einbezogen.

(d) Wissen über die didaktische Einbindung neuer Medien in den Unterricht und Fertigkeiten im Umgang mit dem Notebook wurden von den Notebook-Lehrern weitgehend autodidaktisch erworben. Ergänzt wurde das Selbstlernen durch bedarfsorientierte interne Fortbildungsmaßnahmen über diejenige Notebook-Lehrerin, die die größte Erfahrung mitbrachte.
(e) Verantwortungsdiffusion für technische und organisatorische Fragen sowie ein großer Aufwand bei der Vor- und Nachbereitung des Notebook-Unterrichts stellten sich als die größten Belastungsfaktoren für die Notebook-Lehrer heraus.

Ergebnisse im Bereich Organisationsentwicklung. Auch hier ist zunächst festzuhalten, dass kaum systematische organisationale Maßnahmen im Zusammenhang mit dem Notebook-Projekt an der untersuchten Schule ergriffen wurden: So fehlten z. B. sowohl ein längerfristiges Finanzierungskonzept für die Notebooks als auch ein Leitbild, in das das Notebook-Projekt eingeordnet werden könnte. Doch auch hier kommt es sozusagen zu beiläufigen Wirkungen: (a) Erheblich beeinflusst wurden die Erwartungen der Eltern wie auch der Schüler selbst, was den späteren Nutzen des Notebook-Unterrichts z. B. auf dem Arbeitsmarkt betrifft: Hier setzten alle große Hoffnungen in Vorteile für die berufliche Zukunft. (b) Technische Probleme und die damit verbundenen Beschwerden von Eltern und Schülern führten zu Störungen im Schulleben, die nicht nur von den Notebook-Lehrern, sondern auch vom Schulleiter und Kollegium entsprechend negativ wahrgenommen wurden. (c) Eine wechselseitige positive Wirkung ergab sich zwischen dem für Hauptschulen typischen fächerübergreifenden Unterricht und dem Klassenleiterprinzip (mit vergleichsweise hohem Stundenkontingent in einer Klasse) auf der einen Seite und erfolgreicher Unterrichtsgestaltung mit Notebooks auf der anderen Seite. (d) Fehlende Informationen, vor allem an die Eltern, wirkten sich ungünstig auf Verständnis und Akzeptanz schulischer Entscheidungen in Sachen Notebooks aus und waren eine Quelle für Enttäuschungen. (e) In Notebook-Klassen wurden das Schulklima bzw. mehrere Indikatoren für Schulklima von Schülern und ihren Eltern tendenziell günstiger eingeschätzt als in herkömmlichen Klassen. Vor allem organisatorische Probleme wurden von einzelnen Notebook-Lehrern und dem Schulleiter als Faktoren wahrgenommen, die das Schulklima verschlechterten. (f) Obschon die Bedeutung des Notebook-Projekts für die Entwicklung der Hauptschule insgesamt betrachtet nicht als hoch eingeschätzt wurde, wurden durch den Notebook-Einsatz einige weitere Schulaktivitäten nach innen und außen angeregt.

4.3 Folgerungen für die vertikale Nachhaltigkeit des Notebook-Einsatzes

Folgerungen für die Unterrichtsentwicklung. Auffallend ist, dass in unserer Studie der bloße Notebook-Einsatz auch *ohne* gezielte Maßnahmen im Bereich Personal und Organisation zu deutlich erkennbaren Veränderungen im Unterricht führte. Wo diese Veränderungen von den Beteiligten als positiv bewertet wurden, können und sollten diese zur Förderung der (vertikalen) Nachhaltigkeit gezielt unterstützt werden. Aber auch die Punkte, die sich als problematisch erwiesen haben, lassen sich durch gezielte Maßnahmen aus unserer Sicht gut bewältigen. Fasst man unsere Nachhaltigkeits-Empfehlungen an die untersuchte Hauptschule im Bereich Unterrichtsentwicklung zusammen, so sind folgende Punkte am wichtigsten:

(a) *Stärkung der Eigenverantwortung bei Schülern.* Positive Effekte des Notebook-Unterrichts auf Aspekte der Selbstständigkeit sind gezielt zu fördern sowie mehr Tätigkeiten und Aufgaben in den Bereich der Schülerverantwortung zu übergeben.
(b) *Förderung der Offenheit bei Schülern.* Fällt der Neuigkeitseffekt weg, sind vor allem ältere Schüler langsam an neue Anforderungen heranzuführen und zum Erproben neuer Formen des Lernens und Arbeitens zu ermutigen.
(c) *Störungsmanagement seitens des Lehrers.* Die Gefahr der Ablenkung seitens der Schüler ist bei der Klärung organisatorischer Fragen, technischen Störungen oder Abläufen gegeben. Dies gilt es zu verhindern, indem Technik vorab überprüft, alternative oder zusätzliche Arbeitsaufträge vorbereitet und gestellt und Regeln vereinbart werden.
(d) *Gezielter Feedback-Einsatz seitens der Lehrer.* Schüler müssen die Möglichkeit haben, Fertigkeiten zu trainieren, wozu Kriterien und gezieltes Feedback erforderlich sind.
(e) *Neue Bewertungsformen.* Neue und häufige Anforderungen im Notebook-Unterricht (selbstorganisiertes und kooperatives Arbeiten, Recherche, Präsentation etc.) müssen mit entsprechenden Bewertungsverfahren einhergehen.
(f) *Hohe Flexibilität.* Notebooks und neue Methoden sind mit Blick auf die Schüler, ihre Bedürfnisse und situative Gegebenheiten einzusetzen und bedarfsorientiert auch mit traditionellen Methoden zu kombinieren.
(g) *Curriculare Verankerung.* Fachliche und überfachliche Ziele sind mit dem Notebook-Einsatz auch über ein Curriculum in eine Passung zu bringen, das von allen Beteiligten gemeinsam zu reflektieren und bei Bedarf auch neu anzupassen ist.

Folgerungen für die Personalentwicklung. Während im Bereich der Unterrichtsentwicklung der Notebook-Einsatz zahlreiche positive Veränderungen quasi aus sich heraus produzieren konnte, zeigten sich im Bereich der Personalentwicklung deutlich die Schwächen einer wenig systematischen Implementation von Notebook-Klassen. Spezielle Personalentwicklungsmaßnahmen fanden nicht statt mit Ausnahme bedarfsorientierter Fortbildungseinheiten, die auf Eigeninitiative einer Lehrerin zurückgingen. Die oben skizzierten Ergebnisse jedenfalls geben Anlass zu folgenden Nachhaltigkeits-Empfehlungen:
(a) *Förderung des Austausches im Lehrerkollegium.* Fachlehrer der Notebook-Klassen zeigten sich offen für Notebooks im Unterricht. Daher sind Strukturen und Anreize zu schaffen, um Kommunikation und Kooperation im Lehrerkollegium zu unterstützen.
(b) *Einbeziehung des gesamten Kollegiums.* Wenn der Notebook-Einsatz Eingang in das Profil der Schule finden will, ist Konsens im Lehrerkollegium erforderlich, was Aufklärung und fachspezifische Überzeugungsarbeit voraussetzt. Notebook-Arbeitsgemeinschaften können hier sinnvoll sein.
(c) *Fortbildung und Unterrichtsmaterialien.* Notebook-Lehrer sind für den Einsatz neuer Medien vorzubereiten. Neben schulinternen, individualisierten Fortbildungsformen sollte versucht werden, Angebote zu institutionalisieren (z. B. durch Schulkooperationen oder Teilnahme an Projekten) und selbst mediengestützt zu gestalten (z. B. Intel; vgl. Ganz & Reinmann, 2006; Reinmann, 2005a).

Folgerungen für die Organisationsentwicklung. Ähnlich wie im Bereich der Personalentwicklung erwiesen sich Defizite in systematischen Maßnahmen im Bereich der Organisationsentwicklung als durchaus schwerwiegend, was die Nachhaltigkeit der Notebook-Klassen betrifft. Unsere Ergebnisse legen folgende Maßnahmen zur Nachhaltigkeit- Förderung nahe:

(a) *Finanzierungskonzept.* Um sozial schwache Familien bei der Anschaffung von Notebooks zu unterstützen und technische Probleme rasch und vor Ort lösen zu können, ist ein geeignetes Finanzierungskonzept zu entwickeln.

(b) *Ressourcenmanagement.* Kapazitäten von Notebook-Lehrern, die im Bereich Organisation und Technik gebunden werden, müssen an anderen Stellen kompensiert werden.

(c) *Einbindung der Eltern.* Eltern müssen zum einen die Eigenverantwortung der Schüler stärken. Zum anderen müssen sie die neuen Anforderungen an ihre Kinder verstehen lernen, um bei Bedarf sinnvolle Unterstützung leisten zu können. Dazu bedarf es Informationen, vielleicht sogar (von Schülern geführte) Computerkurse sowie Wissen über Regelungen und Vereinbarungen zwischen Schülern und Lehrern.

(d) *Notebooks als Werkzeug zur Schulentwicklung.* Bislang wird an der untersuchten Hauptschule das Potenzial von Notebooks für die Organisation Schule und ihre Entwicklung verkannt. In einem gemeinsamen Dialog zwischen Schulleiter, Lehrern, Eltern und Schülern sind ein Schulprofil und ein Leitbild zu erarbeiten, die das Potenzial des Notebook-Unterrichts explizit einbinden.

Fazit. In weiten Teilen hat unsere Einzelfallstudie die Erkenntnisse aus anderen Studien bestätigt, unter welchen Bedingungen Notebook-Projekt Nachhaltigkeit erlangen und welche dies behindern. So zeigte sich auch an der untersuchten Hauptschule, dass das Fehlen grundlegender Rahmenbedingungen vor allem im Bereich Personal und Organisation erhebliche Hindernisse für eine nachhaltige Entwicklung sind. Daneben lassen sich aus der Studie einige Folgerungen ableiten, die die bisherigen Erkenntnisse ergänzen: Es zeigte sich, dass sich konkrete Maßnahmen nicht ohne Weiteres aus allgemeinen Listen von Nachhaltigkeitsfaktoren ableiten lassen. Vielmehr kann man Empfehlungen nur mit Kenntnis der jeweils spezifischen Bedingungen einer Einzelschule formulieren, die dann auch eine Chance haben, von den Betroffenen akzeptiert und umgesetzt zu werden. Zudem konnte die Studie deutlich machen, dass beispielsweise das Alter der Schüler und die Lehrerpersönlichkeit einen bedeutenden Einfluss darauf haben, wie nachhaltig sich in einer Notebook-Klasse der Unterricht und das Lehr-Lernverhalten wandeln. Dies deckt sich mit mehreren Nachhaltigkeits-Untersuchungen zum Medieneinsatz in der Schule aus dem U.S.-amerikanischen Raum (z. B. Esminger, Surry, Porter & Wright, 2004; Sherry & Gibson, 2002). Interessanterweise ließ sich aber auch feststellen, dass selbst ohne systematische Maßnahmen im Bereich der Personal- und Organisationsentwicklung allein durch Motivation und Begeisterung seitens der Lehrer und Schüler deutliche (wenn auch nicht voll ausgeschöpfte) Veränderungen im Unterricht resultierten.

4.4   Überlegungen zur horizontalen Nachhaltigkeit des Notebook-Einsatzes

Überlegungen zum Konzepttransfer. Das hier vorgestellt Notebook-Projekt an der Hauptschule ist – wie an anderer Stelle bereits betont – kein klassisches Best Practice-Projekt, denn die Begleitstudie konnte zeigen, dass viele Nachhaltigkeitsfaktoren eben nicht oder nur unzureichend bei der Implementation des Projekts erfüllt waren. Dies lag unter anderem daran, dass der Notebook-Einführung kein präzises Konzept zugrunde lag – weder im Hinblick auf die Unterrichtsentwicklung noch im Hinblick auf die Personal- und Organisationsentwicklung. Maßnahmen bezüglich der Verbreitung des „Notebook-Konzepts" auf andere Schulen (im Sinne eines *Konzepttransfers*) sind so gesehen nicht sinnvoll. Allerdings handelt es sich zumindest um ein Good Practice-Projekt, weil die Schule nach wie vor Notebook-Klassen anbietet, aus den Erfahrungen lernt und somit trotz der skizzierten Probleme ein Mindestmaß an Nachhaltigkeit vorweisen kann. *Erfahrungstransfer* vor allem an anderen Hauptschulen sollte also zur Förderung der horizontalen Nachhaltigkeit in jedem Fall stattfinden.

Überlegungen zum Erfahrungstransfer. Eine wichtige Überlegung zum Erfahrungstransfer ist die *Kommunikation* der Ergebnisse aus der Notebook-Studie: Derzeit findet diese vor allem über online zugängliche wissenschaftliche Abschlussberichte (siehe dazu Häuptle & Reinmann, 2006 a und b) sowie über die Präsentation der Ergebnisse an einschlägigen Tagungen statt. Diese Kommunikationswege erreichen nur Personenkreise mit schon bestehendem Interesse am Notebook-Einsatz im Unterricht und bedürfen der Ergänzung durch andere Kommunikationsstrategien, die auch in der Schulpraxis ankommen. Wichtig ist, anderen Schulen den unmittelbaren Nutzen deutlich zu machen. Anders als breit angelegte Studien, die mehrere oder viele Schulen mit Notebook-Projekten erfassen, liefert eine Einzelfallstudie mit ihrer reichhaltigen Beschreibung der personalen und lokalen Bedingungen ein günstiges Feld, um genau diesen Nutzen für die Beteiligten nicht nur verständlich, sondern auch anschaulich und greifbar zu machen. Gleichzeitig hat die dichte Kontextbeschreibung den Vorteil, dass man gezielt diejenigen Schulen zum Lernen von der untersuchten Schule anregen kann, die dieser besonders ähnlich sind – ein Vorgehen, das nur möglich ist, wenn Kontextbedingungen präzise beschrieben sind (vgl. Kruppa et al., 2002). Forschung am Einzelfall suggeriert dabei nicht, dass die Erfahrungen von einer Schule einfach kopiert werden können. Vielmehr leuchtet den Rezipienten von Einzelfallstudien unmittelbar ein, dass die Erkenntnisse in anderen Kontexten analog *rekonstruiert* werden müssen (Sloane, 1995); eine naive Übertragungsvorstellung wird auf diese Weise vermieden.

Überlegungen zur Etablierung von Standards. Aus einem Einzelfall können keine Standards für die Nutzung von neuen Medien bzw. Notebooks in Schulen resultieren. Einzelfälle im Sinne lebendiger Beispiele mit ihren Problemen und deren Bewältigung aber können mehr Mut und Experimentierfreudigkeit stimulieren als eindrucksvolle Statistiken oder gestylte Broschüren über hoch dotierte Medienprojekte und Modellschulen. Im besten Fall entwickeln sich über solche Beispiele neue schulische Medien-Initiativen, die sich – sollen sie auch zu einer horizontalen Nachhaltigkeit führen – vernetzen und gemeinsam Standards für mediengestützten Unterricht entwickeln müssen. Standards, die auf solchen Wegen initiiert werden, sind „erfahrungsgesättigt" und bilden eine wichtige anwendungsorientierte Grundlage für Standardisierungsbemühungen. Spätestens hier ist eine aktive Mitarbeit aus administrativen und politischen Kreisen unabdingbar, damit Standards von interessierten Schulen auch als verbindlich wahrgenommen werden. Den Schulleitern kommt in diesem Prozess eine wichtige Mittlerposition zu.

5. Schlussbemerkung: Die Rolle der Forschung in der Nachhaltigkeitsdiskussion

Design-based Research. Unsere Einzelfallstudie hatte den Charakter einer Evaluation und letztlich distanzierten Analyse. Die „Eingriffe" in das System beschränkten sich auf die, die für die Durchführung der Evaluation und zur Akzeptanzförderung notwendig waren. Diese Entscheidung hatte mehrere Gründe, allem voran ressourcentechnische. Die Erfahrungen aus der einjährigen Begleitung lässt uns vermuten, dass eine (aufwändigere) interventionsorientierte Untersuchung noch mehr Chancen für Bildungsinnovationen dieser Art mit sich gebracht hätte. Einen solchen interventionsorientierten Charakter hat eine Forschungsrichtung, die unter der Bezeichnung *Design-Based Research* (DBR) im Rahmen der Lehr-, Lern- und Bildungsforschung seit mehreren Jahren diskutiert wird (vgl. Reinmann, 2005b). DBR lässt sich *nicht* aus einer wie auch immer gearteten Methodologie heraus definieren; vielmehr ist es die Motivation der Forschers, Erkenntnis- und Nutzenziele miteinander zu verbinden (Design-Based Research Collective, 2003; Edelson, 2002). Methoden werden interventionsorientiert eingesetzt, die Vorgehensweise ist iterativ: Entwicklung und Forschung finden in kontinuierlichen Zyklen von Gestaltung, Durchführung, Analyse und Re-Design statt; Invention, Analyse und Revision wechseln einander ab.

Entwicklungsforschung. Design-based Research ist im deutschsprachigem Raum noch wenig bekannt, obschon es mit der Modellversuchsforschung oder der Aktionsforschung durchaus eine Tradition interventionsorientierter Forschung in der Lehr-, Lern-, und Bildungsforschung gibt (vgl. Euler & Sloane, 1998; Pätzold, 1995). Der aktuelle Trend bei der Vergabe von Fördermitteln, Evaluations- und Review-Prozessen sowie der Zuteilung von Aufmerksamkeit im Wissenschaftsbetrieb aber rückt das quantitative Paradigma (vor allem experimentelle und Korrelationsstudien) in den vergangenen Jahren so stark in den Vordergrund, dass vor allem der Entwicklung von Methoden, Materialien und Medienkonzepten für die Schule kaum wissenschaftliche Anerkennung zuteil wird (Kahlert, 2006). Die Stärkung einer entwicklungs- und interventionsorientierten Forschung aber könnte aus unserer Sicht einen wesentlichen Beitrag zur Nachhaltigkeit von Medienprojekten leisten, indem sie wissenschaftlich fundierte Ergebnisse liefert, die sowohl die Implementation als auch die Institutionalisierung von Neuerungen – und damit die Nachhaltigkeit – positiv beeinflussen (Reinmann, 2006).

Literatur

Abrams, R. (1999). Laptop computers in an all-girls school: hearing the student voice in an evaluation of technology use. Paper presented for the AERA 2000 Annual Meeting. URL: www.notesys.com/LinkSite/Hewitt_AERA2000v5.pdf (02.09.2006).

Altrichter, H. & Rolff, H.-G. (2000). Theorie und Forschung in der Schulentwicklung. Journal für SE, 4. Jahrgang. Studien-Verlag: Innsbruck, Wien, München.

Apple Computers (2005). Research: What it says about 1 to 1 learning. URL: http://ubiqcomputing.org/Apple_1-to-1_Research.pdf (02.03.2006).

Bienengräber, U. & Vorndran, O. (2003). Individuelle, schulinterne Lehrerfortbildung für die Integration der neuen Medien in den Unterricht. In O. Vorndran & D. Schnoor (Hrsg.), Schulen für die Wissensgesellschaft – Ergebnisse des Netzwerkes Medienschulen (S. 327–335). Gütersloh: Bertelsmann Stiftung.

Blättel-Mink, B. (2006). Kompendium der Innovationsforschung. Wiesbaden: VS Verlag.

Brown, S. (2006). Notebook-Einsatz in der Hauptschule – Entwicklung von schulischen Kontextbedingungen für und durch den Notebook-Einsatz am Beispiel einer Hauptschule (Magisterarbeit). Augsburg: Universität Augsburg, Medienpädagogik.

Bruck, P. A., Stocker, G., Geser, G. & Pointner, A. (1998). Noten für's Notebook: Von der technischen Ausstattung zur pädagogischen Integration. Zweiter Zwischenbericht: Erhebung und Evaluation von Projekten in Österreich an Hand des Notebook-Projektes. Salzburg: Techno-Z FH Forschung und Entwicklung GmbH.

Design-Based Research Collective (2003). Design-based research: An emerging paradigm for educational inquiry. Educational Researcher, 32 (1), 5–8.

Döring, N. & Kleeberg, N. (2006). Mobiles Lernen in der Schule. Entwicklungs- und Forschungsstand. Unterrichtswissenschaft, 34, 1, 70–92.

Edelson, D. C. (2002). Design research: What we learn when we engage in design. The Journal of the Learning sciences, 1 (1), 105–112.

Esminger, D. C.; Surry, D. W.; Porter, B. E. & Wright, D. (2004). Factors Contributing to the Successful Implementation of Technology Innovations. Educational Technology & Society, 7 (3), 61–72. URL: http://ifets.massey.ac.nz/periodical/7_3/7.pdf (05.10.2006).

Euler, D. & Sloane, P. F. P. (1998). Implementation als Problem der Modellversuchsforschung. Unterrichtswissenschaft, 4, 312–326.

Fullan, M. G. (1996). Implementation of Innovations. In T. Plomp & D. P. Ely (Hrsg.), International Encyclopedia of Educational Technology (S. 273–281). Oxford: Elsevier Science.

Ganz, A. & Reinmann, G. (2006). Intel® Lehren für die Zukunft – online trainieren und gemeinsam lernen: Zwischenergebnisse der Evaluation (Arbeitsbericht Nr. 13). Augsburg: Universität Augsburg, Medienpädagogik. URL: http://medienpaedagogik.phil.uni-augsburg.de/downloads/arbeitsberichte/Arbeitsbericht13.pdf (05.10.06).

Grunder, H.-U. (2004). Schulentwicklung und Konsequenzen für Schule und Unterricht. In R. Arnold & C. Griese (Hrsg.), Schulleitung und Schulentwicklung (S. 73–90). Kronach: Schneider Verlag Hohengehren.

Häuptle, E. (2007). Notebook-Klassen an einer Hauptschule: Was verändert sich und an welche Bedingungen ist dies geknüpft? (Dissertationsschrift). Augsburg: Universität Augsburg, Medienpädagogik.

Häuptle, E. & Reinmann, G. (2006a). Notebooks in der Hauptschule. Eine Einzelfallstudie zur Wirkung des Notebook-Einsatzes auf Unterricht, Lernen und Schule. Universität Augsburg: Abschlussbericht (a). URL: http://medienpaedagogik.phil.uni-augsburg.de/downloads/dokumente/2006/Notebook-Klassen_Abschlussbericht.pdf (05.10.2006).

Häuptle, E. & Reinmann, G. (2006b). Ehemalige Notebook-Schüler in der Aus- und Weiterbildung. Folgestudie zur Studie „Notebooks in der Hauptschule. Eine Einzelfallstudie zur Wirkung des Notebook-Einsatzes auf Unterricht, Lernen und Schule". Universität Augsburg:

Abschlussbericht (b). URL: http://medienpaedagogik.phil.uni-augsburg.de/downloads/ dokumente/2006/Folgestudie_Ehemalige-Notebook-Schueler.pdf (05.10.2006).

Hauschildt, J. (1997). Innovationsmanagement. München: Vahlen.

Hill, J. & Reeves, T. (2004). Change takes time – The Promise of Ubiquitous Computing in Schools. A Report of a Four Year Evaluation of the Laptop Initiative at Athens Academy. University of Georgia, Department of Instructional Technology. URL: http://lpsl.coe.uga.edu/Projects/AAlaptop/index.html (13.02.2006).

Horstmann, N. & Vorndran, O. (2003). Organisationskonzepte für den Einsatz von Laptops in Schulen. In O. Vorndran & D. Schnoor (Hrsg.), Schulen für die Wissensgesellschaft – Ergebnisse des Netzwerkes Medienschulen (S. 249–265). Gütersloh: Bertelsmann Stiftung.

Kahlert, J. (2006). Zwischen den Stühlen zweier Referenzsysteme. Zeitschrift für Pädagogik, 6, 840–855.

Kruppa, K., Mandl, H. & Hense, J. (2002). Nachhaltigkeit von Modellversuchsprogrammen am Beispiel des BLK-Programms SEMIK (Forschungsbericht Nr. 150). München: Ludwig-Maximilians-Universität, Lehrstuhl für Empirische Pädagogik und Pädagogische Psychologie.

Light, D., McDermott, M.; Honey, M. (2002). The Impact of ubiquitous portable technology on an urban school Project Hiller. New York: Education Development Center, Center for Children and Technology. URL: www.2.edc.org/cct/admin/publications/report/Hiller.pdf (03.06.06).

Mitchell Institute (2004). One-to-one laptops in a high school environment. Piscataquis Community High School study final report. Portland, ME: Great Maine Schools Project, George J. Mitchell Scholarship Research Institute. URL: www.mitchellinstitute.org/Gates/pdf/ One-to-One_Laptops_Report.pdf (13.02.2006).

Pätzold, G. (1995). Ansprüche an die pädagogische Begleitforschung im Rahmen von Modellversuchen. In P. Benteler (Hrsg.), Modellversuche als Berufsbildungsforschung (Wirtschafts-, berufs- und sozialpädagogische Texte, Sonderband 6) (S. 45–70). Köln: Botermann und Botermann.

Reinmann-Rothmeier, G. (2003). Didaktische Innovation durch Blended Learning. Leitlinien anhand eines Beispiels aus der Hochschule. Bern: Huber.

Reinmann, G. (2005a). Blended Learning in der Lehrerbildung. Grundlagen für die Konzeption innovativer Lernumgebungen. Lengerich: Pabst.

Reinmann, G. (2005b). Innovation ohne Forschung? Ein Plädoyer für den Design-Based Research-Ansatz in der Lehr-Lernforschung. Unterrichtswissenschaft, 1, 52–69.

Reinmann, G. (2006). Nur „Forschung danach"? Vom faktischen und potentiellen Beitrag der Forschung zu alltagstauglichen Innovationen beim E-Learning (Arbeitsbericht Nr. 14). Augsburg: Universität Augsburg, Medienpädagogik.

Rogers, E. M. (2003). Diffusion of innovations. New York: Free Press.

Ross, S. M., Lowther, D. L. & Morrison, G. R. (2001). Anytime, anywhere learning. Final evaluation report of the laptop program: Year 2. Memphis, TN: University of Memphis, Center for Research in Educational Policy. URL: http://www.nteq.com/Research/ Laptop%20Yr2%20Final%2012-10-01.pdf (22.02.2006).

Schaumburg, H. (2002). Konstruktivistischer Unterricht mit Laptops? Eine Fallstudie zum Einfluss mobiler Computer auf die Methodik des Unterrichts. Berlin: Dissertationsschrift; vorgelegt im Fachbereich Erziehungswissenschaft und Psychologie der Freien Universität Berlin. URL: http://www.diss.fu-berlin.de/2003/63/index.html (13.02.2006).

Schaumburg, H. & Issing, L. J. (2002). Lernen mit Laptops. Ergebnisse einer Evaluationsstudie. Gütersloh: Bertelsmann Stiftung.

Schmid, M. R. (1999). Wissensmanagement für den Innovationsprozess. Dissertationsschrift. Bielefeld: Universität Bielefeld, Soziologie. URL: http://bieson.ub.uni-bielefeld.de/volltexte/2003/293/pdf/0009.pdf (09.10.06).

Senge, P. (1999). The dance of change. New York: Doubleday.

Seufert, S. & Euler, D. (2004). Nachhaltigkeit von eLearning-Innovationen – Ergebnisse einer Delphi-Studie (SCIL-Arbeitsbericht 2). St. Gallen: SCIL.

Sherry, L. (2002). Sustainability of Innovations. Jl. of Interactive Learning Research, 13(3), 209–236. URL: http://carbon.cudenver.edu/~lsherry/pubs/Sherry.pdf (05.10.2006).

Sherry. L. & Gibson, D. (2002). The Path to Teacher Leadership. Educational Technology Contemporary Issues in Technology and Teacher Education [Online serial], 2(2). URL: http://www.citejournal.org/vol2/iss2/general/article2.cfm (05.10.2006).

Silvernail, D. L. & Lane, D. M. (2004). The Impact of Maine's One-to-One Laptop Program on Middle School Teachers and Students – Phase One Summary Evidence. Maine Learning Technology Initiative, Research Report #1. Maine Education Policy Research Institute, University of Southern Maine Office. URL: http://www.usm.maine.edu/cepare/pdf/mlti/MLTI%20Phase%20One%20Evaluation%20Report%201.pdf (13.02.2006).

Sloane, P. F. (1995). Das Potential von Modellversuchsfeldern für die wissenschaftliche Erkenntnisgewinnung. In P. Benteler (Hrsg.), Modellversuchsforschung als Berufsbildungsforschung (S. 11–43). Köln: Botermann und Botermann.

Stevenson, K. (1999). Evaluation report – year 3. Beaufort County School District. Univer-sity of South Carolina, Department of Educational Leadership and Policies. URL: http://www.beaufort.k12.sc.us/district/evalreport3.htm (12.10.2002).

Spangenberg, J. H. (2001). Soziale Nachhaltigkeit. Eine integrierte Perspektive für Deutschland. UTOPIE kreativ, 153/154, 649–661. URL: http://www.rosalux.de/cms/fileadmin/rls_uploads/pdfs/153_154_spangenberg.pdf#search=%22Spangenberg%20soziale%20Nachhaltigkeit%22 (05.10.2006).

Spiel, C. & Popper, V. (2003). Evaluierung des österreichweiten Modellversuchs „e-Learning und e-Teaching mit SchülerInnen-Notebooks". Abschlussbericht der Evaluierungsergebnisse und Maßnahmenkatalog mit Handlungsempfehlungen zur Implementierung von Notebook-Klassen. Wien: BM: BWK.

Vallendor, M. (2003). Lernen mit persönlichen Notebooks. Erfahrungen und Empfehlungen aus dem SEMIK-Modellversuch. Computer und Unterricht, 50, 3–12.

Vorndran, O. & Schnoor, D. (Hrsg.) (2003). Schulen für die Wissensgesellschaft – Ergebnisse des Netzwerkes Medienschulen. Gütersloh: Bertelsmann Stiftung.

Wiater, W. (2002). Theorie der Schule. Donauwörth: Auer.

Windschitl, M. & Sahl, K. (2002). Tracing Teachers' Use of Technology in a Laptop Computer School: The Interplay of Teacher Beliefs, Social Dynamics, and Institutional Culture. American Educational Research Journal, Vol. 39, No. 1, 165–205.

Innovative Schulentwicklung am Beispiel der Bildung für nachhaltige Entwicklung

INKA BORMANN UND KATHARINA D. GIESEL

1. Bildung für nachhaltige Entwicklung 176
2. Das BLK-Programm „21 – Bildung für nachhaltige Entwicklung"...... 176
3. Bildung für eine nachhaltige Entwicklung als Beitrag zur Qualitätsentwicklung von Schulen 178
   3.1 Qualität von Lernen und Lehren 178
   3.2 Schulkultur 179
   3.3 Öffnung von Schule 181
   3.4 Lehrerprofessionalität und Schulentwicklungsaktivitäten 181
4. Transfer als anspruchsvoller Prozess 182
5. Projekt „Schule macht Zukunft" 183
   5.1 Theoretische Einbettung und Hypothesen 183
   5.2 Ergebnisüberblick der explorativen Untersuchung im Zeitverlauf 185
   5.3 Ergebniszusammenfassung und -reflexion 187
6. Gemeinsame Schlussfolgerungen für ein innovationsförderliches Schulmanagement 189

Literaturverzeichnis 191

Innovative Schulentwicklung kennt viele thematische Schwerpunkte und Methoden. In diesem Beitrag geht es um innovative Schulentwicklung am Beispiel von Nachhaltigkeit. Dazu werden zum einen Ergebnisse einer Lehrer- und Schulleiterbefragung im Rahmen des BLK-Programms „21" sowie einer explorativen Lehrerbefragung im Zusammenhang mit dem Projekt „Schule macht Zukunft" vorgestellt und diskutiert. Beide Vorhaben richten sich auf die Verankerung von Bildung für nachhaltige Entwicklung in der Schule.

1. Bildung für nachhaltige Entwicklung

Bildung für nachhaltige Entwicklung stellt ein *Modernisierungskonzept* dar, das nicht nur auf die Etablierung neuer Lerninhalte abzielt, sondern zugleich eine umfassende pädagogische und institutionelle Schulentwicklung intendiert.

Zentrales Ziel einer Bildung für nachhaltige Entwicklung ist die Vermittlung von *Gestaltungskompetenz*.

> Mit Gestaltungskompetenz wird das „nach vorne weisende Vermögen bezeichnet, die Zukunft von Sozietäten, in denen man lebt, in aktiver Teilhabe im Sinne nachhaltiger Entwicklung modifizieren und modellieren zu können" (de Haan/Harenberg 1999: 60). Wer über Gestaltungskompetenz verfügt, so die Annahme, kann die Zukunft der Gesellschaft, ihren sozialen, ökonomischen und ökologischen Wandel aktiv mitgestalten.

Konkretisiert wird Gestaltungskompetenz durch eine Reihe von Teilkompetenzen, z. B. die Fähigkeit zu vorausschauendem Denken und Handeln und zur Gewinnung von interdisziplinären Erkenntnissen, die Fähigkeit, an Entscheidungsprozessen zu partizipieren, oder die Fähigkeit zum selbstständigen Planen und Handeln (vgl. ausführlicher AG Qualität & Kompetenzen des BLK-Programms „Transfer 21", 2006).

Dieses komplexe Bildungsziel ist nur erreichbar durch Unterrichtsformen und Lernarrangements, die *situiertes, d. h. lebensweltlich orientiertes, anwendungsbezogenes und selbstgesteuertes Lernen* ermöglichen. Es fordert eine stärkere Partizipation der Schüler im Unterricht, im Schulleben und über die Grenzen der Schule hinaus.

Schule nach den Zielen der Agenda 21 zu gestalten, verlangt überdies die *Öffnung von Schule* zu ihrem gesellschaftlichen Umfeld sowie eine *Personal-, Schul- und Unterrichtsentwicklung* nach Kriterien der Nachhaltigkeit. Bildung für nachhaltige Entwicklung intendiert damit zugleich eine Veränderung in der Organisation und Gestaltung von Schulen.

2. Das BLK-Programm „21 – Bildung für nachhaltige Entwicklung"

Mit dem im 1999 gestarteten und 2004 abgeschlossenen BLK-Modellversuchsprogramm „Bildung für eine nachhaltige Entwicklung", kurz BLK-Programm „21" sollte die Bildung für nachhaltige Entwicklung in die schulische Regelpraxis integriert werden. Rund 200 allgemein bildende Schulen der Sekundarstufe I und II aus 15 Bundesländern haben den konzeptionellen Entwurf zur Bildung für nachhaltige Entwicklung ausgestaltet und praktisch erprobt. Die Programmschulen arbeiteten in Sets von etwa sechs Schulen an jeweils einem Teilaspekt des Programms. In den 28 Schulsets wurden 13 verschiedene Inhaltsaspekte bearbeitet. Dazu gehörten Inhaltsbereiche wie zum Beispiel die Syndrome des globalen Wandels, die Region als Lernfeld für nachhaltige Entwicklung oder das Schulprofil nachhaltige Entwicklung. Die Inhaltsaspekte konkretisieren *drei Programmschwerpunkte*, die zugleich die ineinander greifenden Unterrichts- und Organisationsprinzipien einer Bildung für nachhaltige Entwicklung widerspiegeln:

- Der Schwerpunkt „Interdisziplinäres Wissen" realisiert das Prinzip der gegenstandsbezogenen Vernetzung von Wissen und zielt auf die Entwicklung von Problemlösungskompetenzen ab.
- Der Schwerpunkt „Partizipatives Lernen" setzt auf die Erprobung partizipativer Lernformen und -methoden sowie die Befähigung zur gesellschaftlichen Teilhabe durch Öffnung von Schule zu ihrem gesellschaftlichen Umfeld.
- Der Schwerpunkt „Innovative Strukturen" setzt an der Schule als Ganzheit an und zielt auf die Schaffung innerschulischer Strukturen sowie den Aufbau von Kooperationen mit dem außerschulischen Umfeld zur Realisierung der Ziele einer nachhaltigen Entwicklung im schulischen Handlungsfeld.

In der zweiten Hälfte der Programmlaufzeit wurde dem *Transfer* dieses innovativen Bildungskonzepts erhöhte Aufmerksamkeit geschenkt. Der Aufgabe, dieses innovative Bildungskonzept auf der Grundlage der Ergebnisse des BLK-Programms „21" in die Breite des allgemein bildenden Schulsystems zu tragen und dort *dauerhaft zu verankern*, widmet sich seit 2004 das Folgeprogramm Transfer 21 (vgl. www.transfer-21.de).

Programmevaluation

Die Programmevaluation, die bei der Koordinierungsstelle des BLK-Programms „21" an der Freien Universität Berlin angesiedelt war, erfolgte in drei Phasen. Die drei Befragungszeitpunkte lagen in der Anfangsphase des Programms Anfang 2001, im Programmverlauf Ende 2002 und zum Abschluss des Programms Anfang 2004. Das Design und die Ergebnisse der drei Phasen sind jeweils in einem Evaluationsbericht dokumentiert worden (vgl. Giesel/de Haan/Rode 2003; Rode 2003; Rode 2005).

Die Abschlussevaluation, auf deren Ergebnisse im Folgenden zurückgegriffen wird, prüft vor allem den *Stand der Verankerung* der Bildung für nachhaltige Entwicklung in der schulischen Regelpraxis, die *Entwicklung von Lernformen, Unterrichtsmethoden und der Partizipation* sowie die *Wirkung der Programmaktivitäten bei den Schülern*. Dabei wurde eine Vollerhebung unter allen Schulleitungen und aktiv beteiligten Lehrkräften der Programmschulen vorgenommen sowie eine Stichprobe aus den ins Programm einbezogenen Schulklassen bzw. Lerngruppen gezogen. Befragt wurden von den 60.000 potenziell ins Programm einbezogenen Schülern diejenigen, die aus Sicht der Schulen am positivsten aufgefallen sind. Es liegen Daten von 352 Lehrkräften aus 88 Schulen, 75 Schulleitungen und 1.564 Schülern vor. Das bedeutet, dass bei den Schülern sowie bei den Lehrkräften eine Rücklaufquote von über 50 %, bei den Schulleitungen knapp unter 50 % erzielt werden konnte. Diese

Datengrundlage erlaubt Aussagen mit Geltung für das gesamte BLK-Programm „21"
(vgl. Rode 2005, S. 21 ff.).

3. Bildung für nachhaltige Entwicklung als Beitrag zur Qualitätsentwicklung von Schulen

> Zu einer guten Schule gehören auf unterschiedlichen Ebenen angesiedelte Aspekte, die den Lernerfolg der Schüler und die pädagogischen Wirkungen, die Lernkultur, die Schulkultur, das Schulmanagement, die Professionalität der Lehrkräfte und eine systematische und gezielte Qualitätsentwicklung selbst betreffen (vgl. exemplarisch Niedersächsisches Kultusministerium 2003).

Damit ist klar, dass kein noch so komplexes Bildungskonzept alle relevanten Qualitätsmerkmale einer guten Schule gleichermaßen einlösen kann. Dies gilt um so mehr, da einige Qualitätsbereiche außerhalb des pädagogischen Handlungsbereichs liegen und vielmehr die Schule als Organisation betreffen.

Die Effekte, die im Modellprogramm „21" mit der Bildung für nachhaltige Entwicklung erzielt werden konnten, zeigen, dass dieses innovative Bildungskonzept einen Beitrag zur Qualitätsentwicklung von Schulen leisten kann, und zwar in den unterschiedlichen genannten Bereichen, die die Qualität von Schule ausmachen. Im Folgenden werden einzelne Ergebnisse der Abschlussevaluation des BLK-Programms „21" aufgegriffen (vgl. Rode 2005) und in Zusammenhang gebracht mit den Qualitätsmerkmalen, wie sie im Orientierungsrahmen Schulqualität des Landes Niedersachsen festgehalten wurden (vgl. Niedersächsisches Kultusministerium 2003).

3.1 Qualität von Lernen und Lehren

Als innovatives Bildungskonzept wirkt sich die Bildung für nachhaltige Entwicklung besonders auf pädagogisch relevante Qualitätsbereiche der Schule aus, indem es durch Anwendung moderner Unterrichtsformen und Lernarrangements die Qualität von Lehr- und Lernprozessen fördert und damit zum Erwerb von Schlüsselqualifikationen bei den Schülern beiträgt.

Verschiedene Orientierungsrahmen zur Schulqualität verweisen im Zusammenhang von Selbstkompetenz, Verantwortungsbereitschaft und Offenheit für die Herausforderungen der Zukunft als Qualitätskriterien guter Schule auf die *Gestaltungskompetenz* für eine nachhaltige Entwicklung im Sinne der Agenda 21 (vgl. Niedersächsisches Kultusministerium 2003, S. 10; Ministerium für Bildung, Jugend und Sport des Landes Brandenburg 2004, S. 12). Damit ist das zentrale Bildungsziel der Bildung für nachhaltige Entwicklung unmittelbar angesprochen und lässt sich in seiner Bedeutung im Zusammenhang mit Bildung für nachhaltige Entwicklung beispielhaft konkretisieren: Fragt man etwa die Lehrkräfte, welche Ziele hinsichtlich verschiedener Kompetenzen der Schüler seit Beginn des Programms an der eigenen Schule erreicht wurden, liegen das *konstruktive Arbeiten im Team*, die *Präsentationsfähigkeit* und die *Selbstständigkeit* auf den vordersten Rangplätzen. Die Schüler

Innovative Schulentwicklung

bestätigen diese Einschätzung der Lehrkräfte. Ebenfalls auf Teamarbeit und selbstständiges Arbeiten beziehen sich die Kompetenzen, bei denen die Schüler durch den Unterricht über Themen der Nachhaltigkeit bzw. Agenda 21 bei sich selbst deutliche Fortschritte wahrnehmen. So geben 3 von 5 Schülern an, dass sie jetzt besser mit Mitschülern zusammenarbeiten können, und konkreter dass sie gelernt haben, wie man mit Mitschülern gemeinsam Aufgaben lösen kann. Noch etwas deutlicher sind die Erfolge hinsichtlich des selbstständigen Arbeitens. Zwei von drei Schülern stimmen auf die Frage, „Was kannst Du jetzt besser als vorher?", der Aussage klar zu: „Ich kann selbstständig Informationen beschaffen und auswerten." Und wiederum 3 von 5 Schüler stimmen der allgemeinen Aussage deutlich zu: „Ich kann jetzt besser selbstständig arbeiten." Mehr Diskussionsmöglichkeiten mit den Mitschülern sowie größere Spielräume für selbstständiges Arbeiten zeichnen überdies nach Einschätzung der Schüler den Unterricht zu Nachhaltigkeit bzw. Agenda 21 im Unterschied zum übrigen Unterricht aus.

Die Ergebnisqualität der Schulen wird auch an der *Schulzufriedenheit* der Beteiligten, dem *Schulimage* und dem *Gesamteindruck* von Gebäude, Räumen und Schulgelände festgemacht (vgl. Niedersächsisches Kultusministerium 2003, S. 12 f.). Die Schulleiter sind danach befragt worden, welche Veränderungen im Zusammenhang mit dem BLK-Programm „21" an der eigenen Schule eingetreten sind. Weit über die Hälfte der Schulleitungen nehmen eine Verbesserung des Wohlbefindens der Schüler wahr. Und insbesondere hinsichtlich der Außenwirkung konnte offensichtlich viel erreicht werden. Jeweils 70 % der Schulleitungen glauben, dass sich der *Ruf der Schule* und das *Verhältnis der Schule zum Umfeld* verbessert hat. Gemessen daran, dass annähernd 60 % der Lehrkräfte aus den Programmschulen angeben, dass sich die Teilnahme am BLK-Programm „21" auf das Schulgelände und -gebäude ausgewirkt hat, und diese (nun) nachhaltig gestaltet werden, wird deutlich, dass auch in diesem Feld sichtbare Veränderungen erzielt werden konnten.

Es besteht also die Chance, mit Hilfe einer nachhaltigen Unterrichts- und Schulentwicklung die Lebensqualität an den Schulen zu verbessern.

3.2   Schulkultur

Neben der Qualität der Lehr- und Lernprozesse kommt es unter anderem darauf an, die Lehr- und Lernangebote miteinander abzustimmen und auf das *Schulprogramm* zu beziehen, *fächerübergreifenden bzw. -verbindenden* Unterricht systematisch zu verankern und für eine *Anwendungsorientierung* bzw. Anschlussfähigkeit des Gelernten, etwa durch Handlungsmöglichkeiten im schulischen und außerschulischen Bereich, zu sorgen (vgl. Niedersächsisches Kultusministerium 2003, S. 14 f.). 4 von 5 Schulleitern geben an, dass die Nachhaltigkeitsthematik an ihrer Schule im Schulprogramm verankert ist, und für 3 von 5 gilt dies (auch) für die innerschulischen Lehrpläne bzw. Schulcurricula. Daran lässt sich ablesen, dass die Bildung für nachhaltige Entwicklung an vielen Programmschulen zur *Schulprofilbildung* beigetragen hat.

> Daraus lässt sich wiederum schließen, dass die Bildung für nachhaltige Entwicklung den schulischen Lernzielen und -inhalten einen inneren Zusammenhang geben kann.

Die Lehrkräfte der Programmschulen nennen insgesamt über 30 Fächer, in denen Themen im Rahmen des BLK-Programms behandelt wurden, darunter – erwartungsgemäß – Fächer wie Biologie, Erdkunde/Geographie und Politik, aber auch Religion, Kunst, Informatik oder verschiedene Sprachen. Dies kann als gute Basis für *fächerübergreifendes Arbeiten* gelten. Allerdings gelingt es offenbar noch lange nicht allen Lehrkräften, den Unterricht auch tatsächlich häufiger fächerübergreifend zu gestalten und interdisziplinäre Aspekte aufzugreifen. Dennoch nimmt bereits weit über die Hälfte der Schüler deutlich wahr, dass sich Unterricht zu Themen der nachhaltigen Entwicklung gegenüber anderem Unterricht darin unterscheidet, dass darin viele *Wissensgebiete miteinander verknüpft* werden. Bildung für nachhaltige Entwicklung ist gerade nicht als einzelnes Fach zu begreifen, sondern als *Handlungsfeld*, in das viele Fächer einbezogen werden können und müssen.

> Fächerübergreifender bzw. -verbindender Unterricht und interdisziplinäre Herangehensweisen sind deshalb unumgängliche Prinzipien der Bildung für nachhaltige Entwicklung (vgl. AG Qualität & Kompetenzen des BLK-Programms Transfer-21 2006, S. 8).

Hinsichtlich des *Anwendungsbezugs* stellen die Schüler der Bildung für nachhaltige Entwicklung ein recht gutes Zeugnis aus. Vielen Schülern ist am Unterricht zur Thematik Nachhaltigkeit/Agenda 21 gerade wichtig, dass darin die Lerninhalte mit *eigenen Erfahrungen* verknüpft und das *Wissen auf konkrete Probleme angewendet* wird. Darüber hinaus ergeben sich im Kontext einer Bildung für nachhaltige Entwicklung unterschiedlichste *Beteiligungs- und Handlungsmöglichkeiten* für die Schüler innerhalb der Schule und darüber hinaus, die situiertes, d. h. anwendungsbezogenes, lebensweltlich orientiertes und selbstgesteuertes Lernen ermöglichen. Fast 70 % der Schüler berichten, dass sie an ihrer Schule die Möglichkeit haben, an der Gestaltung von Schulgelände und -gebäude mitzuwirken. Fast zwei Drittel der Schüler berichten über die Möglichkeit, am Austausch mit ausländischen Partnerschulen teilzunehmen. Und weit über die Hälfte der Schüler berichtet von Klassenbeauftragten für Energie, Müll, Wasser u. Ä.

> Die Tatsache, dass gerade diese Handlungsangebote seit Beginn des BLK-Programms „21" ausgebaut wurden, lässt darauf schließen, dass Bildung für nachhaltige Entwicklung tatsächlich die Beteiligungs- und Handlungsmöglichkeiten für Schüler erhöht.

3.3 Öffnung von Schule

Eine der deutlichsten Auswirkungen der Teilnahme am BLK-Programm „21", welche die Lehrkräfte an ihrer Schule wahrnehmen, betrifft den Kontakt zu außerschulischen Partnern. Fast 70 % der Lehrkräfte stellen fest, dass sich die eigene Schule seit der Programmteilnahme stärker um *außerschulische Partner* bemüht. Viele Kooperationsbeziehungen mit außerschulischen Partnern wurden im Laufe des Programms neu aufgebaut bzw. ausgeweitet und überdies zunehmend stabilisiert.

> Mit den im Zuge einer Bildung für nachhaltige Entwicklung realisierbaren Bildungs- und Handlungsmöglichkeiten in den Schulen, der Öffnung der Schule zum gesellschaftlichen Umfeld oder den internationalen Schulpartnerschaften trägt dieses innovative Bildungskonzept zugleich zu einer Schulkultur bei, die Schule zu einem anregenden und attraktiven Lern- und Lebensraum macht.

3.4 Lehrerprofessionalität und Schulentwicklungsaktivitäten

Schließlich wirkt sich, das zeigen die Erfahrungen in den Programmschulen, die Einführung einer Bildung für nachhaltige Entwicklung positiv auf die Professionalität der Lehrkräfte sowie die Schulprogramm- und -profilarbeit an den Schulen aus. Die Einschätzung der Lehrkräfte hinsichtlich der eigenen *Kompetenzzuwächse* im Rahmen des BLK-Programms „21" ist durchgehend positiv. Dies betrifft im besonderen Maße unmittelbar auf die Nachhaltigkeitsthematik bezogene Aspekte, wie ein klareres Verständnis des Nachhaltigkeitsbegriffs, verbesserte Kenntnisse über die Nachhaltigkeitsthematik insgesamt und über die Möglichkeiten, Nachhaltigkeit im Fachunterricht zu behandeln. Dies betrifft aber auch allgemeine Kompetenzen zur Bewältigung des Schulalltags und Unterrichts wie die fächerübergreifende Behandlung von Unterrichtsthemen und ein größeres Methodenrepertoire zur Beteiligung von Schülern.

Zur Professionalität der Lehrkräfte gehört überdies eine ausgeprägte Arbeits- und Kommunikationskultur im Kollegium (vgl. Niedersächsisches Kultusministerium 2003, S. 36). Aus Sicht der Schulleitungen haben sich im Rahmen der BLK-Programmarbeit insbesondere die *Verständigung mit der Schulleitung* sowie die *Kooperation und Verständigung im Kollegium* verbessert. Über 80 % der Schulleitungen nehmen diesbezüglich Verbesserungen wahr. Die Lehrkräfte sind hier allerdings etwas verhaltener in ihrer Bewertung.

Schließlich gehören Bemühungen um eine *Qualitätsentwicklung* selbst zu den Qualitätsmerkmalen guter Schule. Grundlegend ist hierfür die Formulierung gemeinsamer Entwicklungsziele und deren ständige Überprüfung und Weiterentwicklung. Der Schulprogrammarbeit kommt dabei eine wichtige Funktion zu (vgl. Niedersächsisches Kultusministerium 2003, S. 38).

Dass die Bildung für nachhaltige Entwicklung für viele Schulen eine wichtige Orientierungs- und Integrationsfunktion bei der Schulprogrammarbeit und im Rahmen der Schulprofilbildung erfüllen konnte, ist bereits festgestellt worden. Größte Einigkeit unter den Lehrkräften herrscht darüber hinaus dahingehend, dass sich durch die Teilnahme am BLK-Programm „21" die Arbeit an und mit Zielen stark auf die Schule ausgewirkt hat.

> Die Auseinandersetzung mit dem Modernisierungskonzept Bildung für nachhaltige Entwicklung unterstützt Schulen dabei, sich (neue) Ziele zu setzen und stärker darauf zu achten, dass die gesetzten Ziele auch erreicht werden.

Ähnlich groß ist der Anteil der Schulleitungen, die in dieser Hinsicht im Zusammenhang mit dem BLK-Programm Verbesserungen in ihrer Schule wahrnehmen.

4. Transfer als anspruchsvoller Prozess

Obwohl sich das Bildungskonzept der Bildung für nachhaltige Entwicklung als ausgesprochen wertvoller Beitrag zur Qualitätsentwicklung von Schulen erwiesen hat und damit für allgemein bildende Schulen hochgradig relevant und attraktiv sein müsste, *verbreitet sich diese Innovation im Schulsystem nicht von selbst*. In der Programmlaufzeit konnten nur verhältnismäßig wenig neue Schulen für die Teilnahme am Programm gewonnen werden. Der Transfer in die Breite des Schulsystems erweist sich damit einmal mehr als Hürde für innovative, in Modellversuchen erprobte und in diesem Kontext erfolgreiche Bildungskonzepte (vgl. dazu auch Euler/ Sloane 1998, Euler 2001, Wiechmann 2002).

Das Folgeprogramm „Transfer 21" setzt zweifelsfrei viel *versprechende Strategien zur Verbreitung* des Konzepts Bildung für nachhaltige Entwicklung in weiteren Schulen ein, indem es zahlreiche Materialien und Handreichungen für Unterricht und Schulentwicklung bereitstellt, die Fortbildung von Multiplikatoren systematisch betreibt, den Ausbau von dauerhaften Beratungs- und Unterstützungsstrukturen fördert, die Integration des Bildungskonzepts in die Lehrerbildung unterstützt und die praktischen Erfahrungen der Programmschulen einbezieht (vgl. Transferkonzept für das BLK-Modellprogramm „Bildung für eine nachhaltige Entwicklung" 2004).

Grundsätzlich bleibt jedoch die transfertheoretische Frage offen, was den Transfer dieser Innovation im Rezeptionsfeld der allgemein bildenden Schulen befördert. Hierzu wird der Fokus auf die Organisation der Einzelschule, die als pädagogische Handlungseinheit und zentraler Ort des konkreten Innovationstransfers begriffen wird, sowie auf ihre Akteure gerichtet. Hierfür werden zwei Schulen explorativ hinsichtlich der Frage untersucht:

> Wie wird die von außen an die Schulen heran getragene Innovation von den Lehrern aufgegriffen? Deren Bereitschaft zur Innovation ist es, so unsere Annahme, die den internen Transfer beeinflusst.

5. Projekt „Schule macht Zukunft"

Wie bereits in den vorigen Abschnitten deutlich wurde, stellt sich das Konzept Bildung für nachhaltige Entwicklung als eine anspruchsvolle Aufgabe dar, deren Umsetzung ein breit gefächertes Handlungsspektrum erfordert. Dieses zu erleichtern und zu strukturieren, ist Anspruch des so genannten *Nachhaltigkeitsaudits* (vgl. Bormann u. a. 2004; Bormann 2006).

> Das Nachhaltigkeitsaudit versteht sich als Instrument für eine informationsbasierte, nachhaltige Schul- und Unterrichtsentwicklung, in der auch Fragen der Personalentwicklung thematisiert werden.

Die im Folgenden dargestellten *Fallstudienergebnisse* beziehen sich auf das Projekt „Schule macht Zukunft", das die Deutsche Gesellschaft für Umwelterziehung in Kooperation mit der Freien Universität Berlin in zwei mecklenburg-vorpommerschen Schulen (im Folgenden: A und B) in der Zeit von März 2005 bis Oktober 2006 durchgeführt hat. Die beteiligten Schulen führten in diesem Rahmen ein Nachhaltigkeitsaudit mit den folgenden Schritten durch: Selbstbewertung in acht Handlungsfeldern, Maßnahmenplanung, Maßnahmenumsetzung, internes Audit und externe Begutachtung.

Zu den beteiligten Schulen: Schule A ist ein Gymnasium mit ca. 700 Schülern und 70 Lehrern, das erst im Jahr 2005 den Ganztagsbetrieb aufgenommen hat und in diesem Zusammenhang mit einem anderen Gymnasium im Randbereich einer mittleren Großstadt zusammengelegt wurde. Diese Schule hat sich in der Vergangenheit an etlichen Ausschreibungen beteiligt und dabei zahlreiche Preise gewonnen sowie Auszeichnungen erhalten, z. B. „Umweltschule in Europa".
Schule B ist eine kleine Schule mit ca. 300 Schülern und 30 Lehrern im ländlichen Raum, die ebenfalls im Jahr 2005 den Ganztagsbetrieb aufgenommen hat. Diese Schule hatte in den Jahren 1999 bis 2004 am BLK-Programm „21" teilgenommen, in dem es – wie oben dargestellt – um die Verankerung der Bildung für nachhaltige Entwicklung in die Regelpraxis ging.
Die beteiligten Schulen hatten zu Projektbeginn weder mit dem Nachhaltigkeitsaudit Erfahrung, noch waren sie vertraut mit einschlägigen Qualitätsmanagementverfahren, mit denen das Nachhaltigkeitsaudit „verwandt" ist. Angelehnt an eine relative Definition von Innovation (vgl. Havelock 1976; Gillwald 2000) kann die *Anwendung des Nachhaltigkeitsaudits* in diesen Schulen somit *als Innovation* gelten.

5.1 Theoretische Einbettung und Hypothesen

Um mehr über die Wirkung des innovativen Instruments Nachhaltigkeitsaudit auf die Innovationsbereitschaft zu erfahren. Innovationsbereitschaft gilt dabei als Bündel motivationaler, sozialer und organisationaler Bedingungen des Transfers. Dazu wurden zu zwei Zeitpunkten schriftliche Vollerhebungen in den Kollegien beider Schulen durchgeführt. Die erste Befragung erfolgte nach der kollegialen Selbstbewertung, die zweite nach der Durchführung des internen Audits. Wurden zum Zeitpunkt der ersten Befragung zunächst Handlungsbedarfe festgestellt, waren zum zweiten Erhebungszeitpunkt strukturelle Veränderungen – je nach Schwerpunkt der gewählten Maßnahmen – entweder initiiert oder bereits abgeschlossen. Zwischen diesen beiden Befragungszeitpunkten hat also der Innovationsprozess stattgefunden: Der erste Befragungszeitpunkt wird hier als *Präadoption (bevor die Innovation akzeptiert wird)*, der zweite als sogenannte *Postadoption (nachdem die Innovation akzeptiert wurde)* betrachtet (vgl. Rost/Teichert 2005). Während bei ersterer über die Form der Umsetzung auf der Grundlage der Bewertung der Innovation erst noch entschieden wird, ist dieser Schritt in der Postadoption abgeschlossen: Auf der Grundlage von Erfahrungen bzgl. des Nutzens und der Wirkung der Innovation sind nun zuverlässigere Prognosen über ihre zukünftig zu erwartende weitere Anwendung möglich (vgl. ebd., S. 41 f.).

Im Zentrum der explorativen Befragung stand die Ermittlung der *Innovationsbereitschaft* als zwischen einer Innovation und ihrem Transfer moderierender Variable. Das Interesse gilt daher den beteiligten oder betroffenen Akteuren und ihren berichteten Wahrnehmungen im Zusammenhang mit der Innovation Nachhaltigkeitsaudit. Deren Innovationsbereitschaft gilt als eine wesentliche Bedingung für die Verankerung und den Transfer einer Veränderungsabsicht (vgl. Jäger 2004, S. 40).

Auf das Innovationsgeschehen wirken *individuelle bzw. kollektive Dispositionen*, d. h. Einstellungen, Fähigkeiten, Wahrnehmungen etc. ein. So konnten kontextbezogene, kognitiv-emotionale Prozesse der Situationsbewertung und der positiven Abschätzung der eigenen Handlungsoptionen als *entscheidende Auslöser* von Innovationsprozessen nachgewiesen werden (vgl. Krause 2004). Insbesondere die *Selbstwirksamkeitserwartung*, also die Überzeugung, eine Situation aus eigener Kraft erfolgreich meistern zu können, gilt als entscheidendes Selbstkonzept im Zusammenhang mit (schulischen) Veränderungsprozessen (vgl. Schwarzer/Jerusalem 1999; Edelstein 2002). Ein Konstrukt, das solche kognitiv-emotionalen Prozesse im Innovationskontext operationalisiert, ist die Innovationsbereitschaftsskala von Klusemann (2003): Sie umfasst in acht Skalen den wahrgenommenen Handlungsspielraum, den Anreiz von Verbesserungen, die Hoffnung auf eine verbesserte Situation, die Furcht vor verschlechterter Situation, den aus der Tätigkeit des Veränderns selbst resultierenden Anreiz, den wahrgenommenen eigenen Handlungsspielraum, den bereichsbezogenen Änderungsbedarf sowie die wahrgenommenen eigenen Fähigkeiten. Die letzte Skala wurde im Rahmen des hier vorgestellten Projekts ersetzt durch die Skala zur Kollektiven Selbstwirksamkeitserwartung. Die Innovationsbereitschaft wird als Faktor des innovativen Handelns im Arbeitsbereich konzeptualisiert (vgl. Klusemann 2003, S. 113). Sie steht hier als abhängige Variable, d. h. als zu erklärendes Phänomen, im Zentrum der Untersuchung.

Damit Innovationen real werden, müssen sie zunächst wahrgenommen und bewertet werden. Die Bewertung der *Eigenschaften der Innovation*, in diesem Fall das im Rahmen des Projekts „Schule macht Zukunft" durchzuführende Nachhaltigkeitsaudit, ist entscheidend für die Bereitschaft, die Innovation anzunehmen und an ihrer Umsetzung mitzuwirken (vgl. Hughes/Keith 1980; Rogers 2003; Gräsel/Parchmann 2004, S. 202): Sind z. B. die Ziele des Projekts bekannt, werden sie als gut verständlich und anschlussfähig an bisherige Aktivitäten betrachtet, wird das Anliegen als relevant und machbar eingeschätzt, so wird sich eine höhere kollektive Innovationsbereitschaft vorfinden lassen, als wenn diese Einschätzung nicht vorliegt.

Über die Eigenschaften der Innovation hinaus nehmen in Bezug auf organisationale Veränderungen die *Kontextmerkmale* eine entscheidende Rolle im Innovationsgeschehen ein, das keinesfalls auf rein rationalen Entscheidungen beruht (vgl. Damanpour 1991; Altrichter/Posch 1996). Da der vollständige Innovationsprozess i. d. R. nicht spontan und ohne Unterstützung abläuft, sind auch solche Aspekte relevant, aufgrund derer etwa eine Kultur der gegenseitigen Unterstützung angenommen werden kann: Handelt es sich um eine große oder kleine Organisation, wie werden das Organisationsklima, ihre Kommunikationsstrukturen wahrgenommen? Wie steht die Schulleitung zu dem Vorhaben (vgl. zur Organisationsdiagnose Ulber 2001)?
Vor diesem Hintergrund wird folgenden Thesen nachgegangen:
- Außer mit den Persönlichkeitseigenschaften geht die Innovationsbereitschaft mit den wahrgenommenen Eigenschaften der Innovation einher: Je negativer die Bewertung der Innovation selbst ausfällt, desto niedriger ist auch die Innovationsbereitschaft.
- Darüber hinaus wirken sich die wahrgenommenen Kontextmerkmale Kommunikation, Organisation und Klima in der jeweiligen Schule auf die Innovationsbereitschaft aus: Je zufrieden stellender diese eingeschätzt werden, desto höher ist die Innovationsbereitschaft.
- Schließlich wird vermutet, dass die Innovationsbereitschaft grundsätzlich mit der Größe der Schule, ihrer Struktur sowie den Prozessmerkmalen insofern variiert, dass sie in der kleineren Schule höher, in der größeren niedriger ausfällt: Für erstere kann z. B. aufgrund besserer Koordinations- und Kommunikationsmöglichkeiten eine höhere Informiertheit und Kohäsion des Kollegiums angenommen werden, die in stärkerem Maße zur Beteiligung am Innovationsgeschehen motiviert (vgl. Klieme/Abs/Diedrich 2004, S. 20; Kuper 2002, S. 871; Deci/Ryan 1993; Scheerens 1992).

5.2 Ergebnisüberblick der explorativen Untersuchung im Zeitverlauf

Die Befragung wurde mittels eines schriftlichen Fragebogens durchgeführt. Es konnte zu beiden Befragungszeitpunkten ein sehr guter Rücklauf von jeweils 75 % erzielt werden. Die Untersuchung versteht sich als explorative Fallstudie, da sich aufgrund des geringen Umfangs der Stichprobe weitreichendere Generalisierungen verbieten. Bevor näher auf die Thesen eingegangen wird, erfolgt eine deskriptive Ergebnisdarstellung.

Beteiligung am Projekt

Befragte in der größeren Schule A geben zu beiden Befragungszeitpunkten signifikant häufiger an, sich am Projekt „Schule macht Zukunft" zu beteiligen, weil sie dazu aufgefordert worden seien. Umgekehrt zeigt sich, dass die Beteiligung der Lehrkräfte in der kleineren Schule B stärker intrinsisch motiviert erfolgt: sie gaben häufiger an, sich deshalb zu engagieren, weil sie das Thema des Projekts für *wichtig* halten. Das Thema Nachhaltigkeit hat in der Wahrnehmung der Befragten der Schule B im Projektverlauf an Gewicht gewonnen, während in Schule A dem Thema nach einem Jahr weniger Bedeutung beigemessen wird.

Informiertheit über das Projekt und Bewertung des Projektnutzens

Die Befragten in Schule A halten sich insgesamt für etwas *schlechter über das Projekt informiert* als ihre Kollegen in Schule B. Im Zeitverlauf allerdings kehrt sich dieses Verhältnis um, und die Lehrkräfte in Schule A halten sich für besser informiert. Lehrer der Schule B zeigen sich schon bei der ersten Befragung vom *Nutzen des Projekts* für die Schule überzeugt und bestätigen bei der zweiten Befragung in signifikant stärkerem Maße einen *Zuwachs* des wahrgenommenen Projektnutzens. Dieser Zuwachs ist auf einem insgesamt niedrigeren Niveau auch in Schule A feststellbar. Vor diesem Hintergrund erscheint es plausibel, dass die Befragten in Schule A auch angeben, sich in geringerem zeitlichen Maße für das Projekt engagieren zu wollen als die Befragten in Schule B. Nach einem Jahr berichten die Befragten beider Schulen allerdings gleichermaßen, sich lediglich im halben Umfang des ursprünglich veranschlagten Zeitaufwands engagiert zu haben.

Eigenschaften der Innovation

Für beide Befragungszeitpunkte kann eine differenzierende Wirkung der wahrgenommenen Eigenschaften der durch das Projekt vermittelten Innovation auf die Innovationsbereitschaft bestätigt werden:

> Je besser die Projektziele nachvollzogen werden können, je einleuchtender sie sind und ihre Umsetzung für machbar und passend für die eigene Schule gehalten wird, desto höher ist die Innovationsbereitschaft.

Der avisierte Umfang des zeitlichen Engagements geht mit einer positiven Beurteilung der *Innovationseigenschaften* ebenso einher wie mit der positiven Beurteilung der eigenen *Informiertheit*.

Bei der zweiten Erhebung wurden die Lehrkräfte nach der Beurteilung der *generellen Wirkung des Innovationsprojekts* gefragt. Im Sinne des Schulnotensystems schätzten die Lehrkräfte der Schule A die Wirkung des Projekts als „befriedigend" (3,0) ein, während die Wirkung in Schule B um fast eine Schulnote besser (2,19) ausfällt.

Kontextmerkmale und Innovationsbereitschaft

Die Innovationsbereitschaftsskala erweist sich zu beiden Befragungszeitpunkten als verlässlich (die Reliabilitätskoeffizienten sind mit α_{t1}=.892 bzw. α_{t2}=.858 recht hoch). Für die weiteren Analysen wird der Skalenindex herangezogen. Die Innovationsbereitschaft liegt zum ersten Erhebungszeitpunkt in Schule A unter der in Schule B. Unter Berücksichtigung der Teilskalen berichten Lehrer der Schule B einen geringeren bereichsbezogenen Änderungsbedarf – sie zeigen sich *mit dem Zustand ihrer Schule zufrieden*. Gleichzeitig aber berichten sie über einen deutlich höheren eigenen Handlungsbedarf, d. h. sie geben an, dass es bei schulischen Veränderungen auf ihr *persönliches Engagement* ankommt. Entsprechend geben Lehrer der Schule B an, z. B. gern etwas an ihrem eigenen Unterricht auszuprobieren und in der Tätigkeit des Veränderns selbst einen Anreiz zu sehen.

Nach einem Jahr ist die Innovationsbereitschaft in Schule B nahezu konstant geblieben, in Schule A jedoch deutlich abgesunken. Insbesondere die Bewertung der Teilskala *kollektive Selbstwirksamkeitserwartung*, also die Überzeugung, auch schwierige Herausforderungen im Team gut bewältigen zu können, fällt bei Schule A zum zweiten Befragungszeitpunkt deutlich geringer aus und steigt bei Schule B.

Für die zu Indizes zusammengefassten Schulkommunikations-, -organisations- bzw. -klimavariablen stellt sich heraus, dass sie sich positiv auf die Innovationsbereitschaft auswirken:

> Die Innovationsbereitschaft ist umso intensiver, je besser die *Aufgabenverteilung* bekannt ist, je *gesprächsbereiter* die Schulleitung hinsichtlich der Belange des Kollegiums, je *freundlicher der Umgang miteinander* ist. Je positiver die Wahrnehmung dieser Kontextmerkmale, desto höher auch die berichtete Informiertheit über das Projekt. Diese wiederum schlägt sich auf die Innovationsbereitschaft nieder (s. u.). Darüber hinaus erkennen die Befragten den Nutzen des Projekts für die gesamte Schule umso eher an, je *informierter* sie über das Projekt sind.

5.3   Ergebniszusammenfassung und -reflexion

Während die erfragten Persönlichkeitsmerkmale keinen Effekt auf die berichtete Innovationsbereitschaft erkennen lassen, stellt sich die Einschätzung der Innovation „Nachhaltigkeitsaudit" empirisch hinsichtlich ihrer *Verständlichkeit, Kompatibilität und Nützlichkeit* wie angenommen im positiven Sinne als einflussreich für die Innovationsbereitschaft dar. Allerdings kann dies nicht generalisiert werden, da sich ebenso der differenzierende Einfluss kontextueller Merkmale in Hinblick auf die Innovationsbereitschaft als belastbar darstellt: Die Innovationsbereitschaft variiert schulspezifisch und fällt in der größeren Schule A geringer, in der kleineren Schule B höher aus. Dies kann gelesen werden als Hinweis auf eine ausbaufähige Kohäsion des Kollegiums in Schule A. Der *Gruppenzusammenhalt* könnte sich positiv auf Leistungen auswirken, wenn nämlich die Aufgabe eine enge Zusammenarbeit der Gruppe erfordert (vgl. auch Aaronson et al. 2004, S. 323 f.). Dies ist bei einer umfassenden, nachhaltigen Schul- und Unterrichtsentwicklung der Fall. Unterstützt wird diese Interpretation zum einen aufgrund der in Schule A durchweg höheren Streuung bzgl. der Zustimmung zu den einzelnen Aussagen im Fragebogen, zum anderen durch die dort erst jüngst erfolgte Zusammenlegung mit einer anderen Schule.

Die Innovationsbereitschaft hat sich in der kleineren Schule B auf annähernd gleich hohem Niveau stabilisiert, während sie in der größeren Schule A deutlich gesunken ist. Dies kann zur Seite dieser Schule als Tendenz der *Ernüchterung* während des teils mühsamen Projektverlaufs gedeutet werden, zu dem sich die Lehrer im internen Audit schließlich selbst ein Feedback lieferten (vgl. Kempfert/Rolff 2005, S. 63). Diese Ernüchterung hat Schule B möglicherweise aufgrund der früheren Auseinandersetzung in einem anderen Projekt (s. o.) mit der komplexen Nachhaltigkeitsthematik bereits überwunden und kann nun die strukturierende Wirkung des Instruments für die nachhaltige Schul- und Unterrichtsentwicklung schätzen. In Schule A dagegen waren zum einen sowohl Thematik als auch Instrument zuvor unbekannt und zum anderen bestehen angesichts der Größe der Schule auch objektiv schlechtere Möglichkeiten des informellen Austausches innerhalb des Kollegiums.

Befragte beider Schulen halten es für wichtig, dass sich an ihren Schulen generell etwas verbessert. Dabei sind sie gleichermaßen davon überzeugt, dass diese Verbesserungen ihr persönliches Engagement erfordern. Zwar diagnostiziert man Veränderungsbedarf für die gesamte Schule. Die Tätigkeit des Veränderns, das Handeln selbst ist dagegen offenbar nur ein geringer Antriebsfaktor, d. h. das Resultat und die Bedeutung des *eigenen Engagements* stehen gegenüber dem – anspruchsvollen und langwierigen Prozess zur Erreichung der Verbesserungen – im Vordergrund. Gleichzeitig wird von allen Befragten betont, dass die Umsetzung der Projektziele sehr wichtig sei. Da jedoch der relative Anteil derer, die sich am Projekt beteiligen, weil sie dazu aufgefordert wurden, in Schule A deutlich über dem in Schule B liegt, kann davon ausgegangen werden, dass in Schule A die Herausforderung eher darin besteht, weniger instruktional vorzugehen und stattdessen eher die aus der Tätigkeit resultierenden Gewinne für die Schule als Ganze zu kommunizieren und damit ein *commitment* in Bezug auf die Projektziele, für die man sich gern im eigenen Interesse und im Interesse der Schule einsetzt, zu stimulieren, das in Schule B offenbar schon vorlag (vgl. auch Stewart 2006).

Die in beiden Schulen zum zweiten Erhebungszeitpunkt schlechtere Einschätzung der Schulorganisation ist als Hinweis auf einen in Gang gesetzten *institutionellen Innovationsprozess* zu verstehen: Die avisierten Maßnahmen, die zum Zeitpunkt der ersten Befragung erst festgelegt werden mussten, haben nun zu Veränderungen im institutionellen Gefüge z. B. neuen Verantwortlichkeiten, Abläufen und Zielen der Schulentwicklung geführt. Solche *Abweichungen vom Bewährten* führen stets und damit auch in diesem Fall zu *Verunsicherung* oder auch *Widerstand* (vgl. Gräsel/Parchmann 2004, S. 201), wie sich insbesondere im Grad der Innovationsbereitschaft zeigt: „Veränderungen bewirken Ungleichgewichtszustände, die als Chaos und daher als unangenehm empfunden werden" (Tenberg 2002, S. 5; Kerka u. a. 2004).

Die Phase der *Postadoption*, so kann vorläufig resümiert werden, ist in beiden Schulen (in A stärker als in B) *unterstützungswürdig*, da die Innovationsbereitschaft nicht gestiegen, sondern gleich geblieben (B) bzw. deutlich abgesunken (A) ist. Eine Fortsetzung der Innovation i.S. eines *internen Transfers* und einer langfristigen Übernahme der Innovation in die *Handlungsroutinen* der schulischen Gemeinschaft erscheint vor diesem Hintergrund zunächst prekär. Dies muss allerdings nicht zwingend als irrationaler Widerstand von Individuen interpretiert werden (vgl. Bohnsack 1995). Umgekehrt kann auch ein *optimistischer Schluss* plausibel sein, denn die gesunkene Innovationsbereitschaft kann ebenso als ein Indiz dafür verstanden werden, dass ein Transferprozess in Gang gesetzt wurde, und sich in dem Wandel der berichteten Innovationsbereitschaft eine beginnende *aktive Auseinandersetzung* mit der Innovation widerspiegelt.

6. Gemeinsame Schlussfolgerungen für ein innovationsförderliches Schulmanagement

Aus den Erfahrungen des BLK-Programms „21" und des Projekts „Schule macht Zukunft" lassen sich einige Schlussfolgerungen ziehen, welche Aufgaben einem innovativen bzw. innovationsförderlichen Schulmanagement zukommen – in diesem Fall in Hinblick auf die schulische Innovation einer Bildung für nachhaltige Entwicklung.

Innovationen lassen sich nicht verordnen. Andererseits geschehen sie auch nicht einfach von selbst. Sie bedürfen vielmehr einer *ausbalancierten Melange aus Freiwilligkeit, Innovationsbereitschaft, Gewährenlassen und anregenden äußeren Bedingungen*. Die Schulleitung nimmt bei der Herstellung dieser Melange bekanntermaßen eine herausgehobene Rolle ein, wie dies insbesondere die Abschlussevaluation des BLK-Programms „21" zeigte: Um ein commitment und eine Verständigung auf eine umfassende Innovation als Gegenstand und Ziel der Schulentwicklung zu begünstigen, die jeden Einzelnen und alle gemeinsam betreffen, erscheint es sinnvoll, ein je schulspezifisches Maß an *Unterstützung, Aufforderung und kritischer Auseinandersetzung* zu finden. Dabei kommt der eher instruktionalen bzw. stärker transformationalen Führung von Schulleitungen eine besondere Bedeutung zu, deren Formen sich v. a. in der Qualität der Unterstützung, den ausdrücklich formulierten Zielen von Veränderungsprozessen sowie einem direktiven bzw. partizipationsorientierten Rollenverständnis unterscheiden (vgl. überblicksartig Stewart 2006). Für den Entwicklungsprozess ist es letztlich entscheidend, ein *abgestimmtes Zusammenspiel zwischen Schulleitung und Kollegium* herzustellen. Wie in Studien, die in außerschulischen Kontexten durchgeführt wurden, gezeigt werden konnte, sind dabei sowohl die unterstützende Haltung der Vorgesetzten dauerhaft ausschlaggebend für die Motivation, am Transfergeschehen mitzuwirken (vgl. Leitl/Zempel-Dohmen 2006) als auch eine positive kollegiale Stimmung, aufgrund derer ein tranformationaler Führungsstil in gemeinsame Erfolge mündet (vgl. Börner/Streit 2006).

Die Übertragbarkeit dieser Befunde angenommen, liegt der Erfolg oder Misserfolg einer Innovation damit weder allein in den Händen der Schulleitung noch allein in den Händen der beteiligten Lehrer. Überdies sind die *Passfähigkeit der Innovation mit externen Vorgaben* von zentraler Bedeutung und ebenso die Bereitschaft, dies zu erkennen. Da sich jede einzelne Schule als pädagogische Handlungseinheit in zwar ähnlichen formalen und strukturellen Bedingungen aber bekanntermaßen dennoch individuell entwickelt, können für den externen Transfer einer Innovation zwar gleiche Kommunikationswege genutzt werden. Da die Bedeutung der Innovation aber offenbar vor dem Hintergrund bisheriger, jeweils schulspezifischer Erfahrungen mit dem Thema anders verarbeitet wird, sollten möglichst *schulindividuell resonanzfähige*, d. h. auf die zukunftsbezogenen Orientierungsmuster abgestimmte *Beratungs- und Unterstützungsangebote* geschaffen werden.

Bildlich gesprochen geht es darum, Resonanzen auf unterschiedlichen „Klangkörpern" zu erzeugen oder mit anderen Worten: eine Schulentwicklung auf verschiedenen Ebenen zu betreiben (vgl. Schönig 2000).

- Zur Seite der einzelnen Akteure hin etwa kann es hilfreich sein, die *Nützlichkeit* von bestimmten Innovationen herauszustellen. Die Analyse der Daten aus der

Evaluation des BLK-Programms „21" hat eindeutig ergeben, dass die Transferbereitschaft mit den allgemeinen Kompetenzen wächst (vgl. Rode 2005, S. 103 ff.). Wer also für *Kompetenzgewinne* bei den Lehrkräften sorgt, wer im Zuge des auf Bildung für nachhaltige Entwicklung bezogenen Innovationsprozesses nicht nur für die Entwicklung der nachhaltigkeitsbezogenen Kompetenzen, sondern insbesondere auch für allgemeine Kompetenzzuwächse zur Bewältigung des Schulalltags und Unterrichts sorgt, erhöht die Transferbereitschaft und zugleich die Selbstwirksamkeitserwartung der Beteiligten.

- Zur Seite der Schule als Gemeinschaft hin gilt es, die Kraft der innovativen Idee für den übergeordneten Zweck der gemeinsamen Schulentwicklung zu unterstreichen. Wichtig ist dabei, an die bisherige Praxis und Erfahrungen mit Innovationsvorhaben und insbesondere an thematisch ähnliche Vorhaben der jeweiligen Schule anzuschließen. Die hier vorgestellten Befunde zeigten, dass sich Vorerfahrungen in einem von der Innovation angesprochenen Themenfeld auf die Innovationsbereitschaft auswirken. Es gilt, bei den Transferbemühungen *bisherige Erfahrungen und auch den Entwicklungsstand der Schule* zu berücksichtigen.
- Äußere Bedingungen können dabei durchaus wie ein Katalysator für schulintern ohnehin stattfindende Initiativen und Prozesse wirken. Es gilt prinzipiell, die Zusatzbelastungen durch Innovationen möglichst gering zu halten, indem Felder gemeinsamer Aktivitäten aufgezeigt oder geschaffen werden, etwa in Zusammenhang mit der teilweise bereits verbindlich vorgesehenen Selbstevaluation von Schulen. Deshalb sollte bei Transferbemühungen das *Potenzial der jeweiligen Innovation zur Erfüllung von administrativen Vorgaben* wie z. B. den Qualitätskriterien, die von den Schulinspektionen an die Schulen herangetragen werden, aufgezeigt und realisiert werden.

Um den Kontext zukünftiger Transferprozesse erfolgreich zu gestalten, müssen die Schulen gezielt *Strategien für den internen Transfer* anwenden. Hierzu gehören Strategien und Gestaltungsprinzipien wie: Prozessplanung und -reflexion, die Einbeziehung möglichst vieler Akteure und Sicherstellung einer breiten Akzeptanz, intensive, auch informelle Kommunikation und Kooperation, Transparenz, Offenheit und Kontinuität.

Im Rahmen weiterer Transferforschung steht noch die Klärung der Frage aus, wie Schulen dazu animiert werden können, die von ihnen gemachten Erfahrungen und Innovationen nicht nur für sich zu nutzen, sondern auch tatsächlich über die Schulgrenzen hinaus zu kommunizieren, d. h. wie und von wem die innovativen Schulen dabei unterstützt werden können, um zum (externen) Transfer der Innovationen beizutragen.

Literatur

Aaronson, E.; Wilson, T. D.; Akert, R. M. (2004, 4. a. A.). Sozialpsychologie, München: Pearson.

AG Qualität & Kompetenzen des BLK-Programms Transfer-21 (2006). Orientierungshilfe. Bildung für nachhaltige Entwicklung in der Sekundarstufe I (Entwurf, Stand April 2006), (Internet: http://www.transfer-21.de/daten/materialien/Orientierungshilfe/Orientierungshilfe_Kompetenzen.doc; letzter Zugriff 20.9.2006)

Altrichter, H.; Posch, P. (1996). Mikropolitik der Schulentwicklung, Innsbruck: StudienVerlag.

Behörde für Bildung und Sport Hamburg (Hrsg.) (2006). Orientierungsrahmen. Qualitätsentwicklung an Hamburger Schulen, Hamburg.

Bohnsack, F. (1995). Widerstand von Lehrern gegen Innovationen in der Schule. In: Die Deutsche Schule, 87 (1), S. 21–37.

Bormann, I. (2006). Nachhaltigkeitsaudit als Innovationsstrategie. In: Rieß, W.; Apel, H. (Hrsg.). Bildung für eine nachhaltige Entwicklung. Aktuelle Forschungsansätze und -felder, S. 115–129, Wiesbaden: VS.

Bormann, I.; Heger, R.-J.; Manthey, H.; Schmalz, A.; Wurthmann, A. (2004). Handlungsanleitung zum SINa-Nachhaltigkeitsaudit, Berlin. (auch im Internet: www.prosina.de)

Börner, S.; Streit, C. Freiherr von (2006). Gruppenstimmung (group mood) als Erfolgsbedingung transformationaler Führung. Ergebnisse einer empirischen Untersuchung. In: Zeitschrift für Arbeits- und Organisationspsychologie, 50 (1), S. 3–8.

Büeler, F.X.; Buholzer, A. (2005). Innovation durch Schulentwicklung? Bilanz einer Längsschnittstudie. In: journal für schulentwicklung, 9 (4), S. 63–69.

Damanpour, F. (1991). Organizational Innovation: A meta-analysis of effects of determinants and moderators. In: Academy of management Journal, September, 34 (3), pp. 555–590.

Deci, E.L; Ryan, R. M. (1993): Die Selbstbestimmungstheorie der Motivation und ihre Bedeutung für die Pädagogik. In: Zeitschrift für Pädagogik, 39 (2), S. 223–238.

Edelstein, W. (2002). Selbstwirksamkeit, Innovation und Schulreform. Zur Diagnose der Situation. In: Zeitschrift für Pädagogik, 44. Beiheft, hrsg. v. Jerusalem, M.; Hopf, D., Weinheim, S. 13–28.

Euler, D. (2001). Dossier Transferförderung in Modellversuchen, St. Gallen. (Internet: www.iwp.unisg.ch/kolibri/Downloads/Doss-Transferv2_0.pdf; Zugriff: 28.9.2006)

Euler, D.; Sloane, P.F.E. (1998). Implementation als Problem der Modellversuchsforschung. In: Unterrichtswissenschaft, 26 (4), S. 312–326.

Giesel, K.D.; de Haan, G.; Rode, H. (2003). Bildung für eine nachhaltige Entwicklung in der schulischen Erprobung: Strukturen, Motivation, Unterrichtsmethoden und -inhalte. Bericht zur ersten summativen Evaluation des BLK-Programms „21", 2 Bde, Paper 03–173 der Forschungsgruppe Umweltbildung an der Freien Universität Berlin, Berlin.

Gillwald, K. (2000). Konzepte sozialer Innovation, Berlin:WZB.

Gräsel, C.; Parchmann, I. (2004). Implementationsforschung – oder: Der steinige Weg, Unterricht zu verändern. In: Unterrichtswissenschaft, 32 (3), S. 196–214.

Haan, G. de; Harenberg, D. (1999). Bildung für eine nachhaltige Entwicklung. Gutachten zum Programm, Materialien zur Bildungsplanung und zur Forschungsförderung, Heft 72, hrsg. von der Bund-Länder-Kommission für Bildungsplanung und Forschungsförderung (BLK), Bonn.

Hameyer, U. (2005). Wissen über Innovationsprozesse. Forschungsergebnisse und praktischer Nutzen. In: journal für schulentwicklung, 9 (4), S. 7–20.

Havelock, R.G. (1976). Schulinnovation. Ein Leitfaden, Frankfurt: UTB.

Hughes, A.S.; Keith, J.J. (1980). Teacher Perceptions of an Innovation and Degree of Implementation. In: Canadian Journal of Education, 5 (2), pp. 43–51.

Institut für Qualitätsentwicklung (Hrsg.) (2005). Referenzrahmen Schulqualität in Hessen. Qualitätsbereiche, Qualitätskriterien, Qualitätsindikatoren. Entwurf, Stand November 2005, Wiesbaden.

Jäger, M. (2004). Transfer in Schulentwicklungsprojekten, Wiesbaden: VS.

Kempfert, G.; Rolff, H. G. (2005). Qualität und Evaluation. Ein Leitfaden für pädagogisches Qualitätsmanagement, Weinheim: Beltz.

Kerka, F.; Schwering, M.; Striewe, F. (2004). Zwischen Veränderungseuphorie und Innovationslethargie, Bochum: IAI.

Klieme, E.; Abs, H.J.; Diedrich, M. (2004). Evaluation des BLK-Modellprogramms Demokratie lernen und leben. Erster Bericht über die Ergebnisse der Eingangserhebung 2003, Frankfurt a.M.

Klusemann, J. (2003). Typologie der Innovationsbereitschaft. Messung und Erklärung der Innovationsbereitscahft in Gruppen und Organisationseinheiten, Bern: Huber.

Krause, D. E. (2004). Kognitiv-emotionale Prozesse als Auslöser von Innovationen. Empirische Überprüfung der Lazarus-Theorie im Innovationskontext. In: Zeitschrift für Personalpsychologie, 3 (2), S. 63–78.

Kuper, H. (2002). Entscheidungsstrukturen in Schulen. Eine differentielle Analyse der Schulorganisation. In: Zeitschrift für Pädagogik, 48 (6), S. 856–878.

Leitl, J.; Zempel-Dohmen, J. (2006). Die Bedeutung des Arbeitsumfelds für die Veränderung der Transfermotivation. In: Zeitschrift für Arbeits- und Organisationspsychologie, 50 (2), S. 92–102.

Ministerium für Bildung, Jugend und Sport des Landes Brandenburg (Hrsg.) (2004). Orientierungsrahmen Schulqualität in Brandenburg, Qualitätsbereiche und Qualitätsmerkmale guter Schulen, Potsdam.

Niedersächsisches Kultusministerium (Hrsg.) (2003). Orientierungsrahmen Schulqualität in Niedersachsen. Qualitätsbereiche und Qualitätsmerkmale guter Schulen, Dezember 2003, Hannover.

Rode, H. (2003). Implementation der Bildung für eine nachhaltige Entwicklung in Schulen. Bericht zur formativen Evaluation des BLK-Programms „21". Teil I: Interviewstudie. Paper 03–174 der Forschungsgruppe Umweltbildung an der Freien Universität Berlin, Berlin.

Rode, H. (2005). Motivation, Transfer und Gestaltungskompetenz. Ergebnisse der Abschlussevaluation des BLK-Programms „21" 1999–2004, Paper 05–176 der Forschungsgruppe Umweltbildung an der Freien Universität Berlin, Berlin.

Rogers, E. M. (2003). Diffusion of Innovations, Mahwah.

Rost, K.; Teichert, F. (2005). Netzeffekte bei der Diffusion von Innovationen. In: Bundesamt für Statistik (BFS) (Hrsg.). Aspekte der Innovation und Innovationsdiffusion. Beiträge zur Tagung Diffusion und Folgen von technischen und soziale Innovationen, S. 39–59, Neuchatel.

Scheerens, J. (1992). Process indicators of school functioning. In: OECD/CERI (Hrsg.). The OECD International Education Indicators. A Framework for Analysis, pp. 53–77, Paris: OECD.

Schönig, W. (2000). Schulentwicklung beraten. Das Modell mehrdimensionaler Organisationsberatung der einzelnen Schule, Weinheim.

Schwarzer, R.; Jerusalem, M. (1999). Die Skala kollektive Selbstwirksamkeitserwartung. (Internet: http://web.fu-berlin.de/gesund/skalen/Kollektive_Selbstwirksamkeit/kollektive_selbstwirksamkeit.htm; Zugriff 4.3.2005)

Senatsverwaltung für Jugend, Bildung und Sport Berlin (Hrsg.) (2005). Handlungsrahmen Schulqualität in Berlin. Qualitätsbereiche und Qualitätsmerkmale guter Schulen, Berlin.

Stewart, J. (2006). Transformational leadership: An evolving concept examined through the works of Burns, Bass, Avolio, and Leithwood. In: Canadian Journal of Educational Administration and Policy, issue 54.
Tenberg, R. (2002). Prognosen von Lehrerkollegien fü schulisches Qualitätsmanagement. Ergebnisse einer empirischen Untersuchung an sieben EFQM-Schulen. (Internet: http://www.lrz-muenchen.de/~tenbergpublikationen/htm/tenberg2002b.htm; Zugriff 20.8.2004)
Transferkonzept für das BLK-Modellprogramm „Bildung für eine nachhaltige Entwicklung" (2004). Beschlussvorlage für die Projektgruppe Innovation der BLK. (Internet: http://www.transfer-21.de/daten/texte/transferkonzeptlang.pdf; letzter Zugriff 20.9.2006)
Ulber, D. (2001). ODAS. Survey-Feedback-Instrument zur Organisationsdiagnose an Schulen. In: Zentrum für Psychologische Information und Dokumentation (ZPID) (Hrsg.), Elektronisches Testarchiv.
Wiechmann, J. (2002). Der Innovationstransfer in der Breite des Schulwesens. Rahmenbedingungen der Zielentscheidungen von Schulen. In: Zeitschrift für Erziehungswissenschaft, 5 (1), S. 95–117.

Autoren

Dr. Jürg Baillod
Studierte Arbeits- und Organisationspsychologie, Nationalökonomie und Soziologie an der Universität Bern und promovierte dort 1991. Seit 2007 ist er Senior Consultant im büro a&o, nachdem er 10 Jahre die Geschäftsleitung hatte.

Dr. Inka Bormann
Dipl.-Päd., ist wissenschaftliche Assistentin am Arbeitsbereich Erziehungswissenschaftliche Zukunftsforschung an der Freien Universität Berlin. Sie forscht zu Innovations- und Transferprozessen, Indikatoren und Steuerung im Bildungssystem.

Susannah Brown
Magister der Soziologie an der Universität Augsburg mit Forschungsschwerpunkten Schul- und Hochschulentwicklung (Neue Medien), Wissensmanagement. Zur Zeit wissenschaftliche Mitarbeiterin am Institut für Medien- und Bildungstechnologie (IMB) Augsburg

Prof. Dr. Hermann G. Ebner
Nach Lehramtsstudium und Studium der Fächer Erziehungswissenschaft und Publizistik Lehr- und Forschungstätigkeit im Fach Wirtschaftspädagogik an den Universitäten Linz/Österreich, Oldenburg und Leipzig. Seit 1998 Inhaber des Lehrstuhls für Wirtschaftspädagogik der Fakultät für Betriebswirtschaftslehre der Universität Mannheim.
Forschungsschwerpunkte: Experimentelle Forschung zu Aneignung, Repräsentation und Anwendung wirtschaftsberuflichen Wissens, Kompetenzentwicklung und Professionalität von Lehrpersonen im Bereich ökonomischer Bildung, Qualitätsmanagement an beruflichen Schulen

Dr. Katharina D. Giesel
Dr. Katharina D. Giesel, Dipl.-Päd., arbeitete vor ihrer derzeitigen Tätigkeit im Sekretariat der KMK (Bonn) an verschiedenen Forschungs- und Evaluationsprojekten zu Modell- und Qualifizierungsprogrammen im schulischen Kontext.

Prof. Dr. Bettina Greimel-Fuhrmann
Ao. Universitätprofessorin an der Abteilung für Wirtschaftspädagogik der Wirtschaftsuniversität Wien. Ihr Forschungsschwerpunkt liegt in den Bereichen Lernstrategien, Evaluation, qualitative und quantitative Methoden der Sozialforschung, Unterrichtsqualität, komplexe Unterrichtsmethoden und in der Bearbeitung von fachdidaktischen Fragestellungen.

Prof. Dr. Tina Hascher
Ordentliche Professorin für Pädagogik mit Schwerpunkt Schulpädagogik am Fachbereich Erziehungswissenschaft der Universität Salzburg. Forschungs- und Arbeitsschwerpunkte: Lehr-Lernprozesse, Emotionen und Lernen, Wohlbefinden in der Schule.

Dr. Eva Häuptle
Dr. Eva Häuptle ist derzeit wissenschaftliche Mitarbeiterin am Institut für Medien und Bildungstechnologie (imb), Sektion: Medienpädagogik, Universität Augsburg. Zudem ist sie Mitarbeiterin an der Akademie für Lehrerfortbildung und Personalführung (Dillingen a. d. Donau), Referat „Virtuelle Lehrerfortbildung".

Martin Hermann
Martin Hermann ist Schulleiter der Albert-Schweizer-Schule in Stuttgart. Seine Schule betreibt aktives Fundraising. Er war an der Implementierung zahlreicher Sponsoring-Konzepte aktiv involviert. Herr Hermann ist Absolvent des Master-Aufbaustudienganges Bildungsmanagement an der PH Ludwigsburg.

Prof. Dr. Steffen Hillebrecht
Nach Lehrstuhl-Assistenz an der Universität Trier und Referendariat an einer Berufsschule in Rheinland-Pfalz sieben Jahre im Verlagswesen tätig, seit WS 2003/2004 Professor für Buchhandel und Verlagswirtschaft an der HTWK Leipzig (FH). Bevorzugte Forschungsfelder mit zahlreichen Veröffentlichungen: Medienwirtschaft, Nonprofit-Marketing, Personalführung.

Birgit Lehmann
Dipl.-Hdl., nach der Ausbildung zur Bankkauffrau und Finanzassistentin Studium der Wirtschaftspädagogik an der Universität Mannheim, seit 2006 wissenschaftliche Mitarbeiterin am Lehrstuhl für Wirtschaftspädagogik der Fakultät für Betriebswirtschaftslehre der Universität Mannheim.
Arbeitsschwerpunkte: Lehr-Lernforschung und Qualitätsmanagement an (beruflichen) Schulen.

Michael Meier
Dipl.Hdl., Studienreferendar an der Staatlichen Berufsschule Berchtesgadener Land mit Berufsfachschule für gastgewerbliche Berufe.

Prof. Dr. Gabi Reinmann
Diplom-Psychologin, Promotion an der Ludwig-Maximilians-Universität München in den Fächern Psychologie, Pädagogik und Psycholinguistik. Wissenschaftliche Mitarbeiterin, später Assistentin am Institut für Empirische Pädagogik und Pädagogische Psychologie (Lehrstuhl Prof. Mandl). Habilitation zum Thema Wissensmanagement im Jahr 2000. Nebenberufliche Beratertätigkeit beim Unternehmensreferat Wissensmanagement der Siemens AG in den Jahren 2000/2001. Seit 2001 Professorin für Medienpädagogik (C 3) an der Universität Augsburg mit dem Schwerpunkt Wissen, Lernen, Medien (E-Learning/Blended Learning und Wissensmanagement). 2002 bis 2005 Mitglied im Fachrat Lehrerbildung der Virtuellen Hochschule Bayern, außerdem Mitglied im Steering Committee der Gesellschaft für Medien in der Wissenschaft (GMW) u. a.
Forschungsschwerpunkte: E-Learning/Blended Learning und Wissensmanagement in Schule, Hochschule, Non Profit-Organisationen und Industrie.

Prof. Dr. Gerald Sailmann
Professor für Pädagogik, Schwerpunkt Wirtschafts- und Berufspädagogik, an der Hochschule der Bundesagentur für Arbeit (HdBA) in Mannheim; zuvor tätig als Lehrer an Hauptschulen, als pädagogischer Mitarbeiter an Fortbildungsinstituten sowie als wissenschaftlicher Mitarbeiter an sozialwissenschaftlichen Lehrstühlen und Forschungseinrichtungen

Prof. Dr. Jürgen Seifried
Wissenschaftlicher Assistent am Lehrstuhl der Wirtschaftspädagogik der Otto-Friedrich-Universität Bamberg. Arbeitsschwerpunkte: Lehrerbildung, Sichtweisen von Lehrkräften, Fachdidaktik des Rechnungswesens, selbstorganisiertes Lernen, komplexe Lehr-Lern-Arrangements.

Rosemarie Thiele
Seit dem Schuljahr 2007/2008 Schulleiterin der Hauptschule Insel Schütt in Nürnberg, davor stellvertretende Leiterin der Hermann-Hedenus-Hauptschule in Erlangen, Mitarbeiterin am Lehrstuhl Schuldädagogik der EWF der Universität Erlangen-Nürnberg als Tutorin und Zweitprüferin für das Fach Schulpädagogik. Entwicklung und Projektleitung des schulartübergreifenden Modellversuchs „Schumanamgent- und Evaluations-Programm Kollux" mit Unterstützung der Stiftung Bildungspakt Bayern.

Prof. Dr. Rödiger Voss
Zu Anfang des Wintersemesters 2007/2008 wurde Dr. Rüdiger Voss auf eine Professur für Betriebswirtschaftslehre an der Zürcher Hochschule für Angewandte Wissenschaften im Studiengang Facility Management berufen. Er studierte an der Universität zu Köln (D) Betriebswirtschaft und Wirtschaftspädagogik und ist Diplom-Kaufmann und Diplom-Handelslehrer. Den Doktorgrad erlangte er im Jahre 2004 an der Pädagogischen Hochschule Ludwigsburg (D) mit einer Dissertation zur Thematik -Lehrqualitätsmanagement. Seine Forschungsschwerpunkte sind -Services Marketing, -Service Quality, -Educational Management und -Teaching Methods and Learning Process. Prof. Dr. Voss gewann zahlreiche internationale wissenschaftliche Preise für seine empirischen Forschungsarbeiten.

Julia Warwas
Wissenschaftliche Mitarbeiterin am Lehrstuhl der Wirtschaftspädagogik der Otto-Friedrich-Universität Bamberg und an der angegliederten Forschungsstelle für Bildungsmanagement. Arbeitsschwerpunkte: Schul- und Bildungsmanagement, Berufsverständnis und Beanspruchung schulischer Führungskräfte.